"十三五"国家重点出版物出版规划项目
面向可持续发展的土建类工程教育丛书

SUSTAINABLE
DEVELOPMENT

建筑企业管理学

主　编　王　丹
副主编　刘　莎　王一越
参　编　吴光东　陶　萍　张思众

"建筑企业管理学"是高等院校工程管理专业的主干课程，本书根据该课程的教学大纲要求，以建筑企业为研究对象，系统地阐述了市场经济条件下，建筑企业管理的基本理论、基本知识和基本方法。本书共分9章，主要内容包括建筑企业管理概述、建筑企业组织管理、建筑企业战略管理、建筑企业经营管理、建筑企业生产管理、建筑企业要素管理、建筑企业人力资源管理、建筑企业财务管理、建筑企业信息管理等。

本书主要作为高等院校工程管理专业、土木工程专业本科生的教材或教学参考书，也可供政府建设主管部门、建设单位、工程咨询及监理单位以及建筑施工企业的相关管理人员学习、参考。

图书在版编目（CIP）数据

建筑企业管理学/王丹主编．—北京：机械工业出版社，2020.12 (2023.12重印)

（面向可持续发展的土建类工程教育丛书）

"十三五"国家重点出版物出版规划项目

ISBN 978-7-111-67076-6

Ⅰ.①建… Ⅱ.①王… Ⅲ.①建筑企业-工业企业管理-高等学校-教材 Ⅳ.①F407.96

中国版本图书馆CIP数据核字（2020）第247781号

机械工业出版社（北京市百万庄大街22号 邮政编码100037）
策划编辑：冷 彬 责任编辑：冷 彬 何 洋
责任校对：李 杉 封面设计：张 静
责任印制：单爱军
北京虎彩文化传播有限公司印刷
2023年12月第1版第5次印刷
184mm×260mm·15.5印张·393千字
标准书号：ISBN 978-7-111-67076-6
定价：45.00元

电话服务 网络服务
客服电话：010-88361066 机 工 官 网：www.cmpbook.com
　　　　　010-88379833 机 工 官 博：weibo.com/cmp1952
　　　　　010-68326294 金 书 网：www.golden-book.com
封底无防伪标均为盗版 机工教育服务网：www.cmpedu.com

前　言

随着我国国民经济持续稳定发展以及城市化水平不断提升，在建筑业的发展迎来巨大的机遇和挑战的同时，建筑企业也面临着更加激烈的市场竞争。建筑企业只有进一步建立健全现代企业制度，加强技术创新，强化企业管理，才能实现与行业科技进步和产业规模扩大的同步发展。与之相应，社会对具备专业理论知识和技能的各类建筑工程人才的需求日益增加。

由于建筑产品的特点，建筑企业管理比一般工业企业管理更复杂，具有一套相对独立的个性化管理思想、组织、方法和手段。为了适应迅速发展的国家建设事业对建筑企业管理人才培养的迫切需要，提高现有产业内部各个行业、各种类型的建筑企业管理人员的专业技能，本书编者根据工程管理专业主干课程"建筑企业管理学"教学大纲的要求，以建筑企业为研究对象，系统阐述建筑企业管理的基本理论、基本知识和基本方法。系统地介绍建筑企业生产经营管理活动的客观规律，为建筑企业的组织管理、战略管理、经营管理、生产管理、信息管理等提供理论指导，为建筑企业生产经营决策提供科学的方法。

本书由哈尔滨工业大学王丹任主编，大连理工大学刘莎与大连民族大学王一越任副主编。本书第1章和第5章由王丹编写，第2章和第3章由王一越编写，第4章由重庆大学吴光东编写，第6章和第7章由刘莎编写，第8章由哈尔滨工业大学陶萍编写，第9章由上海隧道股份有限公司张思众编写。

本书编写过程中参考了有关建筑企业管理的专著和论文，在此，谨向这些专著和论文的编著者致以诚挚的谢意。同时，向担任本书主审的李忠富教授表示衷心的感谢。

随着我国建筑业的改革与发展，建筑企业管理的理论与方法在不断更新和完善，由于编者水平有限，本书虽经反复斟酌，仍难免有所疏漏，恳请读者批评指正。

编　者

目 录

前 言

第1章 建筑企业管理概述 / 1
1.1 建筑企业概述 / 1
1.2 建筑企业管理 / 4
1.3 现代企业制度 / 10
1.4 建筑企业管理的基础工作 / 17
复习思考题 / 19

第2章 建筑企业组织管理 / 20
2.1 建筑企业组织概述 / 20
2.2 建筑企业的组织结构 / 25
2.3 建筑企业的组织职能 / 33
2.4 建筑企业的组织变革 / 38
2.5 建筑企业的文化建设 / 43
复习思考题 / 50

第3章 建筑企业战略管理 / 51
3.1 建筑企业战略概述 / 51
3.2 建筑企业战略分析 / 55
3.3 建筑企业战略制定与选择 / 63
3.4 建筑企业战略实施与控制 / 69
复习思考题 / 72

第4章 建筑企业经营管理 / 73
4.1 建筑企业经营概述 / 73
4.2 建筑企业经营预测管理 / 76

4.3 建筑企业经营决策管理 / 83
4.4 建筑企业投标、采购与报价管理 / 90
4.5 工程承包合同管理 / 95
复习思考题 / 105

第 5 章 建筑企业生产管理 / 106
5.1 建筑企业计划管理 / 106
5.2 建筑企业质量管理 / 114
5.3 建筑企业安全管理 / 127
复习思考题 / 135

第 6 章 建筑企业要素管理 / 136
6.1 建筑企业材料管理 / 136
6.2 建筑企业机械设备管理 / 146
6.3 建筑企业技术管理 / 150
复习思考题 / 160

第 7 章 建筑企业人力资源管理 / 161
7.1 建筑企业人力资源管理概述 / 161
7.2 建筑企业员工招聘、录用、培训与考核 / 163
7.3 建筑企业人力资源的优化配置与员工的能力开发 / 172
7.4 建筑企业员工绩效管理与薪酬管理 / 176
复习思考题 / 180

第 8 章 建筑企业财务管理 / 181
8.1 建筑企业财务管理的内容 / 181
8.2 建筑企业筹资管理 / 181
8.3 建筑企业财务风险评价 / 185
8.4 资金成本与资本结构决策 / 188
8.5 建筑企业资产管理 / 191
8.6 盈余管理 / 199
8.7 财务报表分析 / 202
复习思考题 / 212

第 9 章 建筑企业信息管理 / 213
9.1 建筑企业信息管理概述 / 213
9.2 建筑企业信息管理体系 / 216
9.3 建筑企业信息管理系统 / 220
9.4 建筑企业管理常用的信息系统 / 227
9.5 新信息技术与建筑企业管理的融合 / 235
复习思考题 / 241

参考文献 / 242

第 1 章

建筑企业管理概述

1.1 建筑企业概述

1.1.1 建筑企业的概念

建筑企业是指从事建筑与土木工程、线路管道设备安装工程、装修工程等新建、扩建、改建活动或提供建筑劳务的企业，是为社会提供建筑产品或建筑劳务的经济组织。具体来讲，建筑企业就是从事铁路、公路、隧道、桥梁、堤坝、电站、码头、机场、运动场、房屋（如厂房、剧院、旅馆、医院、商店、学校和住宅等）等土木工程建筑活动，从事电力、通信线路、石油、燃气、给水、排水、供热等管道系统和各类机械设备、装置的安装活动，从事对建筑物内、外装修和装饰的设计、施工和安装活动的企业。建筑企业通常包括建筑公司、建筑安装公司、机械化施工公司、工程公司及其他专业性建设公司等。

建筑企业必须具备以下基本条件：

1）有独立组织生产的能力和独立经营的权利。
2）有与承担施工任务相适应的经营管理人员、技术人员和生产技术工人。
3）有与承担工程任务相适应的注册资本。
4）有健全的会计制度和经济核算办法，能独立进行经济核算。
5）有保证工程质量和工期的手段和设施。

1.1.2 建筑企业的分类

建筑企业可以按照以下标准进行分类：

1）按企业资产组织形式和所承担的法律责任不同划分，可分为个人业主制企业、合伙制企业和公司制企业。
2）按经济类型不同划分，可分为国有企业、集体企业、私营企业、联营企业、股份制企业、外资企业、港澳台投资企业和其他建筑企业。
3）按经营范围不同划分，可分为综合性企业、专业性企业和劳务性企业。

4）按企业规模不同划分，可分为大型、中型和小型建筑企业。

大型、中型、小型建筑企业的划分标准如表 1-1 所示。

表 1-1　大型、中型、小型建筑企业的划分标准

类别	指标	大型	中型	小型
土木工程建筑企业	建筑业总产值	5500 万元及以上	1900 万~5500 万元（含 1900 万元）	1900 万元以下
	生产用固定资产原值	1900 万元及以上	1100 万~1900 万元（含 1100 万元）	1100 万元以下
线路、管道和设备安装企业	建筑业总产值	4000 万元及以上	1500 万~4000 万元（含 1500 万元）	1500 万元以下
	生产用固定资产原值	1500 万元及以上	800 万~1500 万元（含 800 万元）	800 万元以下

5）按企业资质条件不同划分，可分为施工总承包、专业承包和劳务分包 3 个序列。

企业资质是指企业的建设业绩、人员素质、管理水平、资金数量和技术装备等。

住房和城乡建设部 2015 年颁布实施的《建筑业企业资质管理规定》中指出："建筑业企业应当按照其拥有的资产、主要人员、已完成的工程业绩和技术装备等条件申请建筑业企业资质，经审查合格，取得建筑业企业资质证书后，方可在资质许可的范围内从事建筑施工活动。"

1.1.3　建筑企业的任务与作用

1. 建筑企业的任务

总的来说，建筑企业的任务就是在不断提高工程质量、缩短工期和增进效益的基础上，全面完成承担的建设任务，并为满足社会扩大再生产、改善人民生活条件做出贡献。具体来讲，其任务包括以下两个方面：

1）从使用价值的生产而言，建筑企业应满足社会生产、生活对建筑产品的需要。既要满足社会需求者，即用户的新建、扩建、改建或维修的需要，更要满足社会的建设和环境保护的需要。

2）从价值的生产而言，建筑企业应不断提高经济效益，保证盈利。一是为国家积累财富；二是为企业发展创造更多的经济效益；三是为生产者即职工的物质文化生活水平的提高创造经济效益。

建筑企业这两方面的任务是不可分割的。提供满足社会需要的建筑产品是建筑企业的首要任务，在此基础上，才能实现企业的经济效益，保证企业的盈利。因此，二者是统一的、缺一不可的。

2. 建筑企业的作用

建筑企业在国民经济中发挥着重要作用。

1）肩负着国民经济各部门的新建、扩建工程和技术改造工程的施工任务，为不断完善我国的国民经济体系、改善人民物质文化生活条件做贡献。

2）为社会创造文明和财富，提供相当的国民收入。

3）为国家提供税利。

4）建筑企业大多属于劳动密集型企业，能容纳大量劳动力，是重要的劳动就业场所。

5）能消耗大量的物资，对建筑材料生产、机器制造、交通运输的发展具有积极的促进

作用。

6）能进入国际建筑市场消耗过剩产能，推进建筑行业的发展。

1.1.4 建筑企业的社会责任

1. 社会责任的定义

企业管理者在管理实践中经常遇到与社会责任有关的决策，如是否为慈善事业出一份力，如何确定产品的价格，怎样处理好与员工的关系，如何保护自然环境，怎样保证产品的质量和安全等。可以说，如果企业在承担法律上和经济上的义务（遵守有关法律，追求经济利益）的前提下，还承担了追求对社会有利的长期目标的义务，那么就说该企业是有社会责任的。

社会义务是企业参与社会活动的基础。如果一个企业仅仅履行法律上和经济上的义务，就说该企业履行了它的社会义务，或达到了法律上的最低要求。只履行社会义务的企业通常只追求对经济目标有利的社会目标，而社会责任和社会反应超出了基本的法律和经济标准。有社会责任的企业受道德力量的驱动，去做对社会有利的事而不做对社会不利的事。社会反应则是指企业适应不断变化的社会环境的能力。

2. 建筑企业社会责任的具体体现

（1）企业对环境的责任

1）采取切实有效的措施，积极防治施工生产所引起的公害和污染，要治理环境。

2）以"绿色产品"为研究和开发的主要对象。企业研究并生产"绿色产品"，既体现了企业的社会责任，推动了"绿色市场"的发展，也推动着环保宣传教育，提高了整个社会的生态意识。

3）在环境保护方面发挥主导作用，特别要在推动环保技术的应用方面发挥示范作用。有社会责任的企业有着强烈的环境保护意识，积极采用生态生产技术。

（2）企业对员工的责任

1）定期或不定期培训员工。有社会责任的企业要在工作过程中根据需要，对员工进行培训，如送员工到高校、科研机构和兄弟单位学习深造。这样做既提高了员工的素质，也满足了企业的需要，因为通常情况下，经过培训的员工能胜任更具挑战性的工作。

2）营造一个良好的工作环境。工作环境的好坏直接影响到员工的身心健康和工作效率。企业不仅要为员工营造一个安全、关系融洽、压力适中的工作环境，而且要根据实际情况为员工配备必要的设施。

3）善待员工的其他举措。例如，推行民主管理，提高员工的物质待遇，对工作表现好的员工予以奖励等。

（3）企业对顾客的责任

忠诚顾客的数量以及顾客的忠诚程度往往决定着企业的成败得失。企业对顾客的责任主要体现在以下方面：

1）提供安全的建筑产品。安全是顾客的一项基本权利，企业不仅要让他们得到所需的产品，还要让他们得到安全的产品。产品安全是建筑市场永恒的主题。

2）提供正确的建筑产品的信息。企业要想赢得顾客的信赖，在提供产品信息方面不能弄虚作假，欺骗顾客。

3）提供售后服务，搞好工程的回访和保修。企业要重视售后服务，要把售后服务看作对顾客的承诺和责任。在保修期限内，建筑企业要定期回访顾客，对出现的质量问题，要及时组织施工力量进行维修及处理。

（4）企业对竞争对手的责任

企业要处理好与竞争对手的关系，在竞争中合作，在合作中竞争。有社会责任的企业不会为了暂时之利，通过不正当手段挤垮对手。

（5）企业对投资者的责任

企业首先要为投资者带来有吸引力的投资报酬。此外，企业还要将其财务状况及时、准确地报告给投资者。企业错报和假报财务状况，是对投资者的欺骗。

（6）企业对所在地区的责任

企业不仅要为所在地区提供就业机会和创造财富，还要尽可能地为所在地区做出贡献。有社会责任的企业应该通过适当的方式把一部分利润回报给所在地区是其应尽的义务，应该积极寻找途径参与各种社会活动。这样不仅回报了地区和社会，还为企业树立了良好的公众形象。

1.2 建筑企业管理

1.2.1 建筑企业管理的概念

企业管理通常是企业经营和管理的简称。企业的经营是企业为满足社会及用户的需要，根据其外部环境和内部条件，制定应采取的目标、方针与策略等一系列具有全局性战略意义的活动。其目的在于不断提高企业的经济效益，保证企业生存和不断发展。企业的经营是面向市场、面向未来的，时刻研究外部环境的变化，不断寻求新出路、新目标的总体思考与战略行动。企业经营活动的工作内容主要包括市场调研、预测、决策、规划、工程招揽、投标承包、材料设备采购、筹资、人员招聘、交工（销售）和售后服务等。

企业的管理是指为了实现企业的经营目标，执行经营确定的方针和策略，对企业的生产活动及人、财、物、信息等资源所进行的计划、组织、控制等一系列工作活动，即生产管理。其目的是不断提高生产和管理工作效率，保证企业生产经营活动正常进行。企业生产管理是以生产为对象的管理，其活动范围主要是企业内部的生产领域。其工作内容主要包括施工生产、技术、质量、安全、机械设备、劳动、材料、财务等具体管理业务。

企业经营与企业管理，二者是密切联系、相辅相成的。经营的核心是决策，而管理则是实现决策的手段，是为实现决策目标而进行的计划、组织和控制活动。企业经营与企业管理是一个统一的有机整体，这个有机整体称为企业管理。企业经营与企业管理的比较如表1-2所示。

表1-2 企业经营与企业管理的比较

	企业经营	企业管理
基本任务	根据社会和顾客的需要确定企业的经营目标和战略	合理充分地利用企业人、财、物和信息，协调企业生产过程和各部门、环境之间的关系

(续)

	企 业 经 营	企 业 管 理
追求的目标	最大的经济效益，使国家、企业、职工都能增加收益	企业更高的生产和管理工作效率
工作重点	制定企业对内对外的方针、策略，保证企业的活力，即适应能力和自我改造、自我发展的能力	执行制定的方针、策略，保证企业生产经营活动的正常顺利进行
核心职能	决策	组织和控制

1.2.2 建筑企业管理的任务

企业管理的任务取决于企业管理的性质，服从于企业的任务。企业任务的完成是通过管理任务的完成来实现的。企业管理的任务主要包括以下几个方面：

1. 树立正确的经营思想

经营思想是指企业在整个生产经营活动中的指导思想。它反映了人们对在生产经营全过程中发生的各种关系的认识和态度的总和，决定着企业的经营目标、方针和经营战略。企业管理的首要任务，就是要确立企业的正确的经营思想，其核心就是为社会、顾客、职工、出资者服务，提高整体社会经济效益。

2. 根据企业的外部环境和内部条件，正确制定企业的发展目标、经营方针和经营战略

企业的发展目标或经营目标是企业在一定时期内，在生产、技术和经济等方面应达到的规模、水平和发展速度。它是按照企业的经营思想，在分析经营环境和经营要素的基础上确定的。

企业的经营方针是指导企业生产经营活动的行动纲领。它是按照企业的经营思想，为达到企业的经营目标而确定的，反映了企业在一定时期的经营方向。

企业的经营战略或发展战略，是为实现其经营目标，通过对外部环境和内部条件的全面估量和分析，从企业全局出发而做出的较长期的总体性谋划和活动纲领。它涉及企业发展中带有全面性、长远性和根本性的问题，是企业经营思想、经营方针的集中表现，是确定规划、计划的基础。

3. 合理组织生产力

合理组织生产力，就是要使劳动力、劳动手段、劳动对象达到优化配置和充分利用，以取得企业的综合经济效益。要合理组织生产力，必须正确处理生产力诸要素同生产工艺技术的关系。只有把劳动力、劳动手段、劳动对象与严格的工艺规程和熟练的操作技术结合起来，才能形成既定的生产力。此外，合理组织生产力还必须做好一系列的生产组织工作，包括生产计划工作、生产准备工作、技术工作、物资供应、劳动力组织和经济核算等工作。只有全面做好这些工作，并且使它们密切配合，才能保证企业的生产顺利进行。

4. 不断调整生产关系，以适应生产力发展的需要

生产关系必须适应生产力的发展，才能促进生产的发展。企业调整生产关系的内容包括：正确处理企业与国家之间的关系；正确处理企业与企业之间的竞争与协作关系；正确处理企业内部人与人的关系和分配关系，以及企业与客户、出资者和地区社会间的关系。

5. 不断调整上层建筑，以适应生产关系的改善和生产力的发展

这就要根据实现企业的经营目标、提高企业经济效益的需要，不断调整和改革管理体制和规章制度，改进领导方法等。

1.2.3 建筑企业管理的特征

1. 生产经营业务不稳定

由于建筑产品的多样性，同一时期不同用户对建筑产品的种类需求是不同的。对一个建筑企业来说，其生产经营的对象和业务将是不固定和不稳定的，因此，就要求建筑企业善于预测社会经济发展趋势，以及固定资产投资规模、方向和产品种类构成比例，具有适应社会需求的应变能力。

2. 管理环境多变

由于建筑产品的固定性和生产的流动性，建筑企业管理的可变因素多，自然环境（包括地形、地质、水文、气候等）和社会环境（包括市场竞争、劳动力供应、物资供应、运输和配套协作条件等）经常变化。在大城市承包施工，组织分包、劳务、材料、运输等比较方便，而在偏远地区或新开发地区就有诸多不便。如果承包国外工程，则环境更为复杂、特殊，因而使建筑企业生产经营的预见性、可控性比较差，风险较大，许多工作要因地因时，即因环境制宜。

3. 特定的投标承包方式

建筑产品生产是预约生产，以合同形式承包的。建筑企业首先需要通过投标竞争获得承包工程任务，并通过工程承包合同与客户建立经济法律关系。在招标投标中，多家企业竞争激烈，因此，必须讲究竞争策略。建筑企业要根据客户的委托，按合同要求完成预定的任务，并在工程进行过程中接受用户的监督。

4. 基层组织人员变动大

由于产品多样、生产流动、任务不稳定、环境多变等原因，建筑企业实行的是管理层与劳务层"两层分离"的制度，劳务层的人员会随工程对象的规模、性质、地理分布不同变动很大。

5. 计划管理复杂

由于上述特点，建筑企业的计划管理不同于工业企业，实行的是依照以前工作的完成情况安排后期工作计划的滚动式计划。

1.2.4 建筑企业管理的职能

企业管理主要包括决策与计划、组织与指挥、控制与协调、领导与激励四个方面八项基本职能。

1. 决策与计划

决策就是对市场环境进行分析，确定生产经营目标，从拟定的多种可行方案中选择一个最佳方案的过程。决策的对象主要是企业的生产经营发展方向、战略目标以及由此产生的一系列重大问题。企业最高领导者做出的战略性决策正确与否，是企业成败的关键。

计划是对企业生产经营活动的事先安排。为了保证决策目标的实现，应科学地编制中长期计划和短期计划，包括确定企业生产经营活动的目标、方向和程序，有效的执行方法，完成的时间，所需人、财、物等资源的合理分配和组织等。计划职能要求把握未来的发展，有效地利用现有资源，以获得最大经济效益。要做出正确的决策和计划，必须进行市场调研和科学的预测。预测是决策和计划不可缺少的前提。

2. 组织与指挥

组织是保证实现预定目标和计划的一项重要管理职能。科学的组织就是把生产经营活动的各要素、各环节和各方面，从劳动分工与协作上，从生产过程中空间和时间的相互联结上，组织成一个有机整体，以使生产经营活动协调有序地进行。为此，就要建立合理的管理组织机构，明确各单位、各部门、各岗位的责任和权力，以及它们之间的相互关系，按照各机构的具体要求挑选和配备人员，并对其进行严格考核和培训。

指挥职能是为保证企业的生产经营活动按计划、有组织地运转起来，运用组织的权力，对下属发出命令、指派任务、提出要求、限期完成的管理活动。现代企业的内部分工精细、协作复杂、连续性强，必须有统一的指挥使人们步调一致，才能保证企业生产经营活动的正常进行和既定目标的实现。为了提高指挥活动的效率，企业的经营管理者要熟悉生产经营情况，广泛收集、掌握各方面的信息，建立起统一的、有权威的、强有力的生产经营指挥系统，把各方面工作有效地协调配合起来，及时处理生产经营活动中的各种问题。

3. 控制与协调

控制职能是在企业计划的执行过程中，接收企业内外的信息，经常监督、检查计划的执行情况，把企业生产经营的实际情况与原定的目标、计划、标准进行对比，发现差异，找出问题，查明原因，采取措施，予以解决，并防止再度发生，使企业活动符合预定计划目标的一系列管理活动。计划是控制的前提和依据，控制是保证实现计划的手段。没有控制就无所谓管理。

协调就是调节，是企业各部门、各单位对生产经营活动的各环节加以统一调节，使之配合得当、保持平衡，不发生矛盾和脱节，以有效地实现企业目标的管理活动。协调包括外部协调和内部协调。外部协调是指企业与市场、政府及其他市场主体之间的协调。内部协调又分为纵向协调（上下级领导人员之间和上下级职能部门之间活动的协调）和横向协调（同级各单位、职能机构之间活动的协调）。协调工作要借助交谈、会议、计划图表、信息系统等手段来实现。

4. 领导与激励

领导职能是领导者根据企业的目标或要求，在生产经营活动过程中对被领导者进行引导和施加影响，使之自觉自愿地为完成计划和任务而努力的管理工作。为此，领导者要了解并尽可能地满足员工的需要，要充分发挥个人素质的影响力和职位权力性影响力。

激励是激发职工动机、鼓励职工的合理行为，使其形成追求企业目标的动力的工作。管理的本质是对人的管理，要实现企业的目标，核心是调动人的积极性和创造性。为此，要做好职工的物质激励和精神激励。要把企业内各单位和个人付出的劳动与他们应得到的报酬紧密联系起来，正确地进行奖罚，重视职工参与企业管理，对有成就的职工进行表彰、授予称号、提级升职等。

上述企业管理的四个方面八项职能，是不可分割的、相互联系的统一体，是相互渗透和交叉发挥作用的。同时，管理职能的各个方面也存在一定的程序关系。例如，决策计划要先行，组织指挥做保证，控制协调要及时，领导激励在其中。进行企业管理就是执行这些职能而不断循环的，它们之间环环相扣、无限循环，促使企业管理向更高水平发展。这种循环也反映了管理工作的运动状况及其规律。企业管理职能之间的相互关系及循环如图1-1所示。

图1-1 企业管理职能之间的相互关系及循环

1.2.5 建筑企业管理的观念

1. 企业管理的基本观念

企业管理观念是指企业为了有效运营，实现企业的经营目标，在经营管理上所具有的基本观念，也就是企业在整个生产经营管理活动中的指导思想。它是企业对生产经营全过程中发生的各种关系的看法和态度的综合体现，是企业管理的灵魂。企业管理观念应以提高社会经济效益为核心，正确处理企业对社会、用户、竞争对手和企业内部职工之间的关系。与企业管理观念有关的四个主体即顾客、生产者、出资者和企业所在地区的人们，他们的要求与企业管理观念密切相关。

（1）顾客（用户）

对建筑企业来说，顾客就是业主或用户，他们订购或购买建筑企业生产销售的建筑产品或服务，予以使用。由于有顾客的存在，才有企业产品或服务的生产和销售，企业才能回收再生产的资金，才能支付劳动者的工资，购买材料、设备。为了满足顾客需求，企业生产的商品或服务，在质量、价格、期限上必须达到国家、行业的有关规定和客户所期望的要求，主要体现在质量好、使用方便、物美价廉，满意的服务，对新产品的要求等。

（2）生产者（企业职工）

生产者是指进行企业生产、销售商品或服务的人，包括企业工人、技术人员、经营管理人员、各级领导者，以及分包商和供应商。企业管理观念应反映生产者的要求，例如：

1）企业要盈利，增加生产者的收入。

2）企业要有前途，使职工的工作、生活有保障。

3）企业有信誉，职工有荣誉感等。

（3）出资者

出资者是指企业资金的提供者，包括国家（国有企业的主要出资者是国家）、地方或集体、个人（股东）、银行、外商等。要开办企业或扩大经营，必须具有一定的资金、土地、房屋、机械设备、材料、构配件及职工所需的各种费用。投资者的投资将由企业的利润来回报。为此，企业经营必须考虑出资者的要求，例如：

1）多生产社会需要的商品，为繁荣国民经济做出贡献。

2）提高社会效益、经济效益，使企业稳定成长。

3）提高质量，不断贡献新产品。

4）给出资者以合理的报酬（纳税、付利息、分红等）。

（4）企业所在地区（社会）的人们

企业所在地区（社会）的人们是指为企业生产经营活动提供必需的水、电、物资、劳动力及交通服务的人们，受企业排放废弃物等影响的人们，以及地区居民等。因此，企业必须对所在地区的人们承担责任和义务。企业所在地区（社会）的人们对企业的要求主要有：

1）为繁荣地区经济做出贡献。

2）为地区服务。
3）保护环境等。
上述与企业密切相关联的四个主体有各自的希望和要求，企业管理观念必须兼顾四个方面的要求。所以，只有他们共同接受的观念，才是正确的企业管理观念。

2. 现代建筑企业管理的基本观念
（1）战略观念
企业要根据自身的特点和内外环境的变化，以长远的、全面的、发展的观念来进行管理。为此，企业要面向未来，高瞻远瞩，审时度势，随机应变，制定经营战略，主要包括战略目标、战略重点、战略方针和策略、战略规划等，实施战略经营，以求得企业的发展。

（2）市场观念
企业必须围绕社会及客户的要求来组织生产经营活动。市场是企业存在的前提。要具有市场观念，首先要求企业了解研究市场，明确社会及客户的需求情况；其次，要正确制定对策占领市场、赢得市场。

（3）竞争观念
在市场经济条件下，企业间的竞争是客观存在的，企业要在竞争环境中求得生存和发展。建筑企业的竞争主要表现在：质量以优取胜，工期以快取胜，价格以廉取胜，服务以好取胜。企业竞争是经营管理与技术水平的竞争，实质上是人才的竞争。竞争必然会大大促进企业改善经营管理水平，提高产品和服务质量，降低成本，缩短工期，提高企业经济效益，适应社会的需要。

（4）用户至上观念
企业必须以用户的需求作为经营生产的出发点，牢固树立一切为用户的思想，生产用户满意的产品，提供一流的服务，以获得良好的信誉。

（5）效益观念
建筑企业的效益观念是以经济效益为中心，并考虑与社会效益、环境效益相结合的综合效益观念。建筑企业要获得良好的经济效益，对外要赢得市场、扩大市场，多承包工程，多完成工程；对内要充分利用资源、降低成本，以最少的投入取得最大的产出。

（6）时间观念
"时间就是金钱"，企业赢得了时间，就赢得了效益。为此，首先，企业经营决策要把握时机。即使是正确的决策，如果贻误了时机，也是没有效果的；其次，要努力缩短施工或生产周期，加速资金周转，提高资金利用效果；最后，在企业的一切生产经营活动中都要讲求效率，这是企业赢得时间最为重要的途径。

（7）变革观念
企业要保持对外部环境的适应性。企业的外部环境包括政治、经济、技术等方面的各种因素，是经常变化的。因此，企业领导者要不断修正自己的想法，对企业的各种业务活动进行相应的调整，对企业的技术、设备进行相应的改造或更新，对企业管理的方针、策略、组织形式、制度、措施和方法要适时调整和变革。

（8）创新观念
企业要开拓新领域、运用新技术，开创经营管理的新局面，这样才能适应环境变化，在竞争中获胜。为此，在市场上要发现新需求、新客户、新机会；在生产上要广泛采用新工艺、新技术、新材料、新设备；在经营管理上要出新观点、新思路，运用新的管理经验和方法。也就是说，企业要进行制度创新、技术创新和管理创新。

此外，还有以人为本。竞争成败的关键在于人的观念，如诚实、守信、依法经营的观念。上述企业管理观念既有区别，又有联系；它们既体现了商品生产的要求，又体现了现代企业管理的特征。

1.3 现代企业制度

1.3.1 现代企业制度概述

企业制度是指以产权制度为基础和核心的企业组织和管理制度。它包括企业的产权制度、组织制度、管理制度，以及所有者、经营者、生产者之间的关系，企业与国家、企业与社会的关系等方面的内涵。企业制度不只是企业内部的组织管理制度，而且是涉及企业内部机制和外部环境各方面的制度体系。

现代企业制度是适应社会化大生产和市场经济体制发展的要求，以完善的企业法人制度为主体，以有限责任制度为核心，以公司制企业为主要形式，以产权明晰、权责明确、政企分开、管理科学为特征的新型企业制度。在现代化大生产和市场经济体制下，每个企业既是国民经济的细胞，又是独立的商品生产者和经营者。企业要完全面向市场，按照市场供求关系、价值规律进行生产、经营、销售。整个过程盈利或亏损，其结果都由企业自行承担。这就说明，现代企业制度要求企业应当是独立的经济实体，能够自主经营、自负盈亏、自我发展、自我约束。从法律方面看，现代企业主要是法人企业而非自然人企业，应当是依法成立依法享有民事权利和承担民事责任的独立法人实体。所以，现代企业制度从法律上看也就是企业法人制度。从上述分析不难看出，现代企业制度是社会化大生产和市场经济的发展以及随之而来的法制完善的产物。

1.3.2 现代企业制度的特征

1. 现代企业制度是产权关系明确的企业制度

企业设立必须有明确的出资者，必须有法定资本金，依法登记成立。出资者享有企业财产的所有权，企业拥有出资者投资形成的全部法人财产权。在确定法人财产权的过程中，同时需要理顺产权关系，实行出资者所有权和法人财产权相分离。出资者所有权在一定条件下表现为出资者拥有的股权，并以股东身份依法享有资产收益、重大决策和选择管理者等权利。法人财产权表现为企业依法享有法人财产的占有、使用、收益和处分权，以独立的财产对自己的经营活动负责。

2. 现代企业制度是企业法人权利责任关系明确的企业制度

企业享有法人财产权，以其全部法人财产依法自主经营、自负盈亏、照章纳税，对出资者承担资产保值增值的责任，也就是企业法人有权有责。出资者和企业法人是一种平等的民事主体关系。任何一个现代企业，一旦明确权责关系以后，就必须以其所拥有的全部财产为依托，动员一切力量，想尽一切办法，在合法经营范围内，努力使企业创造更多的价值，并依法向国家纳税。确定企业法人财产权，是在企业内部建立制约和激励机制，主动依法维护所有者权益，实现资产不断增值的一个好途径。

3. 现代企业制度是有限责任的企业制度

一方面，企业的资产是企业经营的基础，是出资者投资依法成立的。所以，出资者所投资本不能抽回，只能转让。出资者以其投入企业的资本额享有所有者的权益，但是不直接干预企业的生产经营活动；出资者以其投资比例对企业积累所形成的新增资产也拥有所有权。另一方面，当企业亏损时，包括国家在内的所有出资者按投入资本额的多少承受损失，承担亏损。当企业亏损到资不抵债、依法破产时，出资者以其投入资本额为限承担有限责任。有限责任的企业制度真正体现了利益和责任的统一，体现了权利和风险对称的原则。

4. 现代企业制度是政企职责分开的企业制度

政企职责分开的目的是使企业彻底摆脱政府机构附属物的地位。它包含两层含义：一是政府行政管理职能和企业经营管理职能分开。政府依靠政策法规和经济手段等宏观措施调控市场，引导企业经营活动；企业按照市场需求生产经营，以提高劳动生产率和经济效益为目的；政府不直接干预企业的生产经营活动；企业不再承担应该由政府和社会组织承担的社会职能。二是政府的社会经济管理职能和国有资产所有权职能分开。确立国有资产产权主体，形成国有资产产权主体与企业的产权关系。

5. 现代企业制度是具有科学组织管理制度的企业制度

科学的组织管理制度由两部分组成：一是科学的组织制度。现代企业制度有一套科学、完整的组织机构和治理结构，通过规范化的组织制度，使企业的权力机构、决策和执行机构、监督机构之间各自独立、权责分明，形成相互制约关系，并以法律和企业章程加以确立和实现。二是现代企业管理制度。要求企业适应现代生产力发展的客观要求，按照市场经济的需要，建立高效科学的管理制度。如具有正确的经营思想，能适应企业内外环境变化、推动企业发展的经营战略，新型的企业领导体制，新的财务会计制度、劳动人事分配制度，以企业精神、企业形象、企业规范等内容为核心的企业文化等。通过建立科学的组织管理制度来调节所有者、经营者和职工之间的关系，形成激励与约束相结合的经营机制。

1.3.3 现代企业制度的形式

公司制是现代企业制度最主要的形式。我国目前的公司制通常可分为"有限责任公司"和"股份有限公司"。

1. 有限责任公司

有限责任公司是指由一定人数的有限责任股东集资所组成的公司。这类公司有以下特点：

1）公司股东以其出资额为限对公司承担责任，公司以其全部资产对公司的债务承担责任。

2）股东各自的出资额一般由他们协商确定，并在交付其应付的股金之后，由公司出具股份证书，作为股东在公司中享有权益的凭证，但不能自由买卖。

3）公司的股份一般不得任意转让，万一发生特殊情况需要转让，必须取得其他股东的同意。经股东同意转让的出资，在同等条件下，其他股东有优先购买权。

4）公司股东人数较少。公司法对有限责任公司股东人数有最高限额。例如，我国《公司法》规定一般情况下，有限责任公司股东人数最高限额为50人，但不应少于2人。

5）在有限责任公司中，董事和高层经理人员往往具有股东身份。大股东亲自经营企业。大部分股东积极参与管理公司的业务活动，使所有权和经营权分离程度不如股份有限公司那样高。

6）有限责任公司成立、歇业、解散的程序比较简单，管理机构也简单，同时公司账目无须向公众公开披露。

由于有限责任公司所具有的上述特点，许多中小型企业往往都采用这种公司形式。这样，既可享受政府对法人组织所给予的税收等优惠和法人制度所带的其他好处，又能保持少数出资人的封闭式经营。因此，在一些西方国家中，有限责任公司的数目大大超过股份有限公司。

2. 股份有限公司

股份有限公司又称为股份公司，是指由一定人数以上的股东所设立的，全部资本分为等额的股份，成员以其认购的股份金额为限对公司承担责任的公司。

（1）股份有限公司的特点

1）公司的股东必须达到法定人数。例如，法国、日本规定，股份有限公司的最低人数为7人；德国规定不少于5人；我国《公司法》规定，设立股份有限公司，应当有2人以上200人以下为发起人。

2）公司的总资本是由若干均等的股份所组成的。股票是一种有价证券，具有可以自由认购、自由转让的特性。这是股份有限公司区别于其他公司形式的重要特征之一。股份公司可以通过向社会发行股票而筹集资本，人们可以通过认购股票而取得相应的股份。股东不能要求退股，但可以通过买卖股票而随时转让股份。

3）公司的财务状况必须向公众公开。为了保护投资者的利益，各国公司法一般都规定，股份有限公司必须在每个财务年度终了时公布公司的年度报告，其中包括董事会的年度报告、公司利润表和资产负债表。

（2）股份有限公司的优点

股份有限公司与其他形式的公司比较，具有以下优点：

1）股份有限公司是筹集大规模资本的有效组织形式，为企业提供了筹资渠道，为广大公众提供了简便、灵活的投资场所。

2）股份有限公司有一套更为严密的管理组织，能够保证大规模企业的有效经营。

3）股份有限公司有利于资本产权的社会化和公众化，把大企业的经营置于社会监督之下。

由于股份有限公司具有上述诸多优点，它成为现代市场经济中大型企业的主要组织形式。

（3）股份有限公司的缺点

股份有限公司较之其他形式的公司，其具有以下缺点：

1）股份有限公司作为公众公司，开设和歇业的法定程序较为复杂。

2）所有权和经营权的分离程度更高，经理人员往往不是股东，因此产生了出资者与经理人员之间复杂的委托代理关系。

3）公司经营情况必须向公众披露，难于保守经营秘密。

1.3.4 建筑企业建立现代企业制度的内容

1. 进行产权制度改革

国有建筑企业建立现代企业制度的关键是明晰产权,分离企业出资人所有权和法人财产权。现代公司制企业应最终实现股东享有终极所有权、董事会行使法人财产权、董事会聘任总经理行使生产经营权的"三权分离"。

根据建筑业的实际,在企业产权制度问题上必须坚持有进有退,有所为有所不为,集中力量,加强重点,循序渐进的方针,充分利用国有经济形成的优势,分步推进、分层搞活,使绝大部分国有建筑企业都要通过多种途径推进股权多元化,积极发展多元投资主体的股份有限公司和有限责任公司,尽快形成建筑行业多种所有制并存、优势互补、共同发展的格局。

(1) 国有建筑业大中型企业

一般不宜采取国有独资形式,少数已获得或将获得国有资产授权经营的国有独资公司,要进一步深化改革,积极吸纳其他资本,尽快形成多元化投资主体。同时,有能力的要争取上市。大多数国有大中型建筑骨干企业应多方吸收社会股本和企业法人股,实行国有股、社会法人股及企业职工股等并存的多元化资本结构,以改为规范的股份有限公司或有限责任公司。一般国有大中型企业可由内部职工全部买断或购买部分净资产,根据企业情况,可改制为股份制或股份合作制,促进资产的所有权和经营权分离。要建立出资人制度,明确出资人的责、权、利关系,认真做好国有资产的界定和评估,防止国有资产流失。

单一国有资产的企业难以适应激烈的市场竞争,要争取改造为多元投资主体交叉的有限责任公司。省、市级建筑总公司(建工集团)可以在取得授权为国有资产主体的基础上,向多元股东的有限责任公司或股份有限责任公司过渡。同时,明确纵向的资本纽带,分层次、有计划地对子公司进行改组,凡条件适宜的子公司或劳务层,应该改为股份制或股份合作制。

(2) 国有小型和集体建筑企业

要因地制宜、因企制宜,采取联合、兼并、租赁、承包经营、股份合作制、出售、转让等多种经济成分共同发展。根据企业的具体情况,可采取以下几种方式:

1) 具有专业优势、市场潜力且负债率不太高、职工承受能力较强的企业,可采取"售股转制"的办法改造为股份合作制企业。

2) 对规模不大或规模较大但负债率较高、净资产较少的企业,经过深入的思想动员,可由企业全员、部分职工或其他企业、个人出资买断,对原公有净资产进行置换。

3) 对净资产较多的企业,职工难以全部买断,可采取部分置换的办法,同时保留部分公有股权。

2. 建立高效率的组织结构

企业内部建立高效率的组织结构,是保证企业具有竞争实力的重要条件。根据建筑企业的特点,应实行董事会、经营管理层、项目经理部三级治理的组织结构。

董事会是代表资产所有者行使资产管理和处置的决策机构,其主要职能就是要使企业的资产保值、增值、积累、发展、扩张,站在长远利益的角度为企业制定发展战略规划,选拔和聘用优秀的经营管理者,并进行授权、监督和检查。

经营管理层受命于董事会，执行企业的发展战略，对日常的企业活动进行经营管理，实行总经理负责制。建筑企业的管理特点是以项目管理为出发点和立足点。因此，经营管理层对外面向市场，收集信息，参与工程投标，为企业承揽更多的施工任务，同时还要不断寻找市场机会，开拓经营业务，使企业获得更多的发展机会；对内主要是根据施工任务组建项目经理部，向项目经理授权，由项目经理作为企业经理的代理，全权负责施工项目的管理。经营管理层和项目经理部可以采用矩阵式组织结构，两者在施工承包中各自承担风险、自我约束，按照市场的供求关系和价值规律谋求经济效益最大化，实现企业的最大发展。

项目经理部是代表企业履行工程承包合同的主体，是在项目经理的领导下，负责施工项目从开工到竣工的全过程施工生产的管理层；同时还有选择作业层，对作业层进行直接管理与控制的双重职能。

建筑企业的所有活动都是围绕工程开展的，因此，可以采取虚拟组织的形式，即工程建设的虚拟组织。建立虚拟组织，需要对工程建设的虚拟组织环境进行分析。

1）越来越多的大型工程项目中，包括业主、设计单位、承包商、供货商在内的各参与单位可能来自不同地区，甚至不同国家。由于项目参与方处于不同的地理位置，它们在工程建设中需要进行大量的信息共享，而这离不开信息技术，尤其是通信技术的强有力支持。

2）项目参与方之间的合作，既可以包括整个公司，也可以是某些公司内部的子公司，甚至还可以是个人，而且它们之间是通过提供彼此的核心竞争力和共享资源来进行合作的。例如，设计院擅长工程设计，施工单位主要承担施工任务等。

3）工程项目在不同的建设阶段，需要有不同的参与方。例如，施工阶段的参与方主要是各专业工种的分包单位，一旦某分包单位完成施工任务，它就可以退场。如果在施工过程中紧急需要某施工单位，也同样可以迅速加入。而所有参与方的最终目的都是该工程项目的完工，之后，整个工程建设组织也就随之解散；若有新的工程项目，又可以迅速重新组合。

虚拟组织可以把建设项目的各参与单位通过公共的信息网联系在一起，改变了当前建设项目各参与单位之间的纵向信息传递模式，能充分、准确、及时地掌握工程建设动态信息，相互协调，缩短建设周期，提高工程质量。虚拟组织除了能够有效地支持信息沟通，还有许多明显的优越性。例如，在全球化竞争的今天，通过虚拟组织形式进行跨地区合作，能够为项目参与方提供更多的合作机会。而中小型的项目参与方通过虚拟组织的形式联合在一起，可以使它们所掌握的资源（包括人力资源和知识资源）互相补充，能更加集中地运用固有资源，发展自身主导业务。

3. 建立健全科学的领导体制

（1）调整好"新三会"与"老三会"的关系

所谓"新三会"与"老三会"之间的关系，即现代企业制度下公司法人治理结构中股东大会、董事会、监事会与党代会、职代会、工会之间的关系。在同一个企业里，"新三会"和"老三会"不能互相替代，需各自按自己的章程办事；但它们的目标是一致的，都是在党的领导下，把企业的各项工作干得更好。

按照《公司法》确定股东大会、董事会、监事会及总经理的职能。党代会、职代会、工会选派代表，通过法定程序进入股东大会、董事会、监事会，在董事会、监事会中参与重大问题决策。同时，董事会在对重大问题做出决策前，尤其涉及重要干部任命问题，事先要听取党委的意见。公司党委对董事会要聘任的经理人选进行考查，提出建议，然后分别由董事会和总经理进行聘任。涉及职工切身利益的问题，总经理事先要征求职代会、工会的意见。由此，体现了"新三会"和"老三会"的结合。

（2）完善公司治理结构

公司治理结构是现代公司制的核心，其目标是在产权关系明晰和责、权、利统一的基础上，实现对公司控制权的合理配置，在公司所有者和经营者之间形成相互制衡的机制，从而最大限度地提高公司的运营效率。

公司治理结构完善与否对建立现代企业制度有着重要影响。国有建筑企业向现代公司改制的过程中要注意解决好以下问题：

1）股权过分集中。国有建筑企业在公司制改造过程中，要注意合理配置股权，使投资主体多元化，并形成多元产权主体制衡机制。同时，要注意加强股东大会的职能，健全股东大会制度，使在行政干预下"有名无实"的股东大会真正成为最高权力机构。

2）"内部人控制"问题。国有建筑企业在公司制改造过程中，一是要强化监督机制，由国家委派专职监督人员做公司监事会人员，建立公司信息披露制度，对弄虚作假的人员给予严厉惩处，建立财务信息监测体系，通过计算机分析和人工分析发现企业财务的异常现象；二是要完善董事会制度，正确发挥董事会的决策功能，选择得力的领导班子，优化董事会构成，从制度上保证董事会职权由董事会集体行使，而不是董事长一人说了算；三是要加强职工参与民主管理，完善职工民主管理形式。

4. 完善企业内部管理

（1）引进先进管理模式

1）引进方式。先进管理模式的引进方式一般有三种：

① 拷贝方式。一般由管理咨询公司组成设计小组，以某企业管理模式为蓝本，设计出目标企业的管理模式文件，企业按管理模式文件逐步推行。这种方式时间短、见效快，但容易脱离企业管理的实际情况，因而引入的成功率较低。

② 专家咨询方式。企业成立模式设计小组，在模式设计专家的指导下，由企业内部成员根据企业的实际情况进行模式设计。采用专家咨询的方式引入管理模式，由于设计来自企业内部成员，切合企业的实际情况，在企业内容易推行，但企业内部人员会过多地考虑企业原有模式，易于使模式设计流于形式，再加上缺少专家的外在推动力，容易使模式设计最终失败。

③ 共建方式。采用设计公司与企业共同设计模式的方式，咨询公司与企业内部人员共同组成设计队伍，量体裁衣，根据先进企业的管理模式，设计一套适合企业自身情况的管理模式。

2）建立精干的企业管理机构控制项目法人机构的管理模式。建筑企业具有生产流动性、产品多样性和人员松散性等特点，应采用精干的企业管理机构控制广泛的项目法人机构的管理模式。所谓项目法人机构，就是指以工程经营技术管理人员为主体的小的经营团体。其功能是能建立自己的资本聚合，发挥自己灵活机动的经营管理才能，自主地进入市场竞争，以自己的资本聚合承担市场风险，去追求市场份额和项目施工的优秀成绩。而建筑企业的管理机构应以自己的资质、信誉，以及严格的管理、优化的服务，尽可能地把多个项目法人组织吸引到本企业中来，利用其资本聚合扩大企业资本金，也利用其资本聚合解决项目包盈不包亏的矛盾，同时根据其项目管理的水平和业绩进行优化选择，优胜劣汰，解决企业人员能进不能出的矛盾。

具体的运作方式：松散的项目法人机构自主与企业联合招揽施工任务，并以自己的资本聚合抵押给企业作为项目亏损的风险资金。而企业则以对项目法人的严格管理去实现企业的经营生产目标，利用项目施工中取得的收益确保国家税费上缴和项目人员的教育培训，确保持证上岗，不断提高项目法人机构的素质。在相互依存的契约化管理中，国家取得企业的税费收入，企业也要以自己的严格规范管理和良好的服务求得项目法人机构的拥护和支持，帮助项目法人机构在市场竞争中不断提高上岗档次。

（2）推行自我改善的柔性管理

自我改善的柔性管理是以科学管理为目标，把"创造无止境的改善"作为经营理念，坚持创新，不断把企业的管理发展提高到一个新的水平。柔性管理与传统依靠"铁腕"和权力的刚性管理相比，其根本区别在于以下几个方面：

1）柔性管理从塑造价值观和企业精神入手，用启发和诱导的方式，动之以情，晓之以理，最大限度地激励和发挥员工的积极性、自主性和创造力，并形成全员的"自我改善"精神和"创造无止境改善"的经营理念。

2）采用"柔性"的管理组织。强化计算机网络的管理手段，灵活设置组织机构，倡导员工"一专多能"，实施立足本岗位自我管理的基础组织管理，以使企业形成一种能适应复杂多变市场的"快速反应"能力。

3）推行一种"虚拟化"的企业经营。以各参与方的资源为依托，以技术、品牌为结合点，实行优势互补，从而形成强大的产品力、市场力和形象力，在竞争中获得超常的经济效益和社会效益。

（3）建立完善的企业内部管理制度

在采用适合本企业管理模式的基础上，要进一步建立完善的企业内部管理制度，包括财务会计制度、人事制度、分配制度、施工管理制度等，使企业在完善的制度下规范化地运转。要探讨现代企业制度下的项目管理制度，落实项目经理负责制和项目成本核算制，促进企业生产要素的优化配置与动态管理；要树立高度的质量意识，建立完善的工程质量管理体系。

5. 搞好企业文化建设

建筑企业是劳动密集型企业，大多是手工操作，劳动条件艰苦，人员素质参差不齐，工人的操作质量直接影响工程质量和企业效益。因此，要建立以人为本的企业文化制度，强化现场文明施工和安全生产，建立起统一的价值观，以增强企业的凝聚力；要注意培养和造就优秀企业家，尽快完善企业经营者的激励和约束机制。

6. 健全法律制度并建立社会保障体系

（1）健全法律制度

市场经济和市场法制有着内在的联系，公平竞争、等价交换是市场经济的本质要求。竞争就需要有规则，市场本身就是一种全方位开放的竞争场所，现代企业制度的确立将使这种竞争更加激烈，如果没有规则将会使市场发生混乱。市场经济中经济主体之间的契约化、经济主体的多元化、经济活动自主化、公平竞争有序化、宏观调控间接化以及经济管理制度化，都必须通过系统、完备、成熟的法律制度来调节、制约和规范。因此，市场经济的发展、现代企业制度的建立，必须有健全的法律制度。其主要内容如下：①确立市场主体的法律制度；②确立市场运行规则的法律制度；③确立宏观调控机制的法律制度；④确立社会保障方面的法律体系；⑤有关特定的经济行为立法。

(2) 建立社会保障体系

社会保障享有"安全网"和"减震器"的美誉，它既是对公民基本生存权利的保障，也是对社会经济体制运行的一种保障。要建立现代企业制度，就要为企业创造一个良好的社会环境。其中，最重要的内容之一就是要建立和健全有效的社会保障体系，包括失业保险制度、养老保险制度、工伤保险制度、医疗保险制度以及死亡保险制度等。

1.4 建筑企业管理的基础工作

1.4.1 建筑企业管理基础工作的概念及意义

企业管理的基础工作是指为了顺利而有效地进行管理活动，对建立正常的管理秩序提供资料数据、共同准则、基本手段、前提条件的必不可少的各种工作。它既是企业管理工作的重要组成部分，也是实施各项专业管理工作的重要前提。所以，它对整个企业管理工作的好坏具有十分重要的意义。

1）企业管理基础工作是进行企业管理工作的条件。如在一定的企业组织系统中进行各项管理工作，必须按事先规定的工作范围、内容、职责、权限进行，需要有大家共同遵守的规章制度，否则就会造成管理混乱、生产中断、人身伤亡等。建立健全企业的规章制度是进行企业管理工作的基本条件。

2）企业管理基础工作是进行企业各种决策和编制计划的依据。决策必须掌握内外信息，编制计划，定额是基本依据。

3）企业管理基础工作为企业进行组织和控制提供手段和标准。如企业的技术规范是进行生产组织的重要手段，技术标准是对生产技术进行控制的标准。

总之，企业管理基础工作不仅是进行企业管理工作的基础，更重要的是提高管理水平和技术水平的基础，是向现代化管理过渡的必要前提。

1.4.2 建筑企业管理基础工作的主要内容

(1) 建立健全以责任制为核心的各项规章制度

规章制度是指对企业各部门和职工在生产经营管理活动的例行性工作中所应遵守的有关要求、程序、方法和标准所做的规定。它是企业职工的行为规范和标准，是企业的法规。健全的规章制度，能维护生产经营活动的正常秩序，保证其顺利进行。它是指挥的基础、监督的依据、控制的标准，是促进生产经营发展的有力工具。

企业的规章制度大致可分为责任制和各项管理工作制度。

责任制是规定企业内部自上而下各部门、各类人员的工作范围、所担负的责任和相应的权力、考核标准以及相互协作要求的制度。这种制度能使各部门和全体人员按自己的职责有秩序、协调地工作，以保证实现共同的目标。责任制是制定各项管理工作制度的基础。责任制主要有各级领导、职能人员、生产工人等的岗位责任制和生产、技术、成本、质量、安全等的管理业务责任制。建立责任制必须明确由谁承担责任、对谁负责、负什么责和衡量标准四个问题，这样才能做到有效和有序管理。

管理工作制度包括：经营管理方面，有市场调查预测制度、合同管理制度、交工验收及工程回访技术服务制度等；施工生产管理方面，有生产计划管理制度、施工调度制度、统计报告制度、技术管理制度、质量管理制度、安全管理制度等；物资管理方面，有入库验收制度、库存保管领发制度、回收利废制度、机械设备管理制度等；劳动人事管理方面，有职工考勤制度、职工工资及奖惩制度、培训制度、劳保制度等；经济管理方面，有财务管理制度、成本管理制度、经济核算制度等。总之，凡是企业内部各项专业管理，都必须按照生产技术活动的客观要求建立必要的规章制度，作为管理的准则和依据。

在企业的生产经营管理工作中，要认真贯彻执行上述各项制度，同时要严格检查、考核、评比、奖罚；并且在执行中根据客观情况的变化发展，不断修订和完善各项规章制度。

（2）标准化工作

标准化工作是指技术标准、技术规程和管理标准的制定、执行和管理工作。推行标准化工作可以使企业的生产技术、经营管理活动科学化、规范化和制度化。它是保证企业各项工作的正常秩序、提高效率、获得良好经济效益的重要手段。推行标准化工作要求做到：

1）建立健全并严格执行技术标准和技术规程。技术标准通常是指产品的技术标准。技术标准通常有国家标准、部标准、企业标准。建筑安装工程的技术标准是对建筑安装工程的质量、规格及其检验方法所做的技术规定，如建筑工程施工质量验收统一标准、工程施工及验收规范、建筑材料及半成品的技术验收标准等。技术规程则是为了执行技术标准，保证生产有秩序地进行，对工艺过程、操作方法、设备机具的使用、安全技术的要求所做的技术规定。建筑生产中的技术规程有：施工工艺规程，用以规定各类工程的施工工艺、步骤和方法；操作规程，用以规定进行某种工艺或使用某种机械设备必须遵守的操作方法或注意事项；设备维护和检修规程，用以规定机械设备的维护、修理的要求和方法；安全技术规程，规定在生产过程中保证人身安全和设备安全运行的要求和应采取的防范措施。没有统一的技术标准和技术规程，工程质量、产品质量的检验控制就缺乏统一的依据，生产的配合协作也就无法进行，安全生产就受到影响。因此，建立技术标准和技术规程，是企业在技术管理、质量管理、机械管理、材料管理、安全管理等方面重要的基础工作。

2）建立健全并严格执行管理标准。企业应建立健全并严格执行一套严密的经营、生产、技术、质量、劳资、材料、机械、财务等管理标准。管理标准是指对企业生产经营管理活动中反复循环出现的例行性管理业务工作的职责、程序、方法、质量标准等所做的规定。这样可使企业各项管理工作合理化、规范化和高效化。

企业应建立由经理直接领导的标准化管理机构，负责技术标准及管理标准的制定、执行、考核和修改工作。

（3）定额工作

定额工作是指各类技术经济定额的制定、执行和管理工作。定额是在一定的生产技术组织条件下，完成各种生产经营工作所规定的人力、物力、财力、时间和空间的利用和消耗方面应遵守和达到的数量标准。它是用数量控制和促进生产经营活动的一种手段，是编制计划的基础、经济核算的依据，是贯彻责任制的标准、按劳分配的重要依据。所以，没有定额，也就没有科学管理。

定额工作要求做到：企业应建立健全各类技术经济定额，要求定额齐全配套，具有先进性。建筑企业管理中需要的定额很多，按用途可分为消耗定额、状态定额和效率定额。消耗定额是用以规定劳动的消耗量，如时间定额或产量定额、工资定额、材料消耗定额、机械台班定额、设备修理定额等；状态定额是与期量标准有关的定额，如库存量定额、设备有效工时定额等；效率定额是用以反映劳动产出成果的定额，如劳动生产率、产品合格率、优良率等。

凡是能用定额考核的劳动、物资、机械、资金、工期等都应实行定额管理。企业要配备劳资、材料等专职的定额人员，专门负责定额的制定、执行、考核、修订、补充等工作。

（4）计量工作

计量工作是指计量检定、测试、化验分析等方面的计量技术和计量手段的管理工作。它主要是用科学的方法和器具对生产经营活动中各种物质要素的数量和质量进行控制和管理。企业的计量工作是获得生产经营活动各种信息的重要手段，加强计量工作提高其水平，及时、准确、全面地提供检测计量数据，对确保工程质量、节约能源和降低消耗都有十分重要的作用。

计量工作要求做到：企业应建立由经理和总工程师直接领导的计量检测管理机构，配备相应的计量检测人员，建立健全计量检测管理制度；配备齐全计量器具，不断提高能源、大宗材料、施工工艺过程、工程质量主要参数的检测率；加强计量技术素质，积极改革计量器具和计量检测方法，逐步实现检测手段和计量技术的现代化。

（5）信息工作

信息工作主要是指企业生产经营管理活动所必需的资料数据的收集、处理、传递、储存等管理工作。信息是企业做出生产经营决策、制订计划、进行施工、技术、财务活动的可靠依据，是实行有效控制的工具，也是联系企业各职能部门和各方面工作的纽带。

信息工作的基本要求是全面、准确、及时，并有统计分析。要收集、整理、分析企业生产经营活动全过程，供、产、销各个环节的有关信息，即企业内部和外部的一切有关信息。例如，企业外部的市场动态、行业情况、用户要求及反映等，企业内部的资源、生产经营能力，以及原始记录、凭证、统计报表、经济技术情报、技术经济档案等。

要建立和完善企业管理信息系统。建立一个与企业管理组织系统相对应的信息机构，落实其信息职能，沟通信息传递渠道，形成反馈系统，能及时准确地向各管理层次、各部门提供需要的信息。

（6）教育与培训工作

教育与培训工作是使企业的每个成员具备从事本职工作、履行岗位责任所必需的知识和技术业务能力而进行的基础知识教育和基本技能训练的管理工作。教育和培训工作的内容包括思想教育、职业道德教育、文化教育、生产操作和管理知识技能等基本功的训练等。

复习思考题

1. 简述建筑企业的概念。建筑企业按资质条件不同如何进行分类？
2. 简述建筑企业管理的概念。企业经营和企业管理有何不同？
3. 建筑企业管理的职能有哪些？它们之间的相互关系如何？
4. 什么是现代企业制度？现代企业制度包含哪些内涵及特征？
5. 有限责任公司与股份有限公司各有何特点？各适用于什么企业？
6. 什么是建筑企业的基础工作？建筑企业的基础工作包含哪些内容？

第 2 章

建筑企业组织管理

2.1 建筑企业组织概述

2.1.1 组织的含义及目标

1. 组织的含义

"组织"包含两层含义：一是名词，指组织体，如企业、医院、学校等；二是动词，指组织工作或活动，它是管理职能之一，对生产经营活动进行合理分工，合理配备企业的资源，以实现企业的共同任务和目标。企业组织是企业为了实现其经营目标，把构成企业生产经营活动的基本要素和生产经营活动过程的主要环节有秩序、有成效地结合起来的工作。

按组织的对象划分，企业的组织工作可以划分为生产组织、劳动组织和管理组织。生产组织是指在生产过程各阶段、各工序上做好时间和空间的协调衔接。在生产组织的基础上，劳动组织是指合理组织劳动，正确处理劳动者相互之间的关系以及劳动者与劳动工具、劳动对象之间的关系。管理组织则是指根据企业管理对象、任务和目标，将企业划分为若干层次或单位，为每个管理层次或单位配置一定数量和质量的人员，明确他们之间的分工协作关系以及各自的职责和权限，并规定他们之间的信息沟通方式，以求提高管理效率，实现企业目标。

建筑企业是指依法自主经营、自负盈亏、独立核算，从事建筑商品生产和经营，具有法人资格的经济实体。具体地讲，建筑企业是指从事交通、房屋、市政等土木工程建筑活动和管道、设备、装置等安装活动，以及从事对建筑物内、外装饰装修活动的企业（组织）总称。另一层面，建筑企业的组织则是指建筑企业经过组织设计、组织运行和组织调整并结合企业自身的建筑生产作业特点，组建起的责、权、利明确，具有一定稳定性及灵活性，有利于实现企业目标的企业组织结构及所做的人员安排。

2. 组织目标

组织目标是指一个组织未来一段时间内要实现的目的，它是管理者和组织中一切成员的行动指南，是组织决策、效率评价、协调和考核的基本依据。任何一个组织都是为一定的目标而组建起来的,是一个体系,是由总的战略目标、长期目标、中期目标和短期目标组成,每种目标的产生和作用都是不相同的。组织必须有一个明确的、贯穿于组织内各项活动的统一目标,这是组织最重要的条件。无论其成员各自的目标有何不同,都要有一个为所有成员所接受的共同目标。

组织目标是组织的宗旨和纲领,它说明了建立这个组织的目的性,不同的组织有不同的目标。组织目标是识别组织的性质、类别和职能的基本标志。组织目标通常由若干子目标支持,如有必要,子目标也可以由若干下一层次的目标支持,层次的数量以组织目标表达清楚为限,使组织目标构成一个具有层次结构的目标体系。

2.1.2 建筑企业管理组织的内容

企业管理组织是企业管理中建立健全管理机构、合理配备人员、制定各项规章制度等工作的总称。企业管理组织是与组织目标的实现相联系的,建筑企业也不例外。建筑企业的管理组织也离不开环境的影响,如国内传统市场现状、国际化发展趋势、项目建设模式、市场化程度、市场竞争转变趋势、互联网+、基础设施互联互通和新兴业态等。管理组织的内容包括三个方面:组织设计、组织运行和组织调整。

1. 建筑企业组织设计

(1) 组织设计的原则

1) 企业战略目标的适应性原则。企业组织的确立是为实现企业发展战略与经营目标服务的,要做到与目标一致、任务一致。

2) 统一领导与分级管理原则。统一领导就要适当集权,而分级管理体现为适当分权,要正确处理集权与分权的关系。

3) 作业专业化原则。随着规模和领域的不断扩大,建筑企业对作业专业化要求越来越高,专业化是社会化大生产的特点。组织分工可以按照职能、部门、地区进行分工;按照施工或者生产的专业进行分工;按照工程任务进行分工等。在专业化分工的基础上,组织需要考虑如何让不同分工的人员进行合作以实现组织目标。

4) 合理的管理层次与管理跨度原则。领导者直接有效地指挥下属的人数应当适当。管理跨度过大,领导管理的时间过长,会导致管理效率与质量不佳;管理跨度过小,会造成管理成本增加,人员数量与管理层次增加。管理层次在企业中的划分也应该适当。通常情况下,企业的管理组织可设立三层,即决策层、职能管理层和作业管理层。随着经济发展和技术进步,组织趋于扁平化,即增加管理跨度,减少管理层次,提高组织信息收集、信息传递和决策的效率,最终发挥组织的内在潜力和创新能力,从而提高组织的整体绩效,完成组织的战略目标。

5) 精干高效原则。在进行组织设计时,要围绕组织目标进行部门、层次、岗位的设置,重在提高效率。要因事设职、因职设人,尽量减少管理层次。

6) 权责、能职对等原则。权力与责任、能力与职位对等才能保证组织目标的达成,否则会出现权力寻租,或者不能完成预定任务的情况。

7) 均衡与稳定原则。在组织中,工作量、权责等方面应大致均衡。在组织形成后,也应保持相对稳定,否则会造成工作效率的降低。

8) 信息通畅原则。企业中需要建立起有效的信息沟通渠道,使各专业人员在追求各自目标最优时，实现组织整体系统最优。

（2）组织设计的任务

1）建筑企业组织结构。组织结构（组织架构）是一个组织能否实现内部高效运转、能否取得良好绩效的先决条件。组织结构通常表现为一个组织的人力资源、职权、职责、工作内容、目标、工作关系等要素的组合形式，是组织在"软层面"的基本形态，其本质是实现某一组织的各种目标的一种手段。组织结构必须满足清晰性、经济性、企业愿景、个人任务和组织共同任务的理解和决策、稳定性和适应性、永存性与自我更新性等要求。企业组织结构的形式主要有直线制、职能制、直线职能制、事业部制、矩阵制，以及以上几种组织结构的组合形式。

2）建筑企业组织职能。组织职能是为有效实现组织目标，建立组织结构，配备人员，使组织协调运行的一系列活动。管理学认为，组织职能一方面是指为了实施计划而建立起来的一种结构，该种结构在很大程度上决定着计划能否得以实现；另一方面，是指为了实现计划目标所进行的组织过程。建筑企业组织职能是在设计并建立组织结构的基础上，设计并建立职权关系体系、组织制度规范体系与信息沟通模式，以保证并完善组织的有效运行，并进行人员配备与人力资源开发，组织协调与变革。组织职能对于发挥集体力量、合理配置资源、提高劳动生产率具有重要作用。

3）建筑企业组织变革。从企业组织发展的历史来看，企业组织结构的演变过程本身就是一个不断创新、不断发展的过程。传统的组织形式已不能适应现代社会特别是知识经济时代的要求。在21世纪，建筑企业发展呈现出竞争全球化、顾客主导化和员工知识化等特点。因此，现代建筑企业十分推崇流程再造与组织重构，以顾客的需求和满意度为目标，对企业现有的业务流程进行根本性的再思考和彻底重建，利用先进的制造技术、信息技术以及现代化的管理手段，最大限度地实现技术上的功能集成和管理上的职能集成，以打破传统的职能型组织结构，建立全新的过程型组织结构，从而实现企业经营成本、质量、服务和效率的巨大改善，以更好地适应以顾客、竞争、变化为特征的现代企业经营环境。

4）建筑企业组织文化。企业文化是在企业长期生产经营中培育、融合、凝聚而成的一种独具特点的、对企业持续稳定发展起推动作用的群体意识和价值观念及其外在形式。它包括企业精神、价值观念、企业形象、经营思想、企业目标、道德规范、规章制度、企业风尚等。随着企业的发展，企业文化在企业中的主体地位逐渐突出，最能体现一个企业经营和管理本质特征的企业文化推进工作越来越重要。加强企业文化深植，首先要深刻理解企业文化的内涵。企业文化是一个企业的灵魂，它通过向员工宣传统一的企业价值观而将他们凝聚在一起，这些价值观影响着员工的生活方式、行为方式和价值信念，促使他们积极地为企业创造价值。

（3）组织设计的类型

1）基于战略调整的组织匹配设计。美国麻省理工学院教授钱德勒（Chandler）指出，企业战略的变化先行于并导致了组织结构的变化。"战略决定结构"是一条重要的管理原则。不同的战略要求不同的业务活动，从而决定组织结构中部门的设置、核心职能的设置、岗位的设置、责权利的分配等。战略重点的改变会引起企业工作的重心改变，从而导致各部门及岗位在企业中重要程度的改变，并最终导致管理职能以及部门之间关系的相应调整。稳定战略需要规范组织结构。

2）基于价值链管理的组织设计。著名管理学家、管理过程学派代表人物哈罗德·孔茨

(Harold Koontz)和美国著名管理大师彼德·德鲁克（Peter F. Drucker）均指出，组织设计的第一步工作是确立为实现组织目标的需要而开展的业务活动，这些业务活动即为企业价值链各个环节的活动，构成组织层面的业务流程与运作价值链，它们成为组织战略和商业模式的载体，符合业务流程与价值链的理论。因此，价值链分析与组织设计的内在关联便体现在做组织设计时，首先要分析组织层面的业务流程与价值链活动，以此为基点，进行组织结构部门设计、层次和职位设计等组织设计活动。

3）基于并购整合需要的组织设计。企业并购与整合对组织目标有着很大的影响，决定了战略和经营目标能否实现。企业并购后，其业务的成功整合尚需公司管理制度层面整合措施的支持，主要体现在并购后需要将各项职能整合措施制度化、合法化，因而组织机制的顺利整合在很大程度上决定了企业经营战略的成败。为此，应开发一个能够响应战略需要的组织结构，建立战略实施赖以成功的特别制度保障，可以令组织拥有实施战略所需的管理能力、组织资源、竞争力等。

4）基于集团管理模式的组织设计。集团组织结构和职能的设置一般应由集团战略和业务取向来决定，组织结构的设计应保证战略、经营、管理的有效实施。大型企业集团一般选用职能制、事业部制或子公司制三种类型的组织结构。这三种类型组织结构的特点和适用性各有不同。对组织结构的具体选择与企业集团的业务种类、集分权程度及控制程度有着直接的关系。在进行企业集团的组织结构设计时，除了要满足集团管控模式和功能定位对组织结构的要求外，还应遵循市场导向、管理明确、精干高效、责权利对等、管理幅度有效、专业分工和协作、执行和监督分设、灵活性等具体原则。

2. 建筑企业组织运行

企业推动、调节企业系统各生产要素正常运转，以实现企业目标，这涉及企业生产经营供、产、销的决策、计划、组织、控制等管理活动的全过程。企业通过权力的划分、责任的明确、利益的调整，使企业内部的责、权、利有机地统一起来。其完善过程涉及企业决策体系、领导制度、组织制度、分配制度以及企业内部调控体系的深入调整，是企业改革的进一步深化。

1）建筑企业的运行要素。建筑企业运行的基本要素是劳动力、物资、资金和信息。劳动力要素包括参加企业运行的全部人力，这是运行的主体；物资要素包括劳动手段和劳动对象，它们是运行过程中被劳动力所利用或作用的对象；资金要素包括运行的全部资本，这是市场经济条件下实现企业与外部联系所借助的必要手段；信息要素包括企业内部管理信息与外部市场信息等，它是连接企业内外关系，连接企业运行过程中人与人之间、人与物之间以及物与物之间关系的纽带。

2）建筑企业的运行结构。建筑企业运行过程中要素有机结合形成生产、经营和管理三大结构。生产结构履行物资形式转换与产品价值和使用价值的创造职能；经营结构履行对外联系的职能，完成生产要素流入企业，以及生产成果流出企业的职能；管理结构履行协调的职能，使运行过程中人、财、物和信息等各要素之间保持最佳组合关系，发挥最高效率。

3）建筑企业的运行效能。建筑企业在其组织结构的支撑下可表现出的效能主要有生产、营销、财务、人事和创新等。生产效能以效率为原则，进行物资形式转换，创造新的使用价值；营销效能利用资金和信息进行生产采购与生产成果销售，实现生产所创造的价值；财务效能以效益为原则进行资金运筹，以满足营销需要；人事效能以协调为原则配置和调节劳动力，以保证其他效能的有效发挥；创新效能以进步为原则进行技术改造和制度方法变革，促进企业发展。

3. 建筑企业组织调整

组织调整是为适应企业在成长阶段日趋复杂的管理事务而对企业的组织结构和组织文化进行的调整。企业进行组织调整的原因主要有战略调整需要、价值链调整需要、并购整合需要等。

1）组织结构调整。建筑企业在不同的发展阶段中，应有不同的战略目标，其组织结构也应做出不同的调整。企业组织结构的调整是建筑企业战略实施的重要环节，同时也决定着企业资源的配置。企业在进行组织设计和调整时，只有对本企业的战略目标及其特点进行深入的了解和分析，才能正确选择企业组织结构的类型。有什么样的企业战略目标，就有什么样的组织结构，企业的组织结构又在很大程度上对企业的发展目标和政策产生很大的影响，并决定着企业各类资源能否合理配置。企业战略目标与组织结构之间是作用与反作用的关系。因此，企业组织结构的设计和调整，要寻求和选择与企业经营战略目标相匹配的结构模式。一切都应当从企业的发展目标出发，充分体现"领导指挥得力，横向纵向关系协调，层级信息沟通顺畅，激励员工积极参与"的科学化原则。在设置和调整组织结构时，首先要明确建筑企业发展的总体战略目标及其发展方向和重点。

2）组织文化调整。组织文化是长期嵌入建筑企业内部的价值观和信仰，根深蒂固地决定了员工对不同情况的应对机制。因此，如果一家企业的文化不能起到积极的作用，反倒会拖累企业整体的绩效。组织文化还需要改变和适应利益相关者不断变化的需求。首先，要了解现有组织文化。其次，借助从外部专家及其他企业汲取而来的经验为企业解决现存问题。每家企业都有自己不成文的准则规范，纵然不同行业之间存在很大差异，但专门从事企业管理的顾问，可以通过变革的路线绘出蓝图，为企业带来巨大的价值。再次，企业决策层决定着组织文化的建立与改变，他们会对现有情况深入了解并进行剖析，之后做出相应的改变。然而，改变的过程并不能通过独裁的指令来实现，而必须通过对所有人的聆听，感受他们的情绪，来推动企业新文化的实施。最后，员工参与度与接受度至关重要。为了达到塑造组织文化来支持企业目标的目的，管理者必须知道，除非这些改变被员工由心而发地接受，否则还是难以实现预想的目标。改变已经存在且持续多年甚至数十年的企业文化是一项艰巨的任务，高层管理人员有义务为此做出努力。在时下变革改变命运的今天，团队组织系统的改变是值得冒险和投资的。

2.1.3　建筑企业组织监管体系

建筑企业较为适宜的经典管控模式是"总部做精、分（子）公司做强、项目部做细、上下做顺、集约管控"。集团公司采用"战略型管控"，对分（子）公司的核心业务定位及重要职能设置实施管理；分（子）公司采用"运营型管控"，对项目部的市场经营、人力资源、财务资金、项目管理、成本控制等实施管理。由此，逐步形成集团公司总部"战略规划中心、业务监控中心、制度输出中心、价值创造中心、资本运作中心和服务支持中心"，分（子）公司"管控中心、利润中心"，项目部"实施中心、成本中心"的精准定位，建立相应的管控制度与流程。

1. 集团公司总部级组织监管

集团公司总部一般可围绕六个基本职能进行组织监管体系建设，有利于实现"总部做精"的管理提升工作目标。这六个基本职能分别是：①战略规划中心职能：制定集团发展战略，决定各分（子）公司的角色定位，调配集团内部人财物资源，制定增进协同的横向战略，制定各分（子）公司间内部协同机制；②业务监控中心职能：加强集团范围内各项业务运作的监察审计工作，对二级单位的经营过程、经营结果进行监控和业绩考核；③制度输出中心职能：集团公司向分（子）公司输出管理制度，输出业务流程，输出信息系统；④价值创造中心职能：为分（子）公司及项目部创造良好的公共环境并解决关键难题，以及注入资金、创新技术与品牌；⑤资本运作中心职能：进行投融资管理，组织和协调完成分（子）公司拟投资项目可行性研究初评及向上报批程序事宜，对投资决策的执行情况实施监督；⑥服务支持中心职能：为分（子）公司提供共享和专业的服务以及对外公共关系支持，建立资源聚合平台，发展战略合作伙伴关系。

2. 分（子）公司级组织监管

分（子）公司定位为"管控中心、利润中心"，有利于实现"分（子）公司做强"的管理目标。"管控中心"在集团公司总部的总体战略指导下，对分（子）公司的发展战略与经营计划实施运营型管控；"利润中心"主要承担管理各分（子）公司损益的主要责任。

3. 项目部级组织监管

项目部定位为"实施中心、成本中心"，有利于实现"项目部做细"的管理提升工作目标。"实施中心"实施项目经理责任制，编制建筑企业自身的《集团公司工程项目管理纲要》《集团公司工程项目规范化管理规定》《集团公司工程项目实施规程》等并遵循相关规定进行作业；"成本中心"实施项目成本核算制，以单个项目为核算主体，把企业建筑安装等业务的成本核算工作重心落到项目上，以"成本管控"为核心构建项目业绩考核体系。

2.2 建筑企业的组织结构

2.2.1 组织结构的含义

组织结构的概念有广义和狭义之分。狭义的组织结构，是指为了实现组织的目标，在组织理论指导下，经过组织设计形成的组织内部各个部门、各个层次之间固定的排列方式，即组织内部的构成方式；广义的组织结构，除了包含狭义的组织结构内容外，还包括组织之间的相互关系类型，如专业化协作、经济联合体、企业集团等。

组织结构是指企业内的机构和机构之间从属、并列配置关系的组织形态。组织机构采取什么形式，其状况如何，对组织功能的发挥和管理目的实现有着直接的影响。企业的组织结构形式是管理层次、跨度、部门和职责的不同结合。企业采用什么样的组织结构，取决于生产力发展水平和生产关系的要求，还受到生产技术水平和管理水平、行业特点、企业地理分布、企业规模、外界环境等诸多因素的影响。因而企业的组织结构应该具有多样性、灵活性和适应性，不能将企业组织结构单一化或凝固化。做企业组织结构设计必须认识到，没有绝对理想的组织结构，只有相对高效的组织结构。而组织的高效性，也只能在组织充分适应企业自身特点和外部环境条件的前提下才能发挥出来。

现代管理学之父彼得·德鲁克对组织结构的认知是，组织结构不是"自发演变"的。在一个组织中，自发演变的只有混乱、摩擦和不良绩效，所以，在设计组织结构时需要思考、分析和系统的研究。设计组织结构并不是第一步，而是最后一步。第一步是对组织结构的基本构成单位进行识别和组织。其中，组织结构的基本构成单位是指那些必须包含在最后的结构之中，并承担整个组织的"结构负荷"的那些业务活动。并且，基本构成单位是由它们所做贡献的种类来决定的。结构是实现某一机构的各种目标的一种手段，为了确保效率和合理性，必须使组织结构与战略相适应，即战略决定结构。战略就是对"我们的业务是什么、应该是什么和将来会是什么"这些问题的解答，它决定着组织结构的宗旨，并因此决定着在某一企业或服务机构中哪些是最关键的活动。有效的组织结构，就是使这些关键活动能够正常开展并取得杰出绩效的组织设计。因此，有关结构的任何工作都必须从目标和战略出发。日常的经营管理、创新和高层管理这三种不同的工作必须整合在同一组织结构之中；组织结构必须一方面以任务为中心，另一方面以人为中心，并且既有一条权力的轴线，又有一条责任的轴线。

2.2.2 建筑企业组织结构的类型

在管理学中，企业的组织结构主要有直线制结构、职能制结构、直线职能制结构、事业部制结构和矩阵制结构。随着高新技术的应用和发展，业务专业化、公司集团化等方面的影响，企业的组织结构在实际构建过程中往往会采用几种组织结构的组合形式，以发挥每种组织结构的优点。建筑企业虽然涉足不同类型的工程建设，但其业务实施模式基本一致。建筑企业的业务往往是在不同地区进行经营，且有大量具体工作在项目部现场。因此，建筑企业的组织结构设计中应用直线职能制和事业部制两种模式较多。建筑企业组织结构的未来发展，将会进一步整合直线职能制和事业部制两种模式的特点，组织结构优化以直线职能制为主，辅以事业部制组织结构，从而推进组织结构扁平化。这也符合企业组织结构的发展方向。

1. 直线制组织结构

直线制组织结构是一种最早也是最简单的组织形式。它的特点是企业各级行政单位从上到下实行垂直领导，下属部门只接受一个上级的指令，各级主管负责人对所属单位的一切问题负责。厂部不另设职能机构（可设职能人员协助主管人工作），一切管理职能基本上都由行政主管自己执行。直线制组织结构的优点是结构比较简单，责任分明，命令统一。缺点是，它要求行政负责人通晓多种知识和技能，亲自处理各种业务。在业务比较复杂、企业规模比较大的情况下，最高主管一人要承担所有管理职能，显然是难以胜任的。因此，直线制只适用于规模较小、生产技术比较简单的企业，对生产技术和经营管理比较复杂的企业并不适用。

直线制组织结构一般在中、小建筑企业中应用，尤以小型建筑分包企业居多，如图2-1所示。

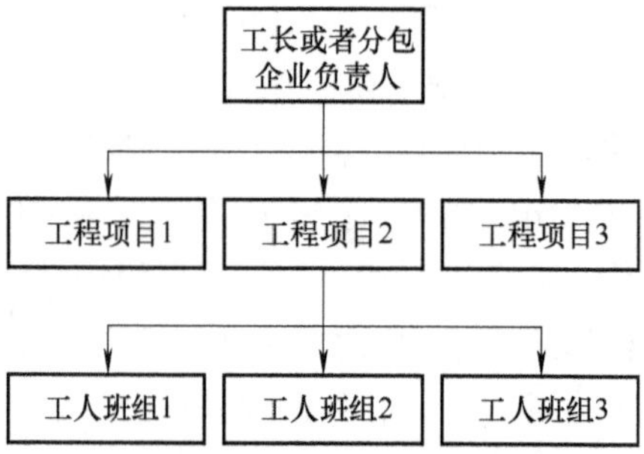

图2-1 建筑企业的直线制组织结构

2. 职能制组织结构

职能制组织结构是在各级单位除主管负责人之外，还相应地设立一些职能机构，如在厂长下面设立职能机构和人员，协助厂长从事职能管理工作。这种组织结构把相应的管理职责和权力交给相关的职能机构，各职能机构就有权在自己业务范围内向下级单位发号施令。因此，下级负责人除了接受上级主管负责人指挥外，还必须接受上级各职能机构的领导。职能制组织结构的优点是能适应现代化工业企业生产技术比较复杂、管理工作比较精细的特点，能充分发挥职能机构的专业管理作用，减轻直线领导人员的工作负担。但其缺点也很明显：它妨碍了必要的集中领导和统一指挥，形成了多头领导；不利于建立和健全各级负责人和职能科室的责任制，在中间管理层往往会出现"有功大家抢、有过大家推"的现象；另外，在上级领导和职能机构的指导和命令发生矛盾时，下级就无所适从，影响工作的正常进行，容易造成纪律松弛、生产管理秩序混乱的现象。由于这种组织结构形式存在明显的缺陷，现代企业一般都不采用此种组织结构形式。

在建筑企业里，职能制结构主要适用于中小型的、产品品种比较单一、生产技术发展变化较慢、环境比较稳定的企业。具备以上特性的企业，其经营管理相对简单，部门较少，横向协调的难度小，对适应性的要求较低，但在组织的某些局部，仍可部分运用这种按职能部门分工的方法。在分权程度很高的大型建筑企业中，组织的高层往往设有财务、人事等职能部门，这既有利于保持重大经营决策所需要的必要的集权，也便于让这些部门为整个组织服务。此外，在施工作业的组织结构中，也可根据具体情况，不同程度地运用设置职能部门或人员的做法，以保证施工效率的稳定和提高。当今的组织形式当中，得到最普遍应用的就是层次化的职能型组织结构。这种结构呈金字塔形，处于金字塔顶部的是高层管理者，而顺着塔顶往下，依次分布着中层和低层管理者。此外，按照研究、生产、营销、财务等不同职能，可以把企业的经营活动分配到不同的部门当中。这也可从如图2-2所示的结构中体现出来。

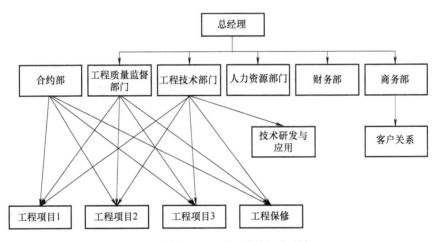

图2-2 某建筑企业的职能制组织结构

3. 直线职能制组织结构

直线职能制组织结构是在直线制组织结构和职能制组织结构的基础上，取长补短，吸取这两种形式的优点建立起来的。目前，绝大多数的建筑企业都采用这种组织结构形式。这种组织结构形式把企业管理机构和人员分为两类：一类是直线领导机构和人员，按命令统一原则对各级组织行使指挥权；另一类是职能机构和人员，按专业化原则，从事组织的各项职能管理工作。直线领导机构和人员在自己的职责范围内有一定的决定权和对所属下级的指挥权，并对自己部门的工作负全部责任。而职能机构和人员则是直线指挥人员的参谋，不能对直接部门发号施令，只能进行业务指导。直线职能制组织结构的优点是：既保证了企业管理体系的集中统一，又可以在各级行政负责人的领导下，充分发挥各专业管理机构的作用。其缺点是：职能部门之间的协作和配合性较差，职能部门的许多工作要直接向上层领导报告请示才能处理。这一方面加重了上层领导的工作负担，另一方面也造成办事效率低。为了克服这些缺点，可以设立各种综合委员会，或建立各种会议制度，以协调各方面的工作，起到沟通作用，帮助高层领导出谋划策。

建筑企业的组织模式较多采用直线职能制，尤其是在建筑企业集团总部的组织结构设计方面，图2-3是中建装饰集团公司的直线职能制组织结构。

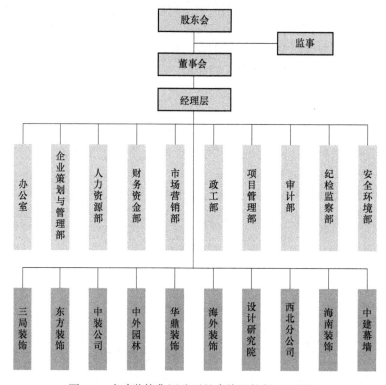

图2-3 中建装饰集团公司的直线职能制组织结构

4. 事业部制组织结构

事业部制组织结构最早是由美国通用汽车公司总裁斯隆（Sloan）于1924年提出的，故有"斯隆模型"之称，也叫"联邦分权化"，是一种高度（层）集权下的分权管理体制。它适用于规模庞大、品种繁多、技术复杂的大型企业，是国外较大的联合公司跨行业经营所采用的一种组织形式。近几年，我国一些大型企业集团或公司也引进了这种组织结构形式。

事业部制是分级管理、分级核算、自负盈亏的一种形式，即一个公司按地区或按产品类别分成若干个事业部，从产品设计、原料采购、成本核算、产品制造一直到产品销售，均由事业部及所属工厂负责，实行单独核算、独立经营，公司总部只保留人事决策、预算控制和监督大权，并通过利润等指标对事业部进行控制。也有的事业部只负责指挥和组织生产，不负责采购和销售，实行生产和供销分立，但这种事业部正在被产品事业部所取代。还有的事业部则按区域来划分。事业部常常以分（子）公司的形式存在，它是建筑企业的二级组织结构中经常使用的组织结构模式。以中国建筑总公司和中国铁建股份有限公司的组织结构为例，如图 2-4 所示。

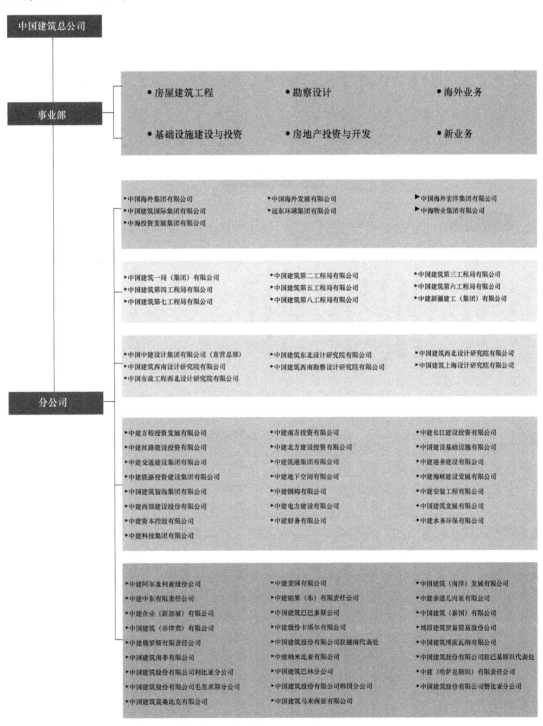

a）中国建筑总公司的事业部制组织结构

图 2-4 大型建筑企业的事业部制组织结构

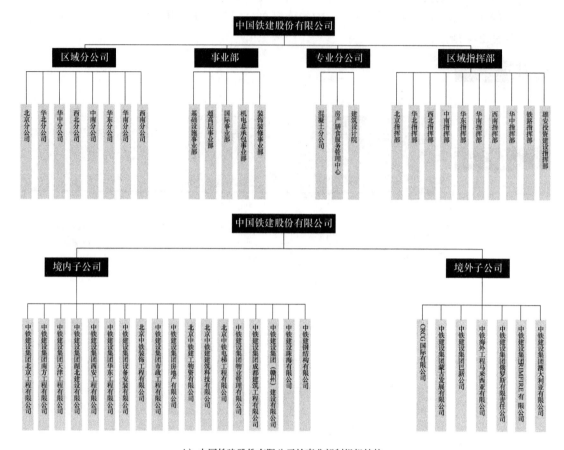

b）中国铁建股份有限公司的事业部制组织结构

图 2-4 大型建筑企业的事业部制组织结构（续）

5. 矩阵制组织结构

在组织结构上，把既有按职能划分的垂直领导系统，又有按产品（项目）划分的横向领导关系的结构，称为矩阵组织结构。矩阵制组织是为了改进直线职能制横向联系差、缺乏弹性的缺点而形成的一种组织结构。它的特点表现为围绕某项专门任务成立跨职能部门的专门机构。例如，组成一个专门的产品（项目）小组去从事新产品开发工作，在研究、设计、试验、制造各个不同阶段，由有关部门派人参加，力图做到条块结合，以协调有关部门的活动，保证任务的完成。这种组织结构形式是固定的，人员却是变动的，需要谁，谁就来，任务完成后就可以离开，项目小组和负责人也是临时组织和委任，任务完成后就解散，有关人员回原单位工作。因此，这种组织结构非常适用于横向协作和攻关项目。企业可用来完成涉及面广的、临时性的、复杂的重大工程项目或管理改革任务，特别适用于以开发与实验为主的单位，如科学研究，尤其是应用型研究单位等。

在建筑企业中，工程项目业主或者开发建设单位在前期决策阶段采用矩阵制组织结构较为常见，施工企业在承揽工程项目时也可以采用矩阵制组织结构，如图 2-5 所示。

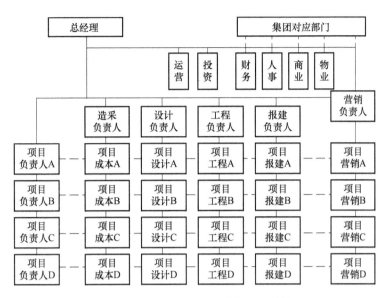

图 2-5 某建筑企业的矩阵制组织结构

2.2.3 影响建筑企业组织结构选择的因素

1. 建筑企业的战略目标

企业战略的发展经历四个阶段，即数量增长阶段、地区开拓阶段、纵向或横向联合发展阶段、产品多样化阶段。企业在不同的战略发展阶段具有不同的战略目标。企业战略目标与组织结构之间是作用与反作用的关系，有什么样的企业战略目标就有什么样的组织结构，同时，企业的组织结构又在很大程度上影响企业的战略目标和政策。因此，建筑企业在进行组织结构设计和调整时，只有对本企业的战略目标及其特点进行深入的了解和分析，才能正确选择企业组织结构的类型和特征。

2. 建筑企业经营所处的环境

建筑企业面临的环境特点，对组织结构中的职权划分和组织结构的稳定有较大的影响。如果企业面临的环境复杂多变，有较大的不确定性，就要求在划分权力时给予中下层管理人员较多的经营决策权和随机处理权，以增强企业对环境变动的适应能力；如果企业面临的环境是稳定的、可把握的，对生产经营的影响不太显著，则可以把管理权较多地集中在企业领导手里，设计比较稳定的组织结构，实行程序化、规模化管理。

3. 建筑企业的规模

建筑企业的规模也与企业组织结构的确定有关。一般而言，如果建筑企业规模小、管理工作量小，为管理服务的组织结构也相对简单；如果建筑企业规模大、管理工作量大，需要设置的管理机构多，各机构之间的关系也相对复杂。可以说，组织结构的复杂性是随着企业规模的扩大而相应增长的。

4. 建筑企业的人员和文化

如果企业员工的专业素养很高，而且具有良好的企业文化，强调共同的价值观，通过分权可以调动员工的生产经营积极性，达到改善建筑企业生产经营管理的目的。

2.2.4 建筑企业的组织结构设计

1. 建筑企业组织结构设计的目的

建筑企业组织结构设计的目的是：创建柔性灵活的组织，动态地反映外在环境变化的要求，并在组织成长过程中，有效地积聚新的组织资源，同时协调好组织中部门与部门之间的关系、人员与任务之间的关系，使员工明确自己在组织中应有的权利和应承担的责任，有效地保证组织活动的开展。

2. 建筑企业组织结构设计的主要内容

（1）职能设计

职能设计是指建筑企业的经营职能和管理职能的设计。企业作为一个经营单位，要根据其战略任务设计经营、管理职能。如果企业的有些职能不合理，那就需要进行调整，对其弱化或取消。

（2）框架设计

框架设计是建筑企业组织设计的主要部分，运用较多。其内容简单来说就是纵向的分层次、横向的分部门。

（3）协调设计

协调设计是指建筑企业协调方式的设计。协调方式的设计就是研究分工的各个层次、各个部门之间如何进行合理的协调、联系、配合，以保证其高效率的配合，发挥管理系统的整体效应。

（4）规范设计

规范设计是指管理规范的设计。管理规范就是建筑企业的规章制度，它是管理的规范和准则。组织结构设计最后要落实并体现为规章制度。管理规范保证了各个层次、部门和岗位按照统一的要求和标准进行配合和行动。

（5）人员设计

人员设计是指管理人员的设计。建筑企业组织结构设计和规范设计，都要以管理者为依托，并由管理者来执行。因此，按照组织设计的要求，必须进行人员设计，配备相应数量和质量的人员。

（6）激励设计

激励设计是指设计激励制度，对管理人员进行激励，其中包括正激励和负激励。正激励包括工资、福利等，负激励包括各种约束机制，也就是所谓的奖惩制度。激励制度既有利于调动管理人员的积极性，也有利于防止一些不正当和不规范的行为。

3. 建筑企业组织结构设计的程序

1）分析组织结构的影响因素，选择最佳的组织结构模式。

2）根据所选的组织结构模式，将企业划分为不同的、相对独立的部门。

3）为各个部门选择合适的部门结构，进行组织机构设置。

4）将各个部门组合起来，形成特定的组织结构。

5）根据环境的变化不断调整组织结构。

2.3 建筑企业的组织职能

组织职能是指所确定的任务由谁来完成以及如何管理和协调这些任务的过程。管理者要根据组织的战略目标和经营目标来设计组织结构、配备人员和整合组织力量，以提高组织的应变力。建筑企业组织职能是根据企业的具体特质设定的，是与组织结构的设计相辅相成的。

在大型的建筑企业中，总公司可把战略和运营作为管控的核心，定义其核心职能可以是战略管理、财务管理、人力资源管理、信息管理等；分公司可把利润、业务、运营协调等作为管控的核心，定义其核心职能可以是业务决策、业务管理、信息管理等；项目部可把合同执行作为管控的核心，定义其核心职能可以是合同管理、业务管理等。建筑企业通常可以建立以下职能部门：技术质量部、生产安全部、物资设备部、财务管理部、经营管理部、开发部、后勤保卫部等。某建筑企业的职位、部门、职能设置如图2-6所示。

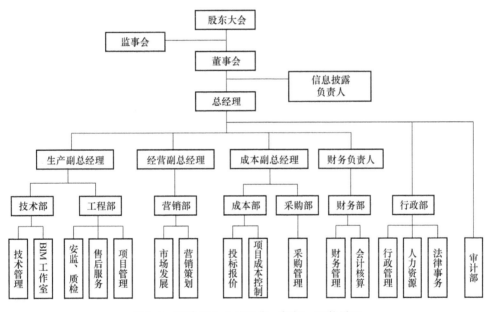

图 2-6 某建筑企业的职位、部门、职能设置

2.3.1 主要部门的职责

1. 技术质量部的职责

1）认真宣传贯彻并执行国家、省市及上级有关部门颁布的技术、质量规范、标准程序和规程，坚决贯彻落实企业的各项规章制度。

2）负责制定企业技术质量管理办法等规章制度，并组织实施。

3）建立健全技术质量管理体系，并组织实施。

4）深入生产第一线，随时发现和解决工程中有关重大技术质量问题。

5）负责企业测量、试验、计量器具的购置、校准、年检、报废等事项。

6）参与企业技术革新、技术创新、技术培训、技术交流与合作，组织科研开发及科研成果上报工作。

7）对项目部主要材料的试验与使用提供技术支持。

8）负责项目施工组织设计和施工方案的审核及备案管理。

9）负责项目技术质量系统人员的日常业务管理、技术指导和阶段性业绩考核工作。

10）负责对项目部的技术质量管理进行监督检查。

11）督促、协助项目经理部做好工程竣工交验。

12）督促、协助项目经理部做好施工过程中的工程变更、洽商、签证等事项。

13）负责工程项目竣工资料的收集、归档及保管等工作。

2. 生产安全部的职责

1）认真宣传贯彻执行国家、省市有关安全生产法律、法规、标准及企业的各项规章制度。

2）负责组织制定企业安全生产规章制度、安全操作规程和生产安全事故应急预案，并对执行情况进行监督检查。

3）负责组织制定企业年度安全生产管理目标和安全工作计划。

4）负责定期组织企业对所属项目施工安全、用电安全的检查，对重大的事故隐患有权指令先行停止生产，并立即报告领导研究处理。

5）负责对企业安全系统人员进行业务培训、考核。

6）负责与分包单位签订"安全生产协议书"及与项目经理签订"年度安全生产责任书"。

7）组织工程开工前的安全验收工作，并协助工程部进行网上自评及网上上报相关信息工作。

8）参与劳务分包的预审、评定及现场施工安全过程管理工作。

9）主控职业安全健康管理体系内、外审工作。

10）负责组织企业安全文明工地的推荐、申报、验收、评比等工作。

11）负责工伤事故调查、分析、处理工作，组织有关部门制定事故预防措施并监督执行。

3. 物资设备部的职责

1）认真宣传贯彻执行国家、省市有关政策、法规、标准及企业的各项规章制度。

2）负责建立和完善企业物资管理、设备管理制度，并组织实施。

3）负责材料采购信息管理。

4）负责组织考察、评审、评价材料供方，建立合格供方名单，并定期考察、更新。

5）负责组织材料采购招标。

6）负责组织材料供货合同、周转材料租赁合同的评审。

7）负责签订材料供货合同。

8）负责编制审核材料采购及周转材料租赁计划并实施采购。

9）负责材料合同结算、付款相关事宜。

10）负责项目竣工后剩余材料回收、使用、评估及处理。

11）负责现场周转材料的退场、评估工作。

12）负责制订机械设备的购置、大修、保养计划，并组织实施。

13）对现场材料进场情况的供应及时性进行跟踪检查。

14）负责机械设备的租赁招标工作，及时签订机械设备租赁合同。

15）负责建立机械设备管理台账，并进行跟踪管理。

16）负责检查、监督、指导项目经理部的机械设备管理工作。

4. 财务管理部的职责

1）认真宣传贯彻执行国家、省市有关财务管理的政策、法规及企业的各项规章制度。

2）负责制定企业财务管理规章制度，并组织实施。

3）负责企业的成本核算及管理工作。

4）负责年度、季度和每月的成本预算、控制考核、期间费用的核算工作。

5）负责向税务机关申报纳税及上报财务数据。

6）负责财务档案的整理、装订、保管和销毁工作。

7）积极参与工会的各项活动，并做好资金保障工作。

8）负责企业员工的工资发放。

9）按照国家相关规定对固定资产的入账及按月计提折旧及报废清理进行账务处理。

10）负责编制资产负债表、利润表、现金流量表等财务报表并上报相关部门。

11）负责财务软件的学习、应用及管理。

12）负责企业各项收支业务原始凭证的合理性审核及监督管理工作。

13）负责向国家统计部门申报统计数据。

14）负责企业工程项目合同的保管及归档工作。

15）负责企业公章、财务章及法人章的管理；负责企业营业执照、税务登记证、组织机构代码证的年检、变更及管理工作。

16）负责企业工程项目收入的核算、催收及上报工作。

17）做好与本部门相关联部门的协调和沟通工作。

2.3.2　主要职位的职能

1. 总经理的职能

（1）工作目标

受董事会委托，行使对建筑企业经营管理工作的全面指挥、指导、协调、监督、管理的权力，承担执行董事会企业章程及工作指令义务，对所承担的工作全面负责。

（2）工作职责

1）认真贯彻、执行集团各项工作决议，落实集团下达的各项经济指标。根据集团的部署，制定企业的发展规划与本年度应完成的各项工作指标。

2）直接对集团总经理及相关部门负责，受其领导并接受其考核、评定。

3）主持企业的全面工作，对生产经营、工程质量、财务状况、安全运营负责。

4）组织、领导公司各职能部门编制、制定企业发展规划及实施细则与具体工作方案。

5）根据建筑市场的竞争法则，建立统一、高效的组织管理体系。

6）建立企业激励机制，弘扬企业文化，为员工搭建施展才能的平台。

7）对全体员工进行考核工作，对职能负责人及其他管理人员的任免、劳动报酬、奖惩进行直接的评定、考核。

8）建立系统、完善的质量管理体系，引导员工树立工程质量精品意识、品牌意识。

9）接受员工所提出的各种合理化意见、建议，形成具有科学决策、民主管理等特点的现代化企业管理模式等。

(3) 工作权限

1）对董事会经营目标和重大投资决策的建议权。

2）对其他高层、中层管理人员的人事任免权。

3）对企业各项工作的监控权。

4）对企业员工奖惩的决定权。

5）对下级之间工作争议的裁决权。

6）对所属下级的管理水平、业务水平和业绩的考核评价权。

7）董事会预算内的财务审批权。

2. 总工程师的职能

(1) 工作目标

行使对建筑企业生产技术、质量安全工作的全面指挥、指导、协调、监督、管理的权力，承担执行董事会企业章程及工作指令义务，对所分管的技术质量管理负责。

(2) 工作职责

1）负责企业工程质量和技术工作的总体控制。

2）组织研究行业最新技术发展方向，主持制定企业技术、质量工作目标和计划。

3）负责组织制定企业有关工程的技术规范和有关技术文件，并组织实施。

4）负责企业新的施工方案的审批。

5）负责企业工程项目的施工组织设计的审批。

6）参加投标中技术标的审批，完善施工能力、技术能力、施工环境、生产安全等方面的保障措施。

7）建立健全企业安全生产管理体系，制定企业安全管理目标、方针，推广安全工作先进经验，并确保正常运行。

8）负责组织对工程基础、主体部分和单位工程的质量验收，并参加项目施工工程竣工验收会。

9）定期组织进行施工技术、质量分析，制定预防和纠正措施。

10）负责组织重大质量安全事故的鉴定和处理。

11）负责企业全面质量管理体系的建立与监督实施。

12）协助总经理具体制定专业技术人员的发展规划和技术人员的培训、考核工作等。

(3) 工作权限

1）分部分项工程验收的评议权。

2）发现违章施工的制止权和评议权。

3）对项目主管等人员的业务指导权。

4）对不合格项目的要求整改权。

5）对不称职部门管理人员的调配权和辞退建议权。

6）合理化建议权。

3. 人力总监的职能

（1）工作目标

负责建筑企业人力资源规划、绩效考核、薪酬福利、劳动关系及行政后勤工作的监督执行。

（2）工作职责

1）参与企业发展规划的拟定、年度经营计划的编制和企业重大决策事项的讨论。

2）负责企业各项规章制度的制定、执行与监控、企业文化的建设与宣导。

3）制定人力资源规划（包括人才储备及人才库），根据公司发展情况与各部门主管对需求岗位进行工作分析、工作说明，并提出最低资格要求。

4）负责组织人力资源战略实施的监督和指导。

5）配合企业发展战略设计薪酬、福利政策，提供职业健康安全保障、劳动关系管理等服务。

6）负责企业组织结构和职位设置的管理和维护并适时提出合理的调整建议。

7）制定合情合理的绩效考核机制和建立管理层和员工的沟通机制，保持旺盛的士气。

8）督导处理员工投诉，组织处理员工投诉和劳资纠纷，完善内部沟通渠道。

9）负责企业重要会议、重大活动的筹备组织工作，接待重要来访客人。

10）完善有关企业人力资源体系文件的拟定与实施，规范文件审批流程。

11）负责与其他部门进行招聘、考核方面的沟通工作。

（3）工作权限

1）企业人力资源规划的建议权。

2）企业组织结构调整的建议权。

3）人力资源制度和流程调整的审核权。

4）企业录用新员工及公司基层员工任免、晋升、降职的审核权。

5）企业中高层员工任免、晋升、降职的建议权。

6）企业薪酬标准和薪酬结构调整方案、福利方案的建议权。

7）企业员工绩效考核结果的建议权。

4. 财务总监的职能

（1）工作目标

组织建筑企业财务管理人员认真执行国家财经法律法规，组织做好日常财务核算和监督工作，准时完成上级下达的各项财务指标和工作任务。

（2）工作职责

1）组织领导企业的财务管理、成本管理、预算管理、会计核算、会计监督、审计监察、存货控制等方面的工作，加强企业经济管理，提高经济效益。

2）组织执行国家有关财经法律、法规、方针、政策和制度，保障企业合法经营，维护股东权益。

3）参与企业投资行为、重要经营活动等方面的决策和方案制定工作，参与重大经济合同或协议的研究、审查，参与重要经济问题的分析和决策。

4）参与制定企业年度总预算和季度预算调整，汇总、审核下级部门上报的月度预算，召集并主持企业月度预算分析与平衡会议。

5）负责审核签署企业预算、财务收支计划、成本费用计划、信贷计划、财务报告、会计决算报表，会签设计财务收支的重大业务计划、经济合同、经济协议等。

6）负责重要内审活动的组织与实施。

7）制定财务系统年度、月度工作目标和工作计划，经批准后执行。

8）主持制定企业的财务管理、会计核算和会计监督、预算管理、审计监察、库管工作的规章制度和工作程序，经批准后组织实施并监督检查落实情况。

9）负责组织企业的成本管理工作，进行成本预测、控制、核算、分析和考核，降低消耗、节约费用，提高监察水平，确保企业利润指标的完成。

10）监察各项经营计划及各项经济合同，并认真监督执行，参与企业技术、经营以及产品开发、基本建设、技术改造和其他项目的经济效益的商议。

11）负责向企业总经理汇报财务状况和经营成果，定期或不定期汇报各项财务收支和盈亏情况，以便领导及时进行决策。

12）参与审查调整价格、工资、奖金及其他涉及财务收支的各项方案。

13）负责企业的税金的计算、申报等工作，协助有关部门开展财务审计和年检。

（3）工作权限

1）对本部门员工的考核权，晋级、奖惩建议权。

2）对涉及财务流程的单证有审核权。

3）授权范围内的财务审批权。

4）预算范围内的费用使用权。

2.4 建筑企业的组织变革

2.4.1 建筑企业组织变革的含义

组织变革是指组织根据内外环境变化，及时对组织中的要素（如组织的管理理念、工作方式、组织结构、人员配备、组织文化等）进行调整、改进和革新的过程。建筑企业的发展离不开组织变革、内外部环境的变化、企业资源的不断整合与变动，这些都给企业带来了机遇与挑战，因此要求企业关注组织变革。

2.4.2 引起建筑企业组织变革的因素

1. 建筑企业组织变革的征兆

一般来说，建筑企业中的组织变革是一项"软任务"，即有时候组织结构不改变，企业仿佛也能运转下去，但如果等到企业无法运转时再进行组织变革，就为时已晚了。因此，建筑企业管理者必须抓住组织变革的征兆，及时进行组织变革。组织需要变革的征兆有：

1）企业经营成绩下降，如市场占有率下降、建筑产品质量下降、消耗和浪费严重、企业资金周转不灵等。

2）企业生产经营缺乏创新，如企业缺乏新的战略和适应性措施、缺乏技术更新、没有新的管理办法或新的管理办法推行起来困难等。

3）组织机构本身病症显露，如决策迟缓、指挥不灵、信息交流不畅、机构臃肿、职责重叠、管理幅度过大、扯皮增多、人事纠纷增多、管理效率下降等。

4）职工士气低落、不满情绪增加，如管理人员离职率增加，员工旷工率及病、事假率增加等。

2. 建筑企业组织变革的动因

（1）建筑企业经营环境的变化

诸如国民经济增长速度的变化、产业结构的调整、政府经济政策的调整、科学技术的发展引起产品和工艺的变革等。企业组织结构是实现企业战略目标的手段，企业外部环境的变化必然要求企业组织结构做出适应性的调整。

（2）建筑企业内部条件的变化

1）技术条件的变化。企业实行技术改造，引进新的设备，要求技术服务部门加强以及技术、生产、营销等部门调整。

2）人员条件的变化。人员结构改变，人员素质提高等。

3）管理条件的变化。实行计算机辅助管理，实行优化组合等。

（3）建筑企业自身成长的要求

企业处于不同的生命周期，对组织结构的要求也各不相同，如小企业成长为中型或大型企业、单一品种企业成长为多品种企业、单厂企业成为企业集团等。

2.4.3 建筑企业组织变革的类型

1. 按变革性质划分

1）战略性变革。战略性变革是指组织对其长期发展战略或使命所做的变革。如果组织决定进行业务收缩，就必须考虑如何剥离关联业务；如果组织决定进行战略扩张，就必须考虑购并的对象和方式，以及组织文化重构等问题。

2）结构性变革。结构性变革是指组织需要根据环境的变化适时对组织的结构进行变革，并重新在组织中进行权力和责任的分配，使组织变得更为柔性灵活、易于合作。

3）流程主导性变革。流程主导性变革是指组织紧密围绕其关键目标和核心能力，充分应用现代信息技术对业务流程进行重新构造。这种变革会使组织结构、组织文化、客户服务、产品质量、成本等各个方面发生重大的改变。

4）以人为本变革。组织中人的因素最为重要，组织如若不能改变人的观念和态度，组织变革就无从谈起。以人为本变革是指组织通过对员工进行培训、教育等引导，使他们能够在观念、态度和行为方面与组织保持一致。

2. 按变革过程划分

1）渐进式变革。这是逐步的、渐进的、有特定焦点的变革。

2）革命式变革。这是迅速的、激烈的、涉及整个组织的变革。

从组织策略与结构的基本特性看，渐进式变革是不断试错和创新的过程，是一种微调式的改进或适应策略，以适应环境所发生的改变；革命式变革更可能造成震荡性的变动，包括全新的目标、结构和管理方式。

3. 按变革内容划分

1）技术变革。技术变革包括对作业流程与方法的重新设计、修正和组合，包括更换机械设备，采用新工艺、新技术和新方法等。

2）能力变革。能力变革包括提高组织的创新能力、应对内外部风险能力等。

3）产品和服务变革。产品和服务变革包括与客户的协调、沟通能力及程序、产品力和品牌力的提升等。

4）人力资源变革。应用于人力资源的典型变革类型包括：投资于训练与发展活动，让员工获得新的技术与能力；将员工社会化，融入组织文化，使其学习到有助于提升组织绩效的新常规；改革组织的规范与价值，重视融合组织自身文化的多样化员工，激发创新精神；持续改进对多样化员工所采用的晋升与奖励系统；对高层管理团队进行变革，改善组织学习与决策制定。

2.4.4　建筑企业组织变革的程序

在管理学中，组织变革的程序是通过组织诊断，发现变革征兆；分析变革因素，制定改革方案；选择正确方案，实施变革计划；评价变革效果，及时进行反馈。建筑企业组织变革可遵循以下程序：

1. 勒温的组织变革程序

美国学者勒温（Lewin）从探讨组织变革中组织成员的态度出发，提出组织变革要经历"解冻、改变、冻结"三个阶段的理论。勒温认为，在组织变革中，人的变革是最重要的，组织要实施变革，首先必须改变组织成员的态度。其中，解冻是指刺激个人或群体改变他们原来的态度，改变人们的习惯与传统，鼓励人们接受新的观念。改变是指通过认同与内在化等方式，使组织成员形成新的态度和接受新的行为方式。冻结是指利用必要的强化方法，使最后被接受和融合的、所期望的新态度和行为方式长久地保持下去，成为个人品德中永久的组成部分。

1）解冻。这一步骤的焦点在于创设变革的动机。鼓励员工改变原有的行为模式和工作态度，采取新的适应组织战略发展的行为与态度。为了做到这一点，一方面，需要对旧的行为与态度加以否定；另一方面，要使干部和员工认识到变革的紧迫性。可以采用比较评估的办法，把本企业的总体情况、经营指标和业绩水平与其他优秀建筑企业或竞争对手一一加以比较，找出差距和解冻的依据，帮助干部和员工"解冻"现有态度和行为，迫切要求变革，愿意接受新的工作模式。此外，应注意营造一种开放的氛围和心理上的安全感，减少变革的心理障碍，增强干部和员工对变革成功的信心。

2）改变。改变是一个学习过程，需要给干部和员工提供新信息、新行为模式和新的视角，指明改变方向，以实施改变，进而形成新的行为和态度。在这一步骤中，应该注意为新的工作态度和行为树立榜样，采用角色模范、导师指导、专家演讲、群体培训等多种途径。改变是一个认知的过程，它由获得新的概念和信息得以完成。

3）冻结。在冻结阶段，利用必要的强化手段使新的态度与行为固定下来，使组织变革处于稳定状态。为了确保组织变革的稳定性，需要注意使干部和员工有机会尝试和检验新的态度与行为，并及时给予正面的强化；同时，加强群体变革行为的稳定性，促使形成稳定、持久的群体行为规范。

2. 系统变革模型

系统变革模型是在更大的范围内解释组织变革过程中各种变量之间的相互联系和相互影

响关系。这个模型包括输入、变革元素和输出三个部分。

1）输入。输入部分包括内部的强点和弱项、外部的机会和威胁。其基本构架则是组织的使命、愿景和相应的战略规划。建筑企业组织用使命表示其存在的理由；用愿景描述组织所追求的长远目标；战略规划则是为实现长远目标而制定的有计划变革的行动方案。

2）变革元素。变革元素包括目标、人员、社会因素、方法和组织体制等。这些元素相互制约和相互影响，组织需要根据战略规划，组合相应的变革元素，实现变革的目标。

3）输出。输出部分包括变革的结果，根据组织战略规划，从组织、部门群体、个体三个层面，增强组织整体效能。

3. 科特的组织变革模型

领导研究与变革管理专家约翰·科特（John. P. Kotter）认为，组织变革失败往往是由于高层管理部门犯了以下错误：没有建立变革需求的急迫感；没有创设负责变革过程管理的有力指导小组；没有确立指导变革过程的愿景，并开展有效的沟通；没有系统计划，只是获取短期利益；没有对组织文化变革进行明确定位等。科特为此提出了指导组织变革规范发展的八个步骤：建立急迫感；创设指导联盟；开发愿景与战略；沟通变革愿景；实施授权行动；巩固短期得益；推动组织变革；定位文化途径等。科特的研究表明，成功的组织变革有70%～90%是由于变革领导成效，还有10%～30%是由于管理部门的努力。

4. 卡斯特的组织变革过程模型

弗里蒙特·卡斯特（Fremont E. Kast）提出了组织变革过程的六个步骤：

1）审视状态。对组织内外环境的现状进行回顾、反省、评价、研究。
2）觉察问题。识别组织中存在的问题，确定组织变革需要。
3）辨明差距。找出现状与所希望状态之间的差距，分析所存在的问题。
4）设计方法。提出和评定多种备选择方法，经过讨论和绩效测量，做出选择。
5）实行变革。根据所选方法及行动方案，实施变革行动。
6）反馈效果。评价效果，实行反馈。若有问题，再次循环此过程。

5. 施恩的适应循环模型

艾德加·施恩（Edgar Schein）认为，组织变革是一个适应循环的过程，一般分为六个步骤：

1）洞察内部环境及外部环境中发生的变化。
2）向组织中有关部门提供有关变革的确切信息。
3）根据输入的情报资料改变组织内部的生产过程。
4）减少或控制因变革而产生的负面影响。
5）输出变革形成的新产品、新成果等。
6）经过反馈，进一步观察外部环境与内部环境的一致程度，评定变革的结果。

2.4.5　我国大型建筑企业的组织变革

1. 基本历程

自20世纪90年代后期，随着国家固定资产投资增速，建筑市场开始出现高速而稳定的增长态势，国有大型建筑集团开始以产权关系为纽带，理顺管理关系和管理范围，引领建筑业的发展和管理变革。进入21世纪后,国家固定资产投资继续增长,尤其是在铁路、公路、港口、电力等领域持续加大投资。随着企业规模的扩大和市场的好转,很多企业出现"规模很大,利润不高"的情况。为学习国际先进管理经验,国内大型建筑集团开始大力倡导"专业化+区域化"的组织结构,并进行了比较深入的组织结构调整。我国建筑业诞生了如中国铁建、中国中铁、中国建筑、中国交建、中国中冶等世界500强企业,建筑领域上市企业越来越多,地方建筑企业、民营企业也在逐步做大、做强。

2. 我国建筑企业组织变革的环境分析

1）伴随着国家固定资产投资的高速增长,建筑业保持高速发展的态势。
2）部分行业和地区存在一定程度的垄断和保护。
3）国有企业的身份赋予了企业更多的社会功能。
4）建筑业具有产品多样化、市场分散化、生产固定化的特点。

3. 我国建筑企业组织变革模式

1）建筑企业的一体化发展和专业化管理。为了获取更大的利润,建筑企业在其所从事细分行业的价值链向上下游延伸。建筑企业的一体化发展和专业化管理是组织结构调整的方向,意图获取更大的话语权,并拥有更高的利润率,因此,集投资、设计、施工、采购、运营、维护等价值链上多个环节于一体的建筑集团开始出现。而为了提高管理效率、提升专业能力,专业化管理又是一体化发展的更好选择。

2）大幅度减少管理层次。"专业化+区域化"的组织结构是在国内外被证实对建筑企业管理有效的一种管理结构,也在我国建筑企业的组织结构调整中被普遍采用。基于这一思想,"总部—子（分）公司—项目部"的三级组织管理被普遍采用。对于诸如中国中铁、中国建筑之类的大型建工集团,也是逐步向四级管理和三级管理的方向调整,管理的层级更少,效率比过去更高,达到管理精细化。

3）总部和子（分）公司之间有明显的组织定位和区分。不管是"强总部"还是"弱总部"的组织结构设计,对总部和子（分）公司之间都有明显的定位和管理职责区分。

4. 未来可能调整的方向

从整体上来说,未来的建筑企业经营环境是"信息化、国际化、激烈化"的,"灵活性"和"适应性"是建筑企业组织结构调整的必然选择。可能的调整方向如下:

1）对传统作业流程进行重新设计和安排,从过程的角度集成各职能部门,从根本上改变现有组织结构。这种做法需要彻底打破原来的组织结构,取消地区总公司,由过去地区和产品部门的多头管理转变为按业务范围进行的直接管理,按业务领域形成相关业务集团,进行业务管理。

2）改变建筑企业内部信息的传递与决策方式,向"合作网络型"组织模式转变。建筑企业集团通过庞大的通信系统将众多的部门和雇员联系起来,构成一个互相合作的网络,而各网络点均听从最高决策层的指挥。这种结构会改变自上而下的纵向信息传递方式,加强横向联系,使组织更具弹性和灵活性。

3）建筑企业组织中母子公司的关系也将发生变化。未来组织结构的最高级形态是彻底消除中间层次,没有总部和分部之分,企业内的各单位按照严密的专业化分工而在不同地点承担不同的职能或业务环节,企业具有完全的组织能力,可根据经营环境的变化自动调整和组合,从而具有极大的灵活性和适应性。

2.5 建筑企业的文化建设

建筑企业的企业文化包含企业使命、企业愿景、企业核心价值观、企业精神、企业标识等元素。搞好企业文化建设，是企业综合实力的体现，不仅能提升团队凝聚力和员工荣誉感，更能让外界加深对企业的了解。

2.5.1 建筑企业文化的概念和作用

1. 建筑企业文化的概念

（1）基本概念

企业文化，或称组织文化，是一个组织由其价值观、信念、仪式、符号、处事方式等组成的其特有的文化形象，简单而言，就是企业在日常运行中所表现出的方方面面。企业文化是在一定的条件下，企业生产经营和管理活动中所创造的具有该企业特色的精神财富和物质形态，包括文化观念、价值观念、企业精神、道德规范、行为准则、历史传统、企业制度、文化环境、企业产品等。其中，价值观是企业文化的核心。企业文化是企业的灵魂，是推动企业发展的不竭动力。它包含着非常丰富的内容，其核心是企业的精神和价值观。这里的价值观不是泛指企业管理中的各种文化现象，而是企业或企业的员工在从事经营活动中所秉持的价值观念。

建筑企业文化是建筑企业在长期生产、经营、建设、发展过程中所形成的管理思想、管理方式、管理理论、群体意识以及与之相适应的思维方式和行为规范的总和，是企业领导层提倡、上下共同遵守的文化传统和不断革新的一套行为方式。它体现为企业价值观、经营理念和行为规范，渗透于企业的各个领域和全部时空，是现代企业发展必不可少的竞争法宝。其核心内容是企业价值观、企业精神、企业经营理念的培育，是企业员工思想道德水平的提高。一个没有企业文化的企业是没有前途的企业，一个没有信念的企业是没有希望的企业。从这个意义上说，建筑企业文化建设既是企业在市场经济条件下生存发展的内在需要，又是实现管理现代化的重要方面。企业竞争的实质是企业文化的竞争。

因此，应从建立现代企业发展的实际出发，树立科学发展观，讲究经营之道，培养企业精神，塑造企业形象，优化企业内外环境，全力打造具有企业自身特质的企业文化，为企业快速发展提供动力和保证；通过企业文化的建设实施，使企业人文素质得以优化，推进企业竞争力提升，促进企业经济效益增长。面临全球经济一体化的新挑战和新机遇，企业应不失时机地搞好企业文化建设，从实际出发，制定相应的行动规划和实施步骤，虚心学习优秀企业文化，努力开拓创新。

我国一些大型建筑企业的企业文化如表2-1所示。

表2-1 我国一些大型建筑企业的企业文化

企业名称	企业使命	企业愿景	核心价值观	企业精神
中国建筑	拓展幸福空间	最具国际竞争力的建筑地产综合企业集团	品质保障，价值创造	诚信、创新、超越、共赢
中国中铁	奉献精品，改善民生	国内领先，世界一流	诚信敬业，共建共享	勇于跨越，追求卓越

(续)

企业名称	企业使命	企业愿景	核心价值观	企业精神
中国铁建	紧紧抓住我国21世纪全面建设小康社会的战略机遇，抢抓机遇保增长，调整优化上水平，加强管理降风险，深化改革转机制，把中国铁建建设成为产业多元化、经营集约化、管理科学化、资金雄厚、人才荟萃、设备精良、技术先进、效益最佳的"中国建筑业领军者，全球最具竞争力的大型建设集团"		诚信创新永恒，精品人品同在	不畏艰险，勇攀高峰，领先行业，创誉中外
中国交建	固基修道，履方致远	让世界更畅通，让城市更宜居，让生活更美好	公平、包容、务实、创新	交融天下，建者无疆
中国能建	世界能源，中国能源	行业领先，世界一流	"两善"价值观：能者善为，建则善成	"两致"精神：共赢致和，行稳致远
中国电建	建中国一流企业，创全球卓越品牌	建设清洁能源，营造绿色环境，服务智慧城市	责任、创新、诚信、共赢	自强不息，勇于超越
中国中冶	做冶金建设国家队、基本建设主力军、新兴产业领跑者，长期坚持走高技术建设之路	聚焦中冶业主，建设美好中冶	中冶人用心铸造世界	一天也不耽误，一天也不懈怠

(2) 建筑企业文化的层次性

建筑企业文化由以下三个层次构成：

1）表面层次的物质文化。企业的"硬文化"，包括厂容、厂貌、机械设备、产品造型、外观、质量等。

2）中间层次的制度文化。具体包括领导体制、人际关系以及各项规章制度和纪律等。

3）核心层次的精神文化。企业的"企业软文化"，包括各种行为规范、价值观念、企业的群体意识、职工素质和优良传统等，是企业文化的核心，被称为企业精神。

(3) 建筑企业文化的意义

1）企业文化能激发员工的使命感。不管什么企业都有其责任和使命，企业使命感是全体员工工作的目标和方向，是企业不断发展和前进的动力之源。

2）企业文化能凝聚员工的归属感。企业文化的作用就是通过企业价值观的提炼和传播，让一群来自不同地方的人共同追求同一个梦想。

3）企业文化能加强员工的责任感。企业要通过大量的资料和文件宣传员工责任感的重要性，管理人员要给全体员工灌输责任意识、危机意识和团队意识，要让大家清楚地认识企业是全体员工共同的企业。

4）企业文化能赋予员工荣誉感。每个人都要在自己的工作岗位、工作领域多做贡献、多出成绩、多追求荣誉感。

5）企业文化能实现员工的成就感。企业的繁荣昌盛关系到每一个员工的生存，企业强大，员工就会引以为豪，会更努力进取，荣耀越高，成就感就越大、越明显。

2. 建筑企业文化的作用

(1) 企业文化是建筑企业核心竞争力的关键所在

企业文化是建筑企业的竞争力，要进一步推动企业发展，真正成为一流企业，就要借助企业文化强大的推动力。纵观世界上成功的企业，必然都有先进的企业文化作为支撑；没有卓越的企业价值观、企业精神和企业哲学，再高明的企业也无法实现经营目标。反观世界上一些遭受挫折甚至破产的著名企业，出的问题大都在企业文化上面：不是没有建立起先进的企业文化就是背离了企业的价值观出了乱子。面对全球一体化进程加快的形势，企业迫切需要提高自己的内部凝聚力和外部竞争力，从而谋求在新形势下的发展。为实现这一目标，企业必须进行系统性变革，而变革的核心就是充分发挥企业文化的力量，提升企业的竞争能力，以使企业立于不败之地。

（2）企业文化可增强建筑企业的凝聚力和向心力

优秀的企业文化为员工提供了健康向上、陶冶情操、愉悦身心的精神食粮，能营造和谐的人际关系与良好的人文环境。企业内各种文娱活动的开展，活跃着员工的业余生活，加强了员工之间的团结友谊、沟通合作和团队意识；企业的激励机制，分别从物质、荣誉和个人价值三个方面对员工进行激励，激励着员工积极努力、开拓创新、建功立业的信心和斗志；各种学习和培训使员工丰富了知识，增长了才干，让他们能更好地在企业里实现个人的价值。员工在企业文化良好的环境中工作和生活，在本职岗位上各尽其能、积极进取，就能形成风气正、人心齐、奋发向上、生动活泼的局面。有了这样高素质员工队伍的企业就能适应日益变化的新经济形势，使企业发展壮大起来。

（3）企业文化对员工起着内在约束作用

企业文化即是企业人的文化，属于思想范畴，是人的价值理念，这种价值理念和思想道德属于同一范畴。企业文化和社会道德一样，都是一种内在价值理念、一种内在约束，即人们在思想理念上的自我约束，因而都是对外在约束的一种补充。经营企业首先依靠企业制度，但制度总是落后于企业的发展，总有需要完善地方，有时也会失效。那么一旦企业制度失效了，靠什么来约束人的行为？这就要靠企业文化、靠企业的价值观来约束，使员工少犯或不犯错误。企业文化在一定程度上潜移默化地影响着企业员工的思维模式和行为模式，引导和牵引着企业员工保持健康的心态，追求精神的富足，树正气、防腐败、洁身自爱、堂堂正正做人。

（4）企业文化可促进建筑企业经济效益的提升

企业文化作为一项高级形态的管理职能，它最终的绩效应该体现在企业的经营业绩上。美国学者约翰·科特（John P. Kotter）和詹姆斯·赫斯克特（James L. Heskett）经过11年艰苦研究，总结了200多家企业的绩效情况，最后集中到10家典型企业的企业文化和经营关系上，证明了企业文化对企业经营效益的提升有很大的促进作用。

3. 我国建筑企业文化建设

（1）总公司的企业文化建设

如今，我国建筑企业逐渐开始注重企业文化的建设与宣导，有步骤地塑造企业文化，如设计体现企业文化的标志（LOGO），如图2-7所示。

1）中国建筑（见图2-7a）。中国建筑的企业LOGO有三层寓意：整体造型方正、坚实，象征建筑的基石、诚信的品格以及国内外市场一体化的运营实力；CSCEC标识的艺术组合，喻示企业开拓、创新的进取精神，奉献社会、造福人类的信心，打造过程精品、提供优质工程的质量意识，跨越五洲、业主至上的服务理念；大海一样深邃的蓝色，展示了中国建筑宽广的胸怀，描绘出充满希望与活力的美好未来。

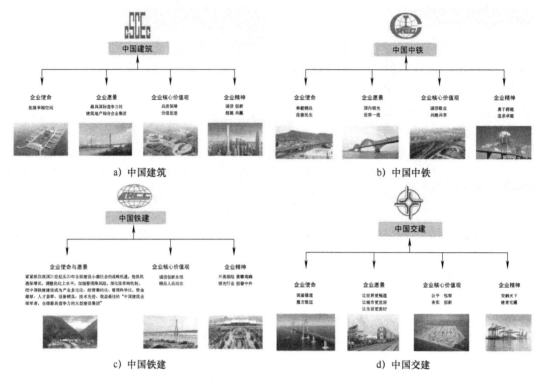

图 2-7 我国建筑企业的企业文化

2) 中国中铁（见图 2-7b）。中国中铁的企业 LOGO 由中文汉字与英文字母搭配组成，传达了中国中铁既源自一个传统企业，也蕴含着开放、创新、充满活力的新形象。标识英文字母 C 为主体元素，体现了全面创新的管理理念；字母 C 中经纬线交织成的地球背景，表明了中国中铁的战略定位为全球知名企业，目标是全球市场；"工"字代表铁路钢轨，承载着企业的发展历史。

3) 中国铁建（见图 2-7c）。中国铁建的企业 LOGO 由蓝色的地球、红色的企业名称英文缩写以及黑色的企业名称中文缩写三部分组成。蓝色经纬线交织成的地球背景，表明了企业的战略定位为全球知名企业，企业的目标市场是全球市场。红色的字母 CRCC 艺术设计为一列高速列车形状，其含义为：①体现了企业的主营业务领域和主要市场焦点是铁路建设市场；②体现了企业不断开拓、锐意进取、不畏艰险、勇往直前的企业精神；③体现了企业紧跟世界潮流，在把企业建设成为国际知名承包商的道路上孜孜追求、勤奋探索、不断前进的形象；④高昂的火车头寓意着企业光明的发展前景，给人一种奋发向上、勇于登攀、争取成为业界火车头的形象，充分展现了中国铁建人意气风发、志存高远的精神风貌。

4) 中国交建（见图 2-7d）。中国交建的企业 LOGO 由四个大写字母 C 组成，以深蓝色作为企业的标准色，象征中国交通作为我国交通基础设施建设行业旗舰所具有的高科技、现代化、基础性、大型化等特征；同时，也体现了企业无限的创造力和巨大的成长空间。

(2) 分公司的企业文化建设

建筑企业分公司一般会延续上级单位的发展战略和企业文化构建起分公司的企业文化。例如，中国建筑下设分局遵循中建总公司的企业文化，提出的企业文化是：本企业的企业文化以《中建信条》为信行核心，以诚信、发展、共赢、和谐为四维支撑，是中建文化星系的特色子文化，并阐释了信行核心和信行准则的具体内涵。

中建二局下设的建筑工程公司则遵循中建总公司、二局的企业文化，提出的企业文化是：新时期的企业文化"筑诚筑信、人企相依"，为实现"一做两创三提升"战略目标提供内核驱动。"筑诚筑信"是指，公司以诚信立业、以诚信发展、以诚信待人。诚行天下，信立鳌头，诚信的基因融于员工的血液，始终指引我们以诚铸就精品、以信开启未来；"人企相依"是指，未来建筑市场竞争将更加激烈，无论在企业发展平稳期还是攻坚期，公司都始终坚持以人为本，依靠员工力量、关爱员工；员工也始终以企业为家，与企业同呼吸共命运。

2.5.2 建筑企业文化建设的特殊性

同其他行业相比，建筑企业的文化建设还是比较落后，存在着显著区别于其他行业的特殊性，主要表现在以下几个方面：

1. 劳动密集型

对于建筑企业而言，其在进行工程施工的时候，需要的劳动力比较多，并且劳动力本身的素质和意识都会给企业的施工质量和安全管理造成严重影响。在建筑工程施工的时候，存在的隐蔽工程比较多，仅仅进行检查和质量把关很难全部做到位，这便需要员工的自觉性和责任心。所以，建筑企业在进行文化建设的时候，必须重视员工职业道德的提升。

2. 区域分散性

施工现场比较分散，这便导致建筑企业文化建设具有明显的离散性。建筑企业在施工的时候，经常需要雇用临时工，并且经常进行异地施工，这便导致了工作的时候强度比较大，这也给企业文化建设的顺利进行带来了一定困难。企业想要做好文化建设，便必须转变工作方式，不断地提高其感染力。所以，建筑企业在进行文化建设的时候，必须走入施工现场以及施工项目中，保证企业文化建设的实际质量。

3. 工期长

工期长也导致了建筑企业在进行文化建设的时候，需要的时间比较长。在进行市场竞争的时候，建筑企业本身属于经济独立的个体，必须对市场需求进行预测，做好项目外部环节的分析，参与到招标投标中去，进行工程合同的签订，做好工程施工工作，做好竣工验收，将其交付相关单位并投入使用中去，此外，还应该进行一系列的售后服务。这便导致了建筑工程的时间跨度比较长，其长期性也导致了建筑企业在进行文化建设的时候会比较困难，并且需要较长的时间。

4. 企业文化积累波动

建筑企业工程比较多，企业市场价值是由其品牌资质决定的。在很多建筑企业中，无论是企业内部还是外部，知识共享环境都不够好，并且企业本身的培训制度以及激励机制也不够科学，存在严重的知识垄断情况；并且随着企业人员的流动，企业本身的一些知识积累也可能会发生一定变化。所以，建筑企业必须不断地提高其产品的实际质量，进行品牌建立，这样才能够更好地获得社会的认可，也会使企业本身的知名度明显提高。

5. 企业转型升级，满足员工的精神需求

工程建设组织方式需要改革，工程质量安全需要提高，建筑行业现代化需要推进，从业人员素质需要提高。企业的发展战略、经营方针必须与国家政策衔接，必须与经济发展机遇相适应。因此，建筑企业的文化建设要在传承中寻求创新，在坚守中适时调整，推动企业转型升级，推动建筑行业生产方式的升级改造。

进入信息时代，工作和生活效率都在加快，人们对文化宣传的接受与适应程度也在发生变化。面对文化程度更高、思想更活跃的新一代建筑人，企业文化建设要与时俱进：在建设内容上更多地增加年轻人喜闻乐见的形式；在建设手段上更多地应用信息互联技术，应用"两微一端"（微博、微信及移动客户端）媒体平台，逐步探索大数据在丰富企业文化建设与改善员工工作和生活方式中的应用。建筑企业的员工不仅是企业文化宣传的对象，更是建设文化、认同文化、享受文化和创新文化的实践者和受益者。要将企业文化建设变成员工自我完善、实现自身价值的自觉过程，不断提升员工在企业的归属感和幸福感。

6. 企业家精神+工匠精神

"弘扬工匠精神，厚植工匠文化，打造'中国建造'品牌"是我国对当代建筑企业的要求。工匠文化的核心就是诚信执业、精益求精。当今的市场需要高品质、安全、美观、宜居、绿色的建筑产品，企业文化建设要着眼于工匠精神和鲁班文化的培育，精心塑造品牌，力争每建必优。

企业家是建筑企业的核心，甚至可以认为企业文化就是企业家的文化。虽然这种表述不够准确，但从另一个角度道出了企业家对于企业的重要性。发扬企业家精神，其一，是因为在新旧转换的关键阶段，要走出经济低迷的现状，需要企业家群体奋发有为、砥砺前行，引领和激发全社会创新与创业的活力；其二，民营建筑企业进入第二代接班时期，国有企业依赖政府支持和资源优势的时代已经过去，在一个公平竞争的环境下，建筑企业面临着新的挑战；其三，企业家敢于担当、勇于创新、诚信执着等优秀品质已经或者正在成为建筑企业转型升级的主要原动力。激发和保护企业家精神，就是要在企业内部着力打造勇于担当、诚信经营的风气和品质。

7. 现代建筑产业工人队伍培育

建筑劳务产业化，就是要使千百万农民工通过素质的提高和自己的努力，稳定地在一个企业服务，并且有自己的地位和尊严。若农民工没有归属感，一直处于流动状态，就谈不上工匠精神的形成，更谈不上工程质量有永恒的保证。大型建筑企业、专业劳务企业都应该重视研究这一问题，从解决劳动者身份归属入手，使农民工相对稳定在一个企业，实行公司化的管理，对他们进行管理制度、技术质量、安全防护等方面的长期培训，使他们融入企业文化，成为产业工人队伍中的一员。这是企业在资源配置中重要的发展战略，也是企业文化建设中的一项长期任务。

2.5.3 建筑企业文化建设的途径

建筑企业只有在企业管理过程中把企业文化建设作为切入点，加大人才培养力度，全面提高企业的管理水平，才能提高企业的经济效益，树立良好的企业形象，从而促进企业快速平稳发展。建筑企业要实现企业转型发展，增强企业文化底蕴，提高企业竞争实力，应从以下五方面入手，建设具有自身特色的企业文化。

1. 确立符合实际的企业精神

对建筑企业来讲，仅靠物质激励是不够的，还必须有文化、精神、道德方面的纽带。而企业精神是企业的无形资产,是企业最宝贵的精神财富,对内提高员工的向心力和凝聚力,对外增强对客户的感染力和吸引力。确立符合建筑企业实际的企业精神,其凝聚力和感染力越强,越能促进企业健康发展。企业发展有一定的历程,并且不同企业发展过程中的文化环境和社会环境也都存在一定的不同,建筑企业也是如此。建筑企业在进行企业文化建设的时候,应该将企业经营时的文化沉淀、历史背景、经营发展情况和行业特点结合在一起,进行企业精神的确立,并确保确立的企业精神能够体现企业的精神风貌,能够展现员工的斗志。此外,核心价值观在一定情况下会对企业文化基本形态的展现造成影响,并且也会影响企业的发展方向。所以,企业在进行文化建设的时候,必须进行核心价值观的确定和企业精神的概括。

2. 以人为本打造企业文化

建筑企业以工程项目为中心,而员工是工程建设的直接参与者,员工的一言一行关乎工程的质量、安全和进度,也关乎企业的良好形象能否通过工程项目这一窗口展现出来。这就要求建筑企业应采取寓教于乐、生动活泼的方式,在工作和生活中逐渐向员工灌输企业文化的基本理念,变企业被动说服为员工主动接纳,提高员工对企业的认同感,使企业既是一个紧张有序的管理组织,又是一个温馨和谐的大家庭,在企业内部形成员工互相帮助、互相支持、团结协作、荣辱与共的良好氛围,从而提高企业的竞争实力。同时,建筑企业还应把客户和社会受众也纳入"以人为本"理念的实施范畴,让他们深深体会到建筑企业的文化感染力,从而使企业内外均处于和谐氛围之中。

3. 增强品牌意识,树立企业良好形象

企业形象是企业文化的外在表现,也是社会各界评价建筑企业最直接的标准。而工地长期以来给人脏乱差的印象,所以建筑企业更应注重通过打造绿色文明工地,不断提升企业形象,并通过加强质量、安全和进度管理,铸造精品工程,创优夺杯,在行业确立企业品牌,从而提升企业的知名度,树立企业良好形象,提高企业市场竞争实力。企业文化建设应该重视自身企业信誉的提高。例如,建筑企业不仅需要保证施工质量,还应该遵纪守法,不拖欠员工工资,这样企业才能够获得更多人的认可。在施工现场,企业可以张贴标语,将企业经营理念直观地展现给每一个员工,这样员工能够更好地理解企业文化,对责任也能够更加明确,因而员工在施工的时候,安全意识和质量意识也会有明显的提高。

4. 制定科学合理的企业制度

企业文化能否与企业产生良好的化学反应,关键要有制度作为保证。建筑企业一定要有科学合理、行之有效的企业制度,尤其是工程项目管理制度,更应侧重于规范员工在工作时的具体操作,指导员工在复杂烦琐的施工中,能够严格执行各项技术指标,提高工程建设质量。同时,建筑企业还应通过建立奖惩制度,鼓励员工进行技术创新,从而提高施工工效,确保工程质量优良。现代建筑企业在进行企业文化建设的时候,必须重视企业自身学习能力和创新能力的提高。

5. 营造良好的施工现场文化氛围

施工现场是建筑企业向外界展示企业文化建设的重要窗口。建筑企业要在施工现场营造个性化的、与时俱进的文化氛围,这样不仅可以感染一线员工,从而提高员工的素质,而且创建的绿色文明工地能展示企业的现场管理水平,提升企业外在形象。建筑企业要规范施工现场临时设施,合理布置办公区、生活区、生产区,整齐有序堆放材料和设施,做好作业现场安全防护，给一线员工创造良好的工作环境。同时，项目部应设有员工文化活动娱乐场所，放置电视机、影碟机等娱乐设施，适时组织员工开展文体活动。这样才能营造出良好的施工现场文化氛围，给员工以家的感觉，激发其工作热情，增强企业向心力和员工凝聚力。

复习思考题

1. 建筑企业组织设计的原则、任务、类型及组织运行的特点有哪些？组织监管是如何进行的？
2. 简述建筑企业组织结构的类型、影响因素及其组织设计的步骤。
3. 在建筑企业中设置了哪些职位？主要职责和职能是什么？
4. 简述建筑企业组织变革的影响因素、种类及变革程序。
5. 简述建筑企业文化及文化建设的作用，以及建筑企业文化提升的途径。

第3章

建筑企业战略管理

3.1 建筑企业战略概述

3.1.1 建筑企业战略的定义

战略（Strategy）是一个被广泛应用于军事、经济、政治、商业和管理等多个领域的重要概念。不同的学者和著作给战略赋予了不同的含义，如广义的战略中，包括战略目标和实现战略目标的途径。参考众多关于战略的定义，这里对建筑企业战略进行定义。

加拿大管理学教授明茨伯格对企业战略的定义有着自己的独到之处。他指出，在生产经营活动中，人们在不同的场合以不同的方式赋予企业战略不同的内涵，说明人们需要接受各种不同的战略定义。在这种观点的基础上，明茨伯格提出了企业战略是由五种规范的定义阐述的，即计划、计策、模式、定位和观念，构成了企业战略的5P。这五个定义是从不同角度对战略这一概念加以阐述的。这五个角度同样适用于建筑企业战略的定义。

1）建筑企业战略是一种计划。建筑企业战略具有两个本质属性：①建筑企业战略是在生产经营活动之前制定的；②建筑企业战略是作为一种计划写进企业正式文件中的。

2）建筑企业战略是一种计策。这里是指在特定的环境下，建筑企业把战略作为威慑和战胜竞争对手的一种手段。

3）建筑企业战略是一种模式。建筑企业战略反映企业的一系列行动。也就是说，无论建筑企业是否事先对战略有所考虑，只要有具体的生产经营行为，就有战略。

4）建筑企业战略是一种定位。战略的范围很广，可以包括企业生产经营活动的全过程。战略是明确组织在自身环境中所处的位置，对建筑企业来讲，就是确定自己在市场中的位置。企业战略实际上成为企业与环境之间的一种中间力量，使企业的内部条件与外部环境更加融洽。

5）建筑企业战略是一种观念。例如，有些建筑企业是进取型的，开发应用新技术，开拓新市场；而有些建筑企业则固守在早已建成的市场上。建筑企业的经营者对客观世界的不同认识，会产生不同的经营效果。

综上所述，这里对建筑企业战略的定义就是：建筑企业在面对剧烈变化、充满严峻挑战的经营环境时，为求得长期生存和不断发展而进行的总体性谋划。

3.1.2 建筑企业战略的特点和必要性

1. 建筑企业战略的特点

（1）全局性

建筑企业战略最根本的特点之一就是全局性。全局性是指以企业的全局为研究对象，来确定企业的总目标，规定企业的总行动，追求企业的总数量。建筑企业战略要研究企业的整体发展，追求企业发展的整体效果。

（2）长远性

建筑企业战略的着眼点是企业的未来总体发展问题，是为了谋求企业的长远利益，使企业长期利益最大化。通常建筑企业战略不是为了求得眼前的利益，而是着眼于5年以上的目标，企业战略不是一蹴而就的，制定之后，不要轻易变动。

（3）纲领性

建筑企业战略所确定的战略目标和发展方向，是一种原则性和概括性的规定，对企业的生产经营管理都具有指导意义，是对企业未来的一种指导规划和设计，是一种总体谋划。

（4）风险性

建筑企业战略考虑的是企业未来，而未来是不确定的，因此，企业战略必然具有一定的风险性。建筑企业战略可以为企业规避风险，对可能发生的风险做出判断，并对风险进行评估，从而做出对企业最有利的应对决策。

（5）抗争性

建筑企业战略是企业在竞争中战胜对手、应对外部环境威胁和行业内部挑战的整套行动方案。建筑企业战略并不是一般的企业策划，其目的是赢得市场的主动性，具有与竞争对手直接对抗的特性，只有在竞争中获胜才能达到战略目标。

（6）适用性

建筑企业战略不可能脱离企业现有的管理及运营模式，企业战略必须适用于企业自身的运营管理模式，这样企业战略才能取得相应的效果。

2. 建筑企业战略管理的必要性

在建筑企业管理现代化过程中，全面、系统的建筑企业经营活动战略管理是十分必要的。推行建筑企业战略管理，有助于提高企业管理水平，增强企业竞争能力，推动我国建筑企业管理现代化。

（1）有利于建筑企业建立长远的发展方向和奋斗目标

建筑企业战略管理的一个重要特点就是适应环境变化，调整企业战略或实施新的战略，从而把握企业未来的发展。建筑企业管理人员必须具有战略的思想和观点，通过一系列战略决策和行动，进而保证企业经营事业朝着有利的方向长期稳定地发展。面对竞争日趋激烈的形势，建筑企业只有放眼未来，把战略管理工作作为企业管理的重点来抓，才能提高企业对外界环境的应变能力，使企业既能在短期内获得收益，又能在未来得到发展。

（2）有利于明确建筑企业在市场竞争中的地位

建筑企业应该充分利用市场有利时机，对关系企业全局和长远发展的生产经营活动进行通盘谋划、巧妙布置，及时捕捉、利用外部环境的有利变化给企业提供的良好时机，避开外界的不利变化对企业经营的影响，在竞争中求得生存和发展。这就要求建筑企业实行战略管理，用战略管理的眼光把企业市场营销、生产、技术、财务等各项工作组织好、协调好，发挥企业的整体功能，使企业在激烈的市场竞争中进可攻、退可守，不断增强企业竞争力。

(3) 有利于建筑企业全面推行现代化管理

实行战略管理有利于推动建筑企业在管理思想、管理组织、管理方法、管理手段等各方面实现管理现代化。战略管理把建筑企业的管理思想、管理组织、管理方法、管理手段等方面的现代化结合成为一个有机整体，可全面提高企业管理现代化水平。

(4) 有利于保证建筑企业战略决策的实现

在竞争激烈的市场经济条件下，有效的日常经营并不能确保企业成功，企业竞争需要有战略决策。管理人员既要担负经营职责，又要承担战略决策职责。但是，有了战略决策并不能确保战略决策得以执行，欲使战略决策发挥作用，必须对战略决策的执行进行管理，使之成为一种制度。

3.1.3 建筑企业战略管理的主要内容

1. 建筑企业战略的构成要素

建筑企业战略一般由以下四个要素构成：

(1) 经营范围

经营范围是指建筑企业从事生产经营活动的领域。经营范围既说明企业与外部环境相互作用的情况，又能反映企业计划与外部环境发生作用的程度。建筑企业应根据建筑行业特点、自身优势和行业状况来确定自己的经营范围。

(2) 资源配置

资源配置是指建筑企业对资源进行配置、整合的能力与方式。资源配置的优化是企业战略实施的重要环节。企业只有注重对自身战略资源的积累，形成独有的特殊配置，才能很好地开展生产经营活动。如果企业的资源匮乏或缺乏有效配置，则企业对外部环境的反应能力会大大削弱，企业的经营活动也会受到限制。

(3) 竞争优势

竞争优势是指建筑企业通过比较其经营范围与资源配置的优劣，形成的优于其竞争对手的行业和市场地位。企业形成竞争优势有多种方式，既可以通过对资源正确配置，也可以通过企业在其自身产品和行业中的地位来形成竞争优势。

(4) 协同作用

协同作用是指建筑企业在资源配置和经营范围的决策中所需求得到的各种共同努力的效果。协同作用既可以来自企业各经营单位充分利用现有的人员和设备、共享由经验曲线形成的优势，也可以来自使用共同的销售渠道、销售机构和促销手段等。

2. 建筑企业战略的层次

建筑企业战略，不仅要说明企业整体目标以及实现目标的方法，而且要说明企业内的每一层次、每一类业务以及每一个部门的目标以及实现方法。因此，建筑企业战略需要包括公司战略、经营战略和职能战略。

(1) 公司战略

公司战略（Corporate-level Strategy）又称总体战略，是企业的战略总纲，是企业最高管理层指导和控制企业的一切行为的最高行动纲领。建筑企业的公司战略需根据企业的宗旨和目标，明确企业的经营业务范围，合理配置企业经营所必需的资源，决定企业整体的业务组合和核心业务。也可以说，从企业的经营发展方向到企业各经营单位之间的协调以及资源的充分利用到整个企业的价值观念、企业文化的建立，都是公司战略的重要内容。

(2) 经营战略

经营战略（Business Unit Strategy）也称业务战略，是指在总体战略指导下，战略经营单位的战略计划。一个战略经营单位一般都有自己业务范围和细分市场，经营战略的重点是要针对不断变化的环境，解决企业如何在特定的经营业务范围内与对手展开有效的竞争。建筑企业制定经营战略的目的是使企业在某一特定经营领域建立竞争优势。为了达到这个目的，从建筑企业内部来说，各经营单位要有效地控制资源的配置和使用，协调和统筹安排那些影响企业竞争优势的生产、研发、财务、人力等经营活动。经营战略为这些经营活动的组织和实施提供指导。

(3) 职能战略

职能战略（Functional Strategy）是指为公司战略和经营战略能够顺利实施而在企业特定的职能管理领域制定的战略。职能战略的目的是最大化企业资源的利用率。建筑企业职能战略是战略目标实现的具体手段，它是由一系列详细的方案和计划构成的，涉及企业所有的职能部门，包括生产、销售、研发、采购、人事等。一个建筑企业如果能够充分发挥各职能部门的作用，加强各职能部门之间的沟通和协调，使职能战略能够顺利实施，就能有效地保障企业公司战略、经营战略的成功实现。

3. 建筑企业的战略管理过程

建筑企业的战略管理过程可以分为四个阶段，即战略分析、战略设计、战略实施和战略控制，如图3-1所示。

(1) 战略分析

战略分析要掌握建筑企业所处的环境，环境对企业会产生哪些影响。战略分析的目的是了解战略环境中所存在的机会和威胁、企业内部的优势和劣势，以为企业战略的制定打下基础。因此，战略分析主要包括三个方面的内容：

1）分析战略环境。通过分析战略环境，了解环境现状及变化，把握机会、规避威胁。

2）分析内部条件。通过分析建筑企业内部条件，掌握企业自身具备资源的现状，了解影响企业战略的内部因素。

3）分析竞争优势。目的是掌握企业所拥有的与战略环境相匹配的战略资源和核心能力。

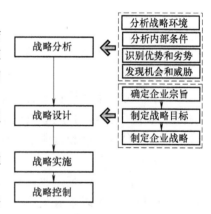

图3-1 建筑企业的战略管理过程

(2) 战略设计

战略设计要解决的是企业发展方向和如何发展的问题，这里包括确定企业宗旨、制定战略目标和制定企业战略三个步骤。

1）确定企业宗旨。企业宗旨又称企业使命，是企业存在的目的和理由。企业宗旨是指向企业外部的，而客户是企业生存的基础。因此，要确定企业使命，就要明确企业的现有客户和潜在客户，根据客户的分布和发展趋势，考虑企业为谁服务和如何服务的问题，进而明确企业宗旨。

2）制定战略目标。战略目标是建筑企业在遵循企业宗旨时所要达到的特定地位，也可以看作是企业在一定时期内的活动所要得到的结果。企业宗旨为战略目标的制定提供了方向和范围。战略目标是企业战略管理的核心，是企业战略规划中的重要步骤。在充分进行战略分析的基础上，只有明确战略目标，建筑企业才能根据战略目标，合理地分配企业资源和指明任务，正确地安排企业生产经营活动。没有战略目标，企业的经营活动可能呈现一种无序的状态。

3）制定企业战略。战略制定是一项复杂的决策过程。战略制定的首要环节是形成多种战略方案，然后在战略分析和明确战略目标的基础上，在既有战略方案中选择最佳的方案。建筑企业制定战略时，要注意以下几个问题：①战略制定是否与企业宗旨相吻合；②战略制定是否与环境相适应；③战略制定是否与企业资源相匹配；④战略执行的可行性。

（3）战略实施

战略实施是指建筑企业战略落实、实现战略目标的过程。战略实施中要注意很多问题，例如，战略实施过程中企业内部的资源分配是否均衡，需补充哪些外部资源；企业职能部门是否能够与战略相匹配，是否需要进行职能部门调整等。

（4）战略控制

战略控制是指当战略实施成效和预定战略目标二者偏离时，采取相应措施进行纠正的过程。战略控制要通过设定相应的战略控制和评价标准，掌握战略实施过程的资料和数据，当实际战略绩效和目标产生偏差时，进行分析评估，了解产生偏差的原因，并迅速做出战略调整和修订，以保证企业战略目标的实现。

3.2 建筑企业战略分析

3.2.1 建筑企业宏观环境分析

建筑企业是社会这个有机体的一部分，环境是企业生存发展的土壤和条件。建筑企业的生存和发展会受到宏观环境的影响和制约，因而宏观环境是建筑企业制定企业战略时必须考虑的因素之一。分析宏观环境就是要找出宏观环境中的机会和威胁，作为制定建筑企业战略的依据。建筑企业宏观环境分析可以分为经济（Economic）环境分析、政治法律（Political）环境分析、社会文化（Social）环境分析和技术（Technological）环境分析四大类，通常称为 PEST 分析。这些宏观环境的影响是交互的。

1. 经济环境分析

经济环境是指构成建筑企业生存和发展的社会经济状况以及国家的经济政策等，主要包括企业宏观的经济结构、产业布局、资源状况、经济发展水平以及未来的经济走势等。经济环境对建筑企业的影响是直接且具体的。一般情况下，在经济繁荣时期，经济发展加速，投资增长，建筑企业发展的机会就多；反之，在整体经济发展停滞或倒退的情况下，经济发展减慢，投资减少，建筑企业发展的机会就少。当经济形势变化时，建筑企业会首先感知市场的变化。宏观环境对建筑业的影响最为直接和突出，经济环境决定了建筑市场的容量。要研究建筑企业发展战略，就要对经济环境进行分析，通过对经济环境的准确把控，正确制定企业战略。

2. 政治法律环境分析

政治法律环境是指对建筑企业经营活动具有现实的和潜在的作用与影响的政治力量，同时也包括对建筑企业经营活动加以限制和要求的法律和法规等。

（1）政治环境

政治环境是指对组织经营活动具有实际与潜在影响的国家的政治制度、权力机构、颁布的方针政策、政治团体和政治形势等。政治因素对企业的影响是复杂的，有些政府行为对企业活动有限制性作用，如规定政府管制和行业规定等；有些政治因素对企业有引导作用，如税收优惠和财政补贴等。

国家出台的宏观政策对建筑企业的影响较为直接，如提高相关行业资本金比例、紧缩银行贷款等。这些紧缩性政策的出台，会造成建筑市场缩小、建筑企业资金短缺等问题。面对这些不断变化的宏观政策，建筑企业要通过科学制定发展战略来应对。

（2）法律环境

法律环境是指针对建筑业及宏观环境进行监管的法律法规，包括法律法规体系、国家执法机构和企业的法律意识等。只有在一个稳定的法治环境中，建筑企业才能够真正通过公平竞争，获取自己正当的权益，并得以长期、稳定的发展。建筑企业在制定发展战略时，要充分考虑到影响其生存发展的相关法律法规，保持清醒的认识，避免法律风险。在涉及海外建筑市场时，要适应国际建筑市场法律和惯例。

3. 社会文化环境分析

社会环境主要是指建筑企业所在社会中成员的历史发展、文化传统、价值观念、教育水平、风俗习惯等。文化环境是指人们的价值观、教育、思想、态度、社会行为等因素。社会文化环境对建筑企业的影响是不可忽视的。建筑企业在制定发展战略时，要结合企业实际和我国文化，建立自己的企业文化。同时，建筑企业在提供产品和服务时，要充分考虑当下的社会发展趋向，如企业在制定人力资源战略时，要考虑社会平均受教育水平的变化、家庭结构的变化会影响对建筑产品的需求等。

4. 技术环境分析

技术环境是指企业所处环境中的科技要素以及与该要素直接相关的各种社会现象的集合，包括建筑企业所在国家或地区的施工技术水平、技术政策、新工艺开发和创新能力以及技术发展的动向等。在科学技术迅速发展变化的今天，技术环境对建筑企业的影响可能是创造性的，也可能是破坏性的。企业应预见这些新技术带来的变化，在战略管理上做出相应的战略决策，以获得新的竞争优势。

目前我国建筑业的技术水平与发达国家相比还有较大差距，我国建筑企业大多属于劳动密集、粗放经营的发展模式。因此，建筑企业在进行宏观环境分析时，需要掌握相关行业的科技发展水平和趋势，在承揽工程项目，尤其是国际项目时，建筑企业的技术水平起着至关重要的作用。

3.2.2 建筑企业行业环境分析

建筑企业行业环境是指对处于建筑行业内的组织都会发生影响的环境因素。行业环境分析主要包括两个方面：一是建筑行业中竞争的性质和建筑行业的潜在利润，也可以称为产业环境；二是建筑行业内部企业之间在经营上的差异以及这些差异与它们战略地位的关系，也就是行业内现有建筑企业的竞争。

迈克尔·波特在《竞争战略》一书中，从产业组织理论的角度提出了产业结构分析的基本框架——五种竞争力分析。按照他的观点，一个行业的竞争远不止在原有竞争对手中进行，而是存在五种基本的竞争力量：潜在竞争者的威胁、替代产品的威胁、供应商的讨价还价能力、购买者的讨价还价能力以及行业内现有企业间的竞争。五种竞争力的分析方法适用于建筑行业环境分析，如图 3-2 所示。

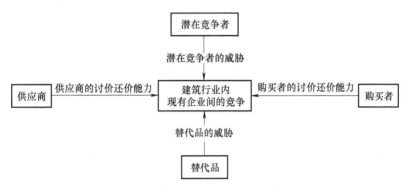

图 3-2　建筑企业的五种竞争力模型

在建筑行业中，这五种力量共同决定了产业竞争的强度以及利润率等，其中最强的一种或几种力量占据统治地位，并且从战略形成的角度来看起着关键性作用。

1. 潜在竞争者的威胁

威胁主要来自潜在竞争者加入建筑行业，带来生产能力的扩大，带来对市场占有率的要求，引起建筑行业内现有企业的激烈竞争，使建筑产品的价格下降；并加剧了在建筑原材料、人才等资源方面的争夺而导致成本增加。

潜在竞争者会在两个方面对现有企业产业威胁：第一，竞争者会瓜分原有的市场份额获得一些业务；第二，竞争者减少了市场集中，从而激发现有企业间的竞争，降低利润。对于建筑行业来说，进入威胁的大小取决于呈现的进入障碍与准备进入者可能遇到的现有在位者的反击。它们统称为进入障碍，前者称为"结构性障碍"，后者称为"行为性障碍"。

2. 建筑行业内现有企业间的竞争

建筑行业内现有企业间的竞争采用的主要手段是价格竞争、广告竞争、加强服务保修竞争及企业形象竞争等。竞争的产生是由于一个或者多个竞争者感受到竞争的压力或看到了改善其地位的机会。建筑行业内企业竞争的激烈程度取决于以下因素：

（1）竞争者的数量

当建筑行业内企业数量众多时，必定有企业为占据更大的市场份额和获得更高的利润，而突破行业内的规定，采取打击、排斥其他企业的激进的竞争手段。而这种行为必然会引起其他现有竞争者的抗衡。

（2）行业发展的速度

当建筑行业发展比较缓慢时，各企业为了生存和发展，不得不把注意力集中在争夺市场占有率上，这样往往会触发价格战，产生激烈的竞争；而建筑行业在快速发展的情况下，行业内各企业可以同步快速发展，而且还可以在发展的过程中充分利用自己的资金和资源，即行业内所有企业都可以获利，从而导致行业内的竞争程度比较缓和。

（3）退出障碍

与进入障碍相对应的另一个概念是退出障碍。退出障碍是指那些迫使投资收益低甚至亏损的企业仍然留在产业中从事生产经营活动的各种因素。这些因素主要包括固定资产的专用性程度、退出成本、内部战略联系、感情障碍、政府与社会约束。

3. 购买者的讨价还价能力

建筑企业必须分析客户的状况，预测市场的演变，充分了解客户需求的内容、趋势，客户的规模、消费状况，应用产品、价格等营销组合来满足客户的要求；同时要借助国家法律、法规和政府监督的力量，以维护企业的合法权益。

建筑企业的"购买者"，最主要的就是工程项目的发包方。发包方在工程招标投标过程中的讨价还价能力直接影响承包方的企业效益。在建筑行业内，工程发包方往往占据有利地位，采取压低标价、提高质量标准、增加服务要求等方式，降低工程项目承包方的利润率。

购买者的讨价还价能力大小取决于以下几个方面：购买者的集中度和交易量、产品差异化程度、转换成本的高低、购买者对价格的敏感程度、纵向一体化程度、信息掌握的程度。

4. 供应商的讨价还价能力

建筑行业的"供应者"主要是建筑材料供应商和分包商。由于材料费一般占工程项目造价的60%，所以建筑材料的价格是影响企业利润的重要因素。在建筑行业中，建筑原材料供应商的威胁手段是提高供应价格或者降低供应原材料产品或服务的质量，从而使施工单位的行业利润下降。

供应商的讨价还价能力大小取决于以下几个方面：供应商的集中度和交易量、转换成本的高低、产品差异化程度、纵向一体化程度、信息掌握程度。

5. 替代品的威胁

产品替代有两类：一类是直接产品替代，另一类是间接产品替代。直接产品替代是指某一种产品直接取代另一种产品；间接产品替代是指由能起到相同作用的产品非直接地取代另外一些产品。

对于建筑行业来说，建筑产品是与人们生活息息相关的不可替代产品，所以并不存在新的建筑产品取代老的建筑产品。建筑行业替代品的威胁主要来自新的建筑结构形式、新的施工技术、新的投资建设模式、新的建筑材料等。老产品能否被新产品替代，主要取决于产品的性能和价格。如果新产品的性能-价格比高于老产品，新产品对老产品的替代就具有必然性；如果新产品的性能-价格比在一段时间内还低于老产品的性能-价格比，那么，新产品就不具备足够的实力与老产品竞争。

3.2.3 建筑企业内部条件分析

建筑企业内部条件分析是指在一定的外部环境下，分析本企业所具备的资源和能力，从而找出相对于竞争对手的优势和劣势，制定出能够发挥企业优势、避免企业劣势的战略。建筑企业内部条件分析包括建筑企业资源分析和建筑企业能力分析两部分。

1. 建筑企业资源分析

建筑企业资源分析包括对建筑组织资源、市场资源、财务资源、人力资源、信息资源、施工生产资源、技术资源等方面的分析。

（1）建筑企业组织资源分析

建筑企业组织资源包括企业的组织结构和形式、经济机制和责任、各项管理流程等。组织资源渗透在建筑企业的一切工作之中，分析建筑企业组织资源，重点是分析各项管理工作是否有效地支持战略，各职能部门是否可以有效地配合。

建筑企业组织资源分析要求对下述问题做出回答，以检验建筑企业组织资源方面的优势与劣势。

1）企业是否有明确的战略管理思想。
2）企业是否有一系列相互配合的近期和远期目标。
3）企业的战略是否分解为各层次、各部门的执行计划。
4）企业各层次、各部门的工作是否有效协调，共同支持战略的实现。
5）企业的组织结构是否适应战略。
6）企业责任与权力的划分是否明确和规范。
7）企业利益分配是否合理并明确。
8）企业员工的积极性如何。
9）企业工作中的偏差是否及时被发现并得到纠正等。

（2）建筑企业市场资源分析

建筑企业市场资源分析包括以下几个方面的内容：

1）市场定位情况。分析建筑企业的市场定位是否准确，产品和服务是否对准目标市场，是否明确企业客户群的特点等。

2）营销组合情况。建筑企业的营销组合分析是指对建筑产品、价格、营销渠道和促销手段的组合是否合理有效而进行的分析。

3）市场调研情况。建筑企业市场调研一般应包括本企业的市场占有率、企业的市场份额与竞争者的差别、企业的市场形象、当前市场的需求和潜在市场的需求、建筑行业的发展潜力、竞争者的营销策略、地区建筑市场的需求等。

（3）建筑企业财务资源分析

建筑企业财务资源分析包括以下两个方面：

1）建筑企业财务管理水平分析。根据建筑企业的战略要求，保证有效的资金来源、资金使用和资金控制，决定资金筹措的方法和资金分配。

2）建筑企业财务状况分析。企业的偿债能力、销售利润率、现金流、负债比率等对建筑企业的战略选择非常重要，了解企业在财务方面的状况，对于有效地制定建筑企业战略具有十分重要的意义。企业财务状况的恶化也会导致战略实施的中止和建筑企业战略的改变。

（4）建筑企业施工生产资源分析

建筑企业的施工生产过程是企业将投入转化为建筑产品和服务的一系列过程。施工生产活动是占用建筑企业人力和物力的最主要的部分，是施工成本和建筑产品的主要产生过程，所以对于建筑企业战略管理具有重要的意义。进行建筑企业施工生产资源分析需要明确以下问题：

1）原材料、构配件的供应是否质量可靠、价格合理。
2）施工生产流程是否合理，施工生产工艺是否先进。
3）施工生产能力与生产任务是否平衡。
4）建筑企业质量管理体系是否有效。
5）建筑材料库存是否合理。
6）施工生产机械设备运行是否良好等。

(5) 建筑企业技术资源分析

建筑企业技术资源分析包括新产品、新工艺、新技术及新材料等方面的研究与开发资源。技术资源是建筑企业创造竞争优势的关键条件之一。建筑企业技术资源分析的主要目的是提高工程质量、改进施工工艺、降低成本、提高劳动生产率，从而创造更多的利润和良好的企业声誉。分析建筑企业技术资源的情况需要明确以下问题：

1）企业是否有足够的研究与开发设施。
2）企业研究开发人员的能力如何。
3）企业现有的施工生产技术是否具有竞争力。
4）研究开发部门与建筑企业市场、施工生产部门的沟通是否有效。
5）企业研究开发的经费投入是否足够。
6）企业有哪些可利用的其他技术资源等。

(6) 建筑企业人力资源分析

建筑企业人力资源反映了企业的知识结构、技能和决策能力等。建筑工程项目的特点决定了建筑企业需要专业的员工和员工具有高效协调的沟通能力。建筑企业只有拥有优秀的人力资源，才能培育自身的竞争优势，有效地实施企业战略。分析建筑企业人力资源的情况需要明确以下问题：

1）企业领导者的素质。
2）企业员工的专业技术水平。
3）企业员工的创新意识和能力。
4）企业员工的人际沟通和合作能力。
5）企业员工的忠诚度和奉献精神等。

2. 建筑企业能力分析

建筑企业能力是指能够把企业的资源统筹整合以完成预期的施工生产任务和目标的技能。建筑企业能力是与建筑企业资源密切联系的。企业能力是资源实现价值的手段，不同种类的资源对应着不同的企业能力。建筑企业能力包括生产能力、经营管理能力、技术研发能力、财务管理能力、人才引进与培育能力等方面。

(1) 建筑企业生产能力分析

建筑企业生产能力包括两个方面：一是在建筑产品在制造过程中，企业完成工程量的能力；二是企业确保建筑产品质量的能力。生产能力是业主对建筑企业能力最直观的感受，是建筑企业在竞争中取得优势的基础。影响建筑企业生产能力的因素较多，如技术水平、劳动积极性、管理能力、经营能力等。通过建筑企业生产能力分析，企业可以了解自身建筑产品是否在数量、质量、成本等方面具有竞争优势，如果存在不足，建筑企业可以在制定战略时进行针对性的改进和完善。

(2) 建筑企业经营管理能力分析

建筑企业经营管理能力包括三个方面：高层管理者的能力、企业战略管理水平和组织管理完善程度。一般说来，不同建筑企业之间，体现不同能力的关键因素之一是经营管理能力，它影响着企业的组织力、创新力、市场开拓力、资源利用率和经营效果，反映了建筑企业整个经营机制是否充满活力。通过建筑企业经营管理能力分析，可以明确建筑企业管理者是否需要学习和提高、组织结构是否需要调整、企业战略是否需要改进等内容。

(3) 建筑企业技术研发能力分析

建筑企业技术研发能力包括技术人员的素质和数量，技术研发经费的投入，技术创新、技术成果的转化能力，新产品开发等内容。它是与建筑企业的经济效益息息相关的，是建筑企业确立行业竞争地位的重要参数之一。

(4) 建筑企业财务管理能力分析

由于建筑行业的特点，一般工程建设投资额数量大，并且在建筑企业运营和建筑产品建造过程中，企业通常都要垫付一部分资金，因此对建筑业企业的财力要求较高。现今的投资模式和政策要求对建筑企业的财力要求也越来越高，建筑企业必须有能力聚积资金，合理地使用资金，控制财务风险，才能有足够的竞争力。

(5) 建筑企业人才引进与培育能力分析

拥有专业技能或管理能力的人力资源，对建筑企业的生产经营和发展具有决定性作用。建筑企业人力资源的核心问题就是引进人才和提高劳动者素质。建筑企业的人力资源中有很大一部分是施工队伍。企业在生产经营活动中，应注意选择素质高的施工队伍，加大施工队伍的人员培训力度。建筑企业人才引进与培训能力分析包括员工文化程度分布、员工年龄结构和员工岗位分布等。员工岗位分布包括管理岗位、专业技术岗位、生产岗位、服务岗位等。

3.2.4 建筑企业内外部综合分析

在对建筑企业的宏观环境、行业环境和内部条件进行分析后，企业有必要采用科学的方法对战略环境进行现状评估和未来预测。

1. 建筑企业外部环境分析方法

这里把建筑企业的宏观环境和行业环境统称为建筑企业的外部环境。外部战略环境分析包括分析现状和预测发展。建筑企业的外部环境是复杂的，包括宏观环境发生政治波动、政府政策变化、经济形势变化、技术进步或者行业环境发生竞争状况变化、出现新产品或新服务等，这些变化是相互影响并可能同时发生的。对于建筑企业而言，外部环境是不可控的，建筑企业进行战略环境分析的目的就是了解企业目前或将要遇到哪些方面的挑战与威胁，又面临哪些机遇，从而做出必要的战略应对。

(1) 建筑企业外部环境评价矩阵

建筑企业外部环境评价矩阵是建筑企业外部环境分析的有效方法。这里是指对建筑企业过去或现在所处的外部环境进行评价。通过对外部环境要素的评价分值进行比较，确定外部环境中的关键要素，进而制定有针对性的企业战略并予以实施。建筑企业外部环境评价矩阵可按如下步骤进行：

1) 确定外部环境的关键要素。根据上文给出的建筑企业宏观环境和行业环境分析的内容,结合企业的实际情况,分析并确定企业外部环境的关键要素。具体的关键要素确定由战略决策者通过研究决定,这些关键要素一般控制在 10~20 个。

2) 对每一个关键要素赋予权重。权重系数应在 0.0~1.0,即从最不重要到最重要。权重系数总和应为 1。权重大小表示该要素对于建筑企业成功经营的重要程度。权重系数的确定可以采用调查法,通过将成功的建筑企业和不成功的建筑企业进行对比,从中得到启发。

3) 对每个关键要素打分。评价的分数通常为 4 分制:1 表示这个要素是企业的重大威胁;2 为轻度威胁;3 为一般机会;4 为重大机会。

4) 计算综合加权平均值。将各关键要素的评价值与相应的权重值相乘,得到各要素的综合加权平均值。

无论建筑企业的外部环境中有多少机会或者威胁,采用要素评价矩阵进行分析,得到的综合加权平均值最高为 4 分,最低为 1 分,平均值为 2.5 分。因此,可以通过得分的高低来判断建筑企业是否处于一个良好的外部战略环境中。

(2) 建筑企业外部环境预测方法

行业前景分析法是建筑企业外部环境预测的一种实用方法,即通过分析外部环境的关键变量对企业可能造成的影响,进而根据外部环境变化制定相应的企业战略。行业前景分析法的一般步骤如下:

1) 探讨宏观环境中关键要素的可能变化。
2) 识别经营环境中五种竞争力量的发展趋势。
3) 形成未来发展趋势的假设。
4) 通过假设推导出一些不相矛盾的前景。
5) 分析每个前景下行业的大致状况。
6) 选择最有可能出现的前景,或对企业未来影响最大的前景,在制定战略时加以考虑和运用。

2. 建筑企业内外部综合分析方法

(1) SWOT 分析法简介

SWOT 分析法是建筑企业客观分析内部条件和外部环境的一种实用方法。SWOT 是优势(Strengths)、劣势(Weaknesses)、机会(Opportunities)和威胁(Threats)的英文首字母缩写。

SWOT 分析法将建筑企业内部条件分析和产业竞争环境的外部分析结合起来,既可以找到建筑企业"能够做的"(企业的强项和弱项),又能分析企业"可能做的"(环境的机会和威胁)。利用 SWOT 分析法,可以找到存在于建筑企业内外部的有利因素和不利条件,发现企业存在的问题,找到解决方法,从而明确以后的战略发展方向。对企业进行 SWOT 分析后,可以将问题按照轻重缓急分类,明确企业急需解决的问题有哪些、稍后要解决的问题有哪些、哪些属于战略目标的障碍、哪些属于战术问题等。SWOT 分析法通常采用矩阵表形式将各种分析要素一一列出。

(2) SWOT 分析法在建筑企业中的应用

应用 SWOT 分析法时,要对建筑企业内部的优势和劣势与外部环境的机会和威胁进行综合分析,尤其需要将这些因素与竞争对手进行比较。SWOT 分析法的具体步骤如下:

1) 确认企业当前执行的战略,这种战略可能是成功的,也可能是不成功的。

2）确认企业外部环境的关键性变化，把握可能出现的机会和威胁。

3）根据企业的资源组合状况，确认企业的关键能力（优势）和受到的关键限制（劣势）。

4）对所列出的外部环境和内部条件的各关键要素逐项打分，然后按因素的重要程度加权并求其代数和。

5）将上述结果在SWOT分析图上具体定位，确定企业应采用的战略类型，如图3-3所示。

6）在右上角定位的建筑企业，具有很好的内部条件和较多的外部机会，应当采取增长型战略；处于左上角的建筑企业，面临巨大的外部机会，但内部条件受到限制，应采取扭转型战略，充分利用环境带来的机会，设法消除内部劣势；在左下角定位的建筑企业，内部存在劣势，外部面临强大威胁，应采取防御型战略；在右下角定位的建筑企业，具有企业内部优势，但外部环境存在威胁，应采取多种经营战略，利用自身优势，在多样化的经营中寻找企业长期发展的机会。

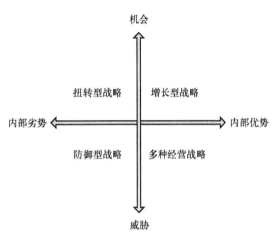

图3-3　SWOT分析法中建筑企业的战略类型选择

3.3 建筑企业战略制定与选择

3.3.1 建筑企业总体战略

建筑企业总体战略是指为实现企业总体目标，对企业未来发展方向做出的长期性和总体性战略。它是统筹经营战略和职能战略的全局性指导纲领，是企业最高管理层指导和控制企业一切行为的最高行动纲领。总体战略主要包括发展型战略、稳定型战略和紧缩型战略三种类型。

1. 发展型战略

发展型战略是一种使企业在现有的战略基础水平上向更高一级的目标发展的战略。发展型战略以发展作为核心内容，引导企业开拓新市场、采用新的生产方式和管理方式，扩大企业生产规模，提高企业竞争实力。

发展型战略是被使用最多的一种战略。它有优点也有弊端，建筑企业在实施决策前应进行充分权衡。发展型战略的优点在于：①可以通过发展扩大企业自身价值。这体现在经过扩张后的企业市场份额和绝对财富的增加。②企业可以通过不断变革创造更高的生产经营效率和效益。由于增长型发展，企业可以获得新机会，避免企业组织老化，使企业充满活力。③发展型战略可以保持企业的竞争力，实现特定的竞争优势。如果在竞争对手都采用发展型战略的情况下，采用稳定或紧缩型战略的企业很可能失去竞争优势。

发展型战略的弊端在于：①采用发展型战略获得初期效果后，很可能导致企业盲目地为发展而发展，破坏企业的资源平衡。②过快的发展可能降低企业的综合素质，由于新增设备、人员太多等而不能形成一个相互协调的系统，从而导致企业出现内部危机和混乱。③可能使企业管理者更多地注重收益率、市场占有率等指标，从而忽视建筑产品的质量。因此，需要建筑企业管理者对发展型战略具备正确而全面的认识，在战略制定过程中进行权衡。

发展型战略包括三大类型，即集中战略、一体化战略和多样化战略。

(1) 集中战略

集中战略是指企业将全部或大部分的资源集中使用于最能代表自己优势的某一技术、某一市场或某种服务上而获得短期内的快速发展。如建筑企业根据市场环境和企业自身条件的分析，将本企业的人力、物力、财力、研发等资源集中于某类建筑工程产品或某种服务领域，以取得相对的竞争优势，占领一部分稳固的市场。

建筑企业在采用集中战略时，还应根据外部环境和企业自身条件等因素，来选择是以市场渗透方式，还是以市场开发方式，或是以产品开发方式等来实现自己的发展模式。集中战略在执行中也存在一些缺点，如可能会因环境变化而带来较大的风险，由于产品和服务单一而限制了企业进一步发展，企业资源不能充分发挥作用等。

(2) 一体化战略

一体化战略是指企业在现有业务的基础上，或进行横向发展，实现规模的扩大，或进行纵向扩展，实现同一产品链上的延长。采用这一战略的优势有三个方面：①将关键的生产过程或阶段纳入本企业，可减少风险或增加获利的可能性，如建筑企业通过后向一体化，可以使企业摆脱建筑原材料供应商的压力，减少供应商利用市场机会而给企业造成原材料供应的不稳定性等；②加强成本和质量的控制；③发展规模经济和降低费用等。

采用一体化战略也会面临一些风险，如由于业务链全部在企业内部而丧失了经营的灵活性，增加了资本投资需求，企业内部的平衡也会出现问题，随之产生管理上的不协调等。

(3) 多样化战略

多样化战略是指企业从现有业务基础上分离出来的，与原有业务特性存在根本差别的业务活动。企业合理的多样化发展，特别是集中多元化的发展，可以充分挖掘企业的核心资源和核心能力，发展更多的业务，为企业提供更广泛的利润源泉。企业可以利用研发能力的相似性、原材料的共同性、施工生产技术及工艺等方面的关联性，充分发挥技术、资本等的作用，取得经济效益。

实施多样化发展战略，可以分散企业的经营风险，提高企业的应变能力，加之技术进步的影响，促使一批以新材料、新技术、新工艺为特征的新兴产业的出现，这既为建筑企业向新的产业领域发展提供了机会，也为建筑企业实行多样化经营提供了丰富的物质基础。企业可以通过多样化发展战略，进入高增长、高收益、高附加值的新兴产业，以减轻日益严重的建筑市场的竞争压力。

2. 稳定型战略

稳定型战略是指在企业的内外部环境约束下，企业准备在战略规划期使企业的资源分配和经营状况基本保持在目前状态和水平上的战略。采用这种战略的建筑企业不需要改变战略方向和经营范围，只需按一定比例提高销售、利润等具体目标就可以了。一般企业处于较稳定的外部环境中，面临的竞争挑战和发展机会都相对较少时，会采用稳定型战略。但一些企业在自身资源状况不足以抓住新的发展机会时，也会不得不采用稳定型战略。

稳定型战略的优点在于：①企业经营风险较小，由于企业维持原有产品和市场领域，避免了因为新产品和新市场开发失败的风险。②能避免因改变战略而改变资源分配的困难。由于经营主要与过去大致相同，因而稳定战略不必考虑原有资源的增量或存量调整。③能避免因发展过快而导致的风险，在建筑行业发展迅速时，许多企业无法看到潜伏的危机而盲目发展，造成企业资源的大量浪费。④能给企业一个较好的休整期，使企业为日后发展做好准备。

稳定型战略的弊端主要表现在：①稳定型战略的执行是以包括市场需求、竞争格局在内的外部环境基本稳定为前提的，一旦外部环境发生变化，会使企业陷入困境。②由于企业自身资源不足，某些企业会在特定细分市场采用稳定型战略，这样相当于企业将资源重点配置在几个特定的细分市场上，如果特定的细分市场发生变化，企业可能处于被动。③稳定型战略容易使建筑企业的风险意识减弱，形成回避风险的企业文化，降低企业风险敏感度和适应性。

稳定型战略的优点和弊端都是相对的，企业在具体执行过程中要注意权衡利弊，准确把握。

3. 紧缩型战略

紧缩型战略是指企业通过出让整个企业或企业的一部分，停止企业的全部或部分经营活动。实施紧缩型战略的主要目的是通过有计划的退出，更多地收回投资。企业采用紧缩型战略的原因很多，如退出前景不佳的经营领域、突出主营业务、改善财务状况、为进入新的业务领域做准备等。

紧缩型战略的优点在于：①能帮助企业在外部环境恶劣的情况下，节约费用，渡过难关。②能在企业经营不善时，最大限度地降低损失。③能够帮助企业实现资产的更优组合，企业将不良运作的业务转移部分或全部资源到新的发展业务上，实现企业长远利益。

紧缩型战略的弊端表现在：①实行紧缩型战略的尺度难以把握。如果盲目使用紧缩型战略，可能扼杀具有发展前途的业务或市场，损害企业利益。②引起企业内部人员的不满。由于紧缩型战略常引起不同程度的裁员或降薪，会造成企业内员工情绪低落，进而损害企业的整体利益。

紧缩型战略可以分为三种类型，即抽资转向战略、放弃战略和清算战略。抽资转向战略是指企业在现有的经营领域不能维持原有的规模或市场，不得不采取缩小生产规模和市场占有率，或者企业存在新的、更好的发展机遇，对原有业务领域进行压缩，为其他业务领域提供资金的战略方案。放弃战略是指在采取抽资转向战略无效时，企业的一个或几个主要部门转让、出卖或停止经营的战略方案。清算战略是指卖掉企业资产或停止整理企业的运行，在业务没有发展希望的情况下，尽可能多地回收企业资产的战略方案。

3.3.2 建筑企业竞争战略

建筑企业竞争战略也称经营战略。建筑企业选择竞争战略的目的是使企业在某一特定的经营领域或细分市场中取得较好的效果。迈克尔·波特提出了三种基本竞争战略：成本领先战略、差异化战略和集中化战略。

1. 成本领先战略

成本领先战略是指通过取得规模经济效益和市场占有率，使企业的总成本低于竞争对手的总成本，甚至成为同行业中的最低成本，从而以低价赢得市场，增加收入，最终获得盈利。成本领先战略是建筑企业经常采用的经营战略。例如，建筑企业降低中标价格，以成本领先优势承揽工程项目。

成本领先战略的理论基石是规模效益（即单位产品成本随生产规模增大而下降）和经验效益（即单位产品成本随积累产量而下降）。成本领先战略重点在于通过各种方式提高效率，降低成本，建立企业成本优势。获取成本优势主要有两个途径：①控制影响企业成本的因素。例如，建筑企业通过不断取得承包合同，增加施工工程量，从而增加管理费、设备折旧费等固定成本的分摊，确立企业成本优势；或者通过专业化施工，随着工人对专业技术的熟练程度不断提高，减少返工、停工现象，从而提高成本优势；或者通过集中采购降低采购费用和材料设备价格，实现预算集中管理，落实项目经理责任制等，达到控制成本目的。②重构价值链。改造企业价值链，省略或跨越一些高成本的价值链活动，采用更好的方式设计、生产产品。例如，建筑构件设计的标准化有助于模板、脚手架等设备的标准化，提高设备利用率，降低施工费用；或者避免使用高成本的原材料和零部件等。

成本领先战略实施的优点在于：企业处于低成本地位，可以抵挡现有竞争对手的对抗；面对客户要求降低建筑工程发包价格，有更大的自主权，增强讨价还价的能力；面对建筑原材料供应价格上涨，可以有更大的灵活性来脱离困境；企业已建立起的巨大生产规模和成本优势，使欲加入该行业的新进入者望而却步，形成进入障碍等。

成本领先战略的风险表现在：①过于重视成本而忽视市场或建筑产品的变化。②易于出现模仿。施工生产技术的变化或新技术的出现，可能会使得过去的施工生产设备或施工经验变得无效，因而变成无效的资源。新进入者通过模仿、总结前人经验或购买更先进的施工生产设备，使得成本更低而后来居上，从而使企业丧失原有的成本优势。

2. 差异化战略

差异化战略是企业使自己的产品或服务区别于竞争对手的产品或服务，从而创造出独特的性能或价值、高水平的客户服务、杰出的产品质量、客户的独享或高档的感觉、迅速创新的能力等。如建筑企业在施工生产技术上和产品上的差异化、客户服务上的差异化等。

差异化战略可以建立的环节包括：①影响企业终端产品质量或性能的采购活动，如对建筑材料的采购。②生产技术活动，如更加安全的施工方式、更加完善的设计、加快交货、提高完成建筑产品的质量。③市场营销和服务，如明确客户需求、提高服务品质。

建筑企业实施差异化战略，有时可能要放弃获得较高市场占有率的目标，因为它的排他性与高市场占有率是不相融合的。实施差异化战略，企业应具备的条件是：较强的研发能力、技术领先的声望、能够吸引人才的物质设施等。

差异化战略的优点在于：建立起客户对建筑产品或服务的认识和信赖，当其价格发生变化时，客户的敏感程度就会降低；客户对企业的信赖和忠诚形成了强有力的行业进入障碍；差异化战略产生的高边际收益增强了企业与原材料供应商的讨价还价能力等。

差异化战略的风险表现在：差异化战略难以在招标投标的竞争中胜出；建筑产品过度差异化，造成报价超过客户认可度；容易被竞争对手学习和复制等。

3. 集中化战略

集中化战略是指企业的经营活动集中于特定的建筑产品或为某一地域上细分市场的客户需求服务的战略。集中化战略呈现多种形式。成本领先战略和差异化战略是在整个行业范围内达到目的，而集中化战略的目的是更好地服务于某一特定的目标，其关键在于能够比竞争对手提供更为有效和更高效率的服务。因此，建筑企业既可以通过差异化战略来满足某一特定目标的需要，又可以通过集中化战略服务于这个目标。

集中化战略适用的场合包括：①目标市场高度专业化或需求特殊，满足这些需求代价高昂。例如，商品混凝土生产的设备购置费较高，而且供应市场特定，因此对于商品混凝土生产企业，集中化战略是最好的选择。②竞争对手没有能力满足目标细分市场需求或无意进入这一市场，采用集中化战略获得这一细分市场，既可以避开竞争，又能够以产品差异性取得效益。③企业由于自身资源能力有限，无力进入更多细分市场，可集中力量以集中化战略取得在某一细分市场上的竞争优势。

集中化战略的优点在于：①便于集中使用整个企业的资源，更好地服务于某一特定目标。②将目标集中于特定的细分市场，企业可以更好地研究与其有关的施工生产技术、市场及竞争对手等各方面的情况。③战略目标集中明确，经济成果易于评价，战略管理过程也易于控制等。

集中化战略的风险表现在：①目标细分市场的不确定性。由于企业的全部力量和资源都投入到某一产品或某一个特定的市场，当客户偏好发生变化、技术出现创新时，企业就会受到很大的打击。例如，过去高等级公路多为水泥混凝土路面，水泥混凝土路面施工任务饱满，但随着改性沥青路面的推广，水泥混凝土路面施工这一细分市场逐渐萎缩。②目标细分市场盈利大，吸引竞争者进入企业选定细分市场，并且采取了优于企业的更集中化的战略，企业的竞争优势就会消失。

3.3.3 建筑企业职能战略

建筑企业各个职能部门直接承担着相应完成企业战略目标的任务。建筑企业的战略目标必须分解至各个职能部门，通过各项职能活动，保证企业战略得以顺利实施。企业完成各项职能活动所采取的战略，称为企业的职能战略。职能战略比总体战略更加具体，制定和实施战略的期限较短，主要涉及协同作用和资源配置等战略构成要素，如企业的人才战略、资本运营战略、技术创新战略、品牌战略等。

1. 人才战略

建筑企业人才战略就是对建筑企业人才工作的全局性或决定性的策略与谋划，它是建筑企业管理的重要组成部分和重要内容。人才战略实施的目的，就是使建筑企业明确人才在企业生存与发展中的特殊性和重要地位，把人才战略置于企业管理的核心，使企业能够识才、爱才、聚才，并且能够知人善用，使优秀人才脱颖而出，能够把个人发展与企业发展有机结合起来，有效地促进人才主观能动性与创造性的发挥，从而使企业在市场竞争中始终处于主动和领先地位。

人才战略是实施建筑企业总体战略所必需的，是战略启动阶段为使战略具体化和可操作化而制定并实施的职能战略；人才战略是提高建筑企业人员素质所必要的，一个企业要发展，必须有高素质的人才，人是最主要的、能动的资源，不论是领导成员，还是管理成员或作业人员，都是不可缺少的，都要求具备必要的素质，以适应各岗位的需求。

建筑企业人才战略的主要内容是：明确人才战略在企业管理中的地位以及企业人才战略的目标，并对企业人才资源的历史、现状及未来的发展趋势进行分析，对企业发展环境的优势与劣势做出正确评估，确立企业人才选拔与任用的基本原则与基本思路，制订企业人才资源的发展计划，并制定企业使用人才的绩效评价、奖惩等一系列激励体系。

2. 资本运营战略

建筑企业资本运营战略就是在对现有的资金市场充分分析和认识的基础上，根据企业实际财务状况，选择企业的投资方向，确定融资渠道和方法，调整企业内部财务结构，保证建筑企业经营活动对资金的需要，以最佳的资金利用效果来帮助企业实现战略目标。

建筑企业资本运营战略的确定方法：①外部财务环境分析，即企业从外部筹集资金和投资活动的可能性与影响因素，企业或其他机构之间的资金往来关系或资金市场状况等。②企业内部资金条件分析。建筑企业内部资金条件分析是在对企业内部资金流动和积累及企业的财务结构和状况等进行充分分析的基础上，为适应复杂的外部环境，在企业总体战略的指导下，制定出适合企业特点的资本运营战略。

建筑企业资本运营战略包括以下内容：

（1）筹资战略

筹资战略主要是根据建筑企业经营的实际需要量，针对现有的筹资渠道，选择资金成本最低的筹资方案，即在对筹资数额、期限、利率、风险等方面统筹考虑后，选出满意的方案。

（2）投资战略

投资战略内容的设定是基于一定假设的，即各种备选的投资方案是可以预见的；各种投资方案预知的内容是分析决策的依据；决策的目标是最大限度地增加企业收益。其具体内容包括投资战略决策方法的确定、固定资产投资策略的确定及流动资产投资策略的确定。

（3）利润分配战略

不同的建筑企业之间利润分配战略的差别较大。利润分配是企业眼前利益和长远利益的矛盾所在。利润分配战略所要解决的利润分配问题主要包括利润的再投资、通货膨胀与股利、合理的利润留成、利润分配政策的制定、股利政策的制定、股票拆细政策、股票回购政策等。

（4）财务结构战略

财务结构战略主要是在对建筑企业当前财务结构有正确估价的基础上，结合企业的经营现状，通过调整各种比率、杠杆，确定最有助于企业战略目标实现的财务结构。财务结构战略的主要内容应包括流动性比率、资产管理比率、获利能力比率及保障比率等的分析，经营杠杆、财务杠杆及综合杠杆程度的分析等。

3. 技术创新战略

建筑企业技术创新是指企业以追求利润最大化为目的，建立效率更高、费用更低的生产经营系统，从新型建筑产品或新工艺、新材料、新技术、新设备的研究开发、实验生产到实际应用的综合过程。技术创新是建筑企业争市场争效益的关键，是竞争优势的基础。建筑企业技术创新战略是在一定的时空条件下，面对有限的创新资源，在内外部环境分析的基础上，所做出的技术创新目标的总部署，以及为实现该目标所进行的全局性、长期性的谋划。技术创新战略包括自主创新战略、引进创新战略、模仿创新战略和合作创新战略。

（1）自主创新战略

自主创新战略是指建筑企业依靠自身的力量独自完成创新工作的创新战略。它减少了与外部协调的不确定性，可以降低交易费用、提高创新效率，但企业也要独自承担创新的全部风险。自主创新战略应该是建筑企业努力的方向，由于自主创新需要企业有雄厚的研发实力、研究成果积累和资金实力，技术水平和创新能力水平不高且抗风险能力较弱的建筑企业不宜采用自主创新战略。

(2) 引进创新战略

引进创新战略是指建筑企业在率先创新企业的示范影响和利益引导下，通过合法手段（购买专利、专有技术、工法等方式）引进新材料、新技术、新工艺，并进行改进的一种创新战略类型。引进创新并不是原样仿造，而是有所发展、有所改善。引进创新是我国建筑企业现阶段较为现实的一种战略选择，可以使落后企业在较短的时间内提高技术水平。

(3) 模仿创新战略

模仿创新战略是指建筑企业通过学习和模仿率先进行创新的建筑企业的创新战略思路、工艺、技术、材料、机具和创新行为，吸取其成功的经验和失败的教训，破译其核心技术与工艺的秘密，并在此基础上改进完善，并进一步开发的技术创新战略。模仿创新战略是大部分建筑企业参与市场竞争的有力武器。模仿创新战略的投入相对于自主创新战略要少，却能最大限度地吸取技术创新企业的成功经验和失败教训以及优秀的技术成果。模仿创新适用于工艺技术的研究开发，在模仿创新战略中，如果能够扬长避短，充分发挥模仿创新战略所带来的后发优势，就能有效地提高企业的研发能力。模仿创新战略的弊端在于，以模仿和跟随为特征，在竞争中会处于被动地位，核心技术信息可能被封锁，形成技术进入壁垒。

(4) 合作创新战略

合作创新战略是指两个或两个以上企业或机构凭借各自技术力量合作实施的创新战略。合作创新战略包括建筑企业与企业之间的合作、建筑企业与科研设计院所之间的合作、建筑企业与高校之间的合作。推动产学研合作创新是建筑行业技术创新战略的重要内容，也是建筑企业技术创新战略的重要模式。

4. 品牌战略

品牌是用于识别产品和服务并以此来和竞争者区别开来的名称、符号、标志、设计或它们的组合。对建筑企业而言，品牌不仅能够吸引资本、开辟市场，还是凝聚人才的旗帜。建筑企业品牌的核心是向业主或客户长期提供一组特定的利益和服务，一个好的品牌可以传达企业对建筑产品质量和服务的承诺。

建筑企业实施品牌战略的目的在于扩大公众认知度、增强企业竞争力和实现企业的可持续发展。实施品牌战略可以扩大市场份额，用品牌来扩大产品或服务的影响，提高竞争力，扩大市场占有率，是企业实现总体战略的利器。

3.4 建筑企业战略实施与控制

3.4.1 建筑企业战略实施

建筑企业战略实施是贯彻落实企业战略方案，实现企业长远战略目标的过程。建筑企业战略实施过程一般包括以下几个步骤，如图3-4所示。

1. 战略评价与选择

基于建筑企业内外部环境和竞争优势的分析，对企业的总体战略、竞争战略和职能战略进行评价和选择,并为战略的有效实施奠定合理和坚实的基础。

2. 对企业战略目标的说明

战略目标是企业战略的核心,表明企业的行动纲领和长期努力的方向,可以定量地加以描述,也可以定性地描述。这种战略目标与具体的、分阶段目标有着本质的区别,战略目标应该是概括性的和非限制性的阐明。

3. 确定企业分阶段目标

分阶段目标是建筑企业向其总体战略目标前进时欲达到的、有时间限制的里程碑,如年度目标。一般需要对分阶段目标尽可能具体与定量地加以阐述,重点是保障实现总体目标。企业的分阶段目标常常与行动计划和规程联系在一起,而这些行动计划与规程是为达成企业总体目标而采用的具体工具和措施。

4. 编制企业行动计划和规程

行动计划就是关于完成一项任务必须执行的行动或步骤的描述。在建筑企业战略实施阶段,这些行动计划常常包括经营布局、

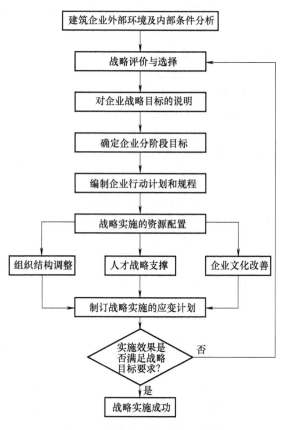

图 3-4 建筑企业战略实施过程

产业调整、人力资源、技术开发、市场开拓、投资融资、现金流及资产负债计划等。规程是详细描述完成一项具体项目或工作所需的一系列步骤和技巧,有时被称为标准操作规程。这些活动是实现企业战略目标所必需的,因而规程必须在进度、质量、成本等方面满足战略目标的要求。

5. 战略实施的资源配置

建筑企业战略资源是指企业用于战略实施的有形资源、无形资源和人力资源的总和。资源配置是指按照分阶段目标所确定的优先顺序对资源进行的重新配置,用以保证行动计划的顺利实施。有形资源包括实物资源、财务资源和组织资源;无形资源包括技术资源、文化资源、信息资源和社会资源等;人力资源是介于有形资源和无形资源之间的一种特殊资源,包括企业拥有的人才的智慧、经验、知识和能力,反映了企业的知识结构、技能和决策能力。

6. 制订战略实施的应变计划

企业战略基本上是依据各种对环境的预测与假设进行推论而得出的,在某种程度上正确反映了客观现实,具有诸多可取之处,但它毕竟包含了相当程度的主观性。各种环境因素在一定时间内都可能发生突如其来的变化,与其仓促应战,不如早备对策。假如将制订应变计划作为整个战略实施过程的一个正式组成部分,建筑企业就可以应对各种瞬息万变的环境,在错综复杂的竞争中独领风骚。

3.4.2 建筑企业战略控制

在建筑企业战略实施过程中,由于企业外部环境和内部条件发生了变化,或战略本身存在缺陷,战略实施的结果可能偏离预定的战略目标。建筑企业战略控制就是把战略实施过程中所产生的实际效果与预定的目标和评价标准进行比较,评价工作业绩,发现偏差,采取措施,以达到预期的战略目标。

1. 建筑企业战略控制过程

建筑企业战略控制是一个调节的过程,一般步骤如图 3-5 所示。

(1) 确定衡量执行效果的标准

建筑企业的战略目标是战略控制的依据和前提,战略执行效果标准包括定性标准和定量标准两类。在定性标准评价方面,一般包括:战略内部各部分内容具有统一性;战略与环境保持平衡性;战略执行中注重其风险性;战略在时间上保持相对稳定性;战略与企业资源保持匹配;战略具有可操作性。定量标准有三种类型:以历史数据为基础拟定的标准;以同行的平均水平、先进水平或竞争对手所达到的水平作为标准;按照一定的准则,以大家所公认的标准作为评价标准,具体指标包括销售增长额、市场占有率、利润额、利润率、投资收益等。

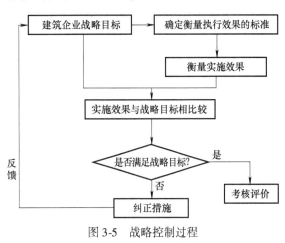

图 3-5 战略控制过程

(2) 衡量实施效果

建筑企业管理人员需要收集和处理数据,检查外部环境和内部条件变化时所产生的信号,判断和衡量实现企业效益的实际条件。此外,为了更好地衡量实施效果,建筑企业还要制定出具体的衡量方法和衡量范围,保证衡量的有效性。

(3) 实施效果与战略目标相比较

建筑企业将实施效果与战略目标进行比较,确定两者之间的差距,并尽量分析出形成差距的原因。一般来说,形成差距的原因主要有外部环境变化,如企业管理者为追求短期利润而忽视长期使命,职能部门或事业部为追求本部门局部利益而忽视企业整体利益等。

(4) 纠正措施

为了纠正战略实施过程中出现的偏差,使实际效果与预期目标趋于吻合,对建筑企业战略进行适时地纠正或变革显得十分重要。建筑企业的成败常常取决于管理者是否具备战略控制与调整的能力。常见的纠正措施包括:在正常的生产经营活动中改变企业广告、宣传形式;组织结构调整;企业文化整合;开拓新的市场领域等。

(5) 反馈

在建筑企业战略控制中,反馈是一个重要的环节。在环境发生变化时,反馈可以根据评价结果,提出调整与创新的需要。如果要进一步保证反馈的效果,则需要一个学习的过程。建筑企业管理人员应认真分析不同的输入所产生的结果,把握输入与结果的关系的不完整性。企业管理人员掌握了输入与结果的关系，着眼点就会发生变化，从而有效地控制整个系统。

2. 建筑企业战略控制类型与方法

（1）战略控制类型

1）事前控制。在战略实施之前，要制订好正确有效的战略计划，该计划要得到企业高层领导人的批准后才能执行。

2）事中控制。企业高层领导者要控制企业战略实施中的关键性过程或全过程，随时采取控制措施，纠正实施中产生的偏差。

3）事后控制。经营活动之后，才把战略活动的结果与控制标准相比较，这种控制方式工作的重点是要明确战略控制的程序和标准，把日常的控制工作交由职能部门人员去做，即在战略计划部分实施之后，将实施结果与原计划标准相比较，由企业职能部门及各事业部定期将战略实施结果向高层领导汇报，由领导者决定是否有必要采取纠正措施。

（2）战略控制方法

1）财务控制。财务控制的任务是使财务支出限定在一定水平，尽量降低成本，并使所有资产都得到有效利用。这种控制方式覆盖面广，包括预算控制和财务报表分析等。

2）生产控制。生产控制是对建筑产品的品种、数量、质量、成本、交货期及服务等方面的控制。

3）人员控制。建筑企业对人员进行控制的主要方法就是对其行为和绩效的评价。对员工行为过程控制是根据管理者的直接观察做出主观判断；对员工绩效评价则是运用评价标准与其工作结果进行对比衡量，再根据评价结果给予奖惩。

4）质量控制。建筑企业工作质量控制不仅包括生产工作的质量，还包括领导工作、设计工作、信息工作等一系列非生产工作的质量。质量控制的范围包括生产过程和非生产过程的其他一切控制过程，质量控制是动态的。

5）信息控制。信息是企业战略控制不可缺少的资源。不精确、不及时、不完整甚至过多的信息对战略决策和实施会造成阻碍作用。通过建立和开发一套信息管理系统，保证建筑企业在正确的时间以正确的数量向正确的部门、为正确的人提供正确的信息，是企业战略控制的重要手段。

复习思考题

1. 论述建筑企业战略管理的必要性。
2. 战略管理过程的四个阶段是什么？你认为哪个阶段最重要？
3. 你认为建筑企业宏观环境的构成要素中，哪种要素对建筑企业的战略影响最大？
4. 建筑行业的五种竞争力量是如何影响行业竞争的？
5. 你认为建筑企业的资源和能力是如何相互影响的？
6. 建筑企业外部环境分析和内部条件分析之间有何区别与联系？
7. 建筑企业使命的定位应该主要解决哪些问题？
8. 建筑企业的职能战略应包括哪些内容？
9. 你认为建筑企业战略的实施应包括哪些内容？
10. 建筑企业战略控制一般有哪些步骤？

第4章

建筑企业经营管理

4.1 建筑企业经营概述

4.1.1 建筑市场经营

1. 建筑市场经营的含义

建筑市场经营又称建筑市场营销,是指建筑企业经营销售建筑商品和提供服务以满足业主(用户)需求的综合性生产经营活动。建筑市场经营的主体是建筑企业和建设单位(用户)。建筑市场经营的最终目的是达成建筑商品交换,满足客户需求,建筑企业获得利润。建筑市场经营是企业生产经营活动中极其重要的一环。

2. 建筑市场经营的内容

建筑企业进行市场经营,主要需要开展以下工作:

1)建筑市场调查。有目的、有计划地收集、整理和分析建筑市场的各类信息,为建筑企业的市场决策提供市场需求、竞争对手和市场环境等方面的资料。

2)建筑工程投标。在获得市场需求信息后,通过编制标书及开展有关工作,通过合法竞争获取工程项目承包权。

3)选择经营方式。建筑企业经营方式有很多,应根据工程项目特点和建设单位实际情况选择合适的经营方式。建筑企业经营方式是建筑企业与建设单位达成交易时就应明确的内容。

4)谈判与签订合同。建筑商品交易是一种期货交易,必须事先签订工程合同,明确双方的权利和义务。签订合同的过程就是讨价还价的过程,即谈判过程。

5)索赔和中间结算。在建筑产品形成的过程中,因种种原因,工程项目会出现变更。这些变更会影响价格和工期,这就需要甲乙双方通过协调达成一致意见,这种协调即索赔或签证。按合同规定,非一次性付款的工程项目,在完成部分交易后,应办理中间结算。

6)竣工结算。建设项目竣工验收后,甲乙双方完成交接,同时结算全部工程价款,建筑商品交易最终完成。

3. 建筑市场的竞争

建筑市场的竞争主要反映在以下几个方面：

1）建筑产品价格的竞争。任何产品，包括建筑产品在内，物美价廉才有竞争力。所以，建筑企业需要设法不断降低产品成本，以合理的低价出售产品，这样才更具竞争力。

2）建筑产品质量的竞争。在市场竞争中，产品质量好的企业能战胜质量低劣的竞争对手。因此，建筑企业要不断采用新技术、新材料、新工艺，开展全面质量管理，不断提高工程质量，从而提高企业信誉，求得生存和发展。

3）工期的竞争。能否按期交工或提前交工，也是市场竞争的重要因素。所以，建筑企业要组织好施工，按期保质保量交工，为市场竞争打下良好的基础。

此外，建筑市场的竞争还表现在交工后服务质量的竞争，建筑产品的功能、规格、样式方面的竞争。随着社会的进步和人们生活水平的提高，人们对建筑产品的质量要求也越来越高，高品质在产品竞争中也变得越发重要。

总之，建筑市场的竞争会促进建筑企业加强管理，提供更好的产品，为社会服务。

4.1.2 建筑企业经营方式

1. 建筑企业经营方式的发展

建筑企业经营方式是指建筑企业向建设单位或服务对象提供建筑产品或服务的方式，也是建筑企业获得工程任务并组织建设时所采取的经营管理方式。随着社会生产力的发展、科学技术的进步，建筑企业经营方式也在不断演变。在国外，最典型的是英国，其建筑企业经营方式的发展经历了五个阶段，如表4-1所示。

表4-1　建筑企业经营方式的发展

经营方式	经营方式图示	阶段
业主自营方式	业主→工匠、工匠、工匠	第一阶段 （14世纪）
	业主→营造师→工匠、工匠、工匠	第二阶段 （14—15世纪）
	业主→建筑设计师、营造师→工匠、工匠、工匠	第三阶段 （15—17世纪）

（续）

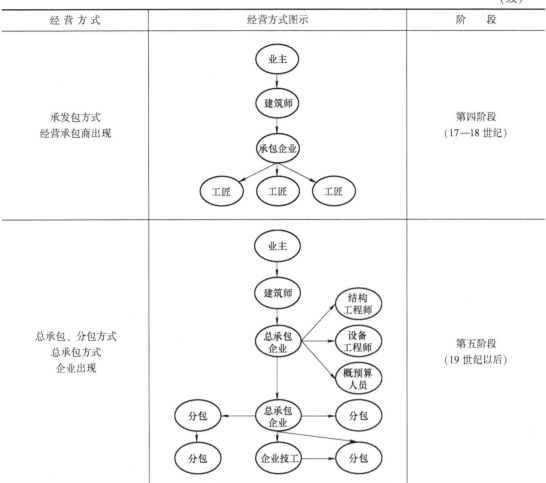

经营方式	经营方式图示	阶段
承发包方式 经营承包商出现		第四阶段 （17—18世纪）
总承包、分包方式 总承包方式 企业出现		第五阶段 （19世纪以后）

表中前三个阶段是按业主自营方式进行建筑经营活动的。第四阶段出现了承包商，业主作为发包者，进行建设项目发包。建筑师、工程师作为业主顾问，负责建设项目规划调查、设计和施工监督。建筑企业作为承包商，负责建设项目的施工建设。三者相互独立又相互协作，通过经济合同联系起来。承发包方式出现以后，自营方式在国外就几乎不存在了。第五阶段，进入19世纪后，又出现了总承包企业。到20世纪，它已具备了较完善的体系，逐渐形成了以承发包为主要特征的承包企业的多种经营方式。近些年来，又出现了建设管理模式（CM模式）、总承包模式（EPC模式）等承包经营方式。这些先进的经营方式出现，改变了以往传统经营方式单调、落后的局面。

2. 建筑企业经营方式的分类

（1）工程总承包

工程总承包是将工程的全部或一部分实施过程由建筑企业来承包建设的方式。采用这种承包方式，建设单位一般只要提出使用要求和竣工期限，承包单位即可对项目建议书、可行性研究、勘察设计、设备询价与选购、材料订货、工程施工、生产职工培训直至竣工投产的全部内容或一部分内容实行全方位的总承包，并负责对各项分包任务进行综合管理、协调和监督工作。

工程总承包的方式按其包含的内容不同,有施工总承包、设计+施工总承包(D+B)、设计+采购+施工总承包(E+P+C)模式、采购+施工总承包(P+C)等方式。这种承包方式要求承发包双方密切配合。涉及决策性质的重大问题仍应由建设单位或其上级主管部门做最后决定。这种承包方式主要适用于各种大中型建设项目。它的好处是可以积累建设经验和充分利用已有的经验,节约投资,缩短建设周期并保证建设的质量,提高经济效益。这种承包方式对承包单位提出比较高的要求,必须具有雄厚技术经济实力和丰富组织管理经验的建筑企业才能胜任。

(2) 阶段承包

阶段承包的内容是建设过程中某一阶段或某些阶段的工作,如可行性研究、勘察设计、建筑安装施工等。在施工阶段,可依承包内容的不同,细分为以下三种方式:

1) 包工包料,即承包工程施工所用的全部人工和材料。这是国际上较为普遍的一种施工承包方式。

2) 包工部分包料,即承包者只负责提供施工的全部人工和一部分材料,其余部分则由建设单位或总承包单位负责供应。

3) 包工不包料,即承包人仅提供劳务而不承担供应任何材料的义务。在国内外的建筑工程中都存在这种承包方式。

(3) 专项承包

专项承包的内容是某一建设阶段中的某一专门项目,由于专业性较强,多由有关专业承包单位承包,故称专业承包。例如,可行性研究中的辅助研究项目,勘察设计阶段的工程地质勘察、供水水源勘察、基础或结构工程设计、工艺设计、供电系统、空调系统及防灾系统的设计,建设准备过程中的设备选购和生产技术人员培训,以及施工阶段的基础施工、金属结构制作和安装、通风设备和电梯安装等。专项承包通常以分包方式存在。

(4) "建造-经营-转让" 承包

国际上通称BOT方式,即建造-经营-转让(Build-Operate-Transfer)的英文缩写,是近些年我国较为流行的一种带资承包方式。其程序一般是由某一个大承包商或开发商牵头,联合金融界基金公司等组成联合体,就某一工程项目向政府提出建议和申请,取得建设和经营该项目的许可。这些项目一般是大型公共工程和基础设施,如隧道、港口、高速公路、电厂等。政府若同意建议和申请,则将建设和经营该项目的特许权授予该联合体。联合体即负责资金筹集、工程设计和施工的全部工作。竣工后,在特许期内经营该项目,通过向用户收取费用以回收投资、偿还贷款并获取利润。特许期满即将该项目无偿地移交给政府。

4.2 建筑企业经营预测管理

4.2.1 预测的概念和分类

1. 预测的概念

预测是根据过去资料和现时情况,运用已有的科学方法和手段,来探索客观事物未来的发展，并做出定性或定量的估计和评价，以指导和调节人们的行动。预测研究的对象是未来，但它立足的是现在和过去，它是以变化、联系的辩证观点，研究事物的今天，预言事物的明天。预测的目的在于做出决策，为未来的不确定因素提供信息和数据。

2. 预测的分类

（1）按预测时间划分

1）长期预测，一般是指对预测对象在5年或更长时间可能发生的状况所做的推测和预计，又称远景预测。

2）中期预测，一般是指1年以上5年以下的预测，是长期预测的具体化和短期预测的依据。

3）短期预测，一般是指年度、季度或月度预测，又称近期预测。

为了使长期预测、中期预测和短期预测在时间上协调一致，弥补各自的不足，减少差异，可在预测体系中制定一个滚动式的预测方案，不断修正预测结果，以保持预测结果的科学性和完整性。

（2）按预测范围划分

1）宏观预测，即对整个国民经济或一个地区、一个部门发展前景的预测，如固定资产投资方向、建筑产品的构成比例预测等。

2）微观预测，即对一个企业、一个单位发展情况的预测，如对企业经济活动状态的估计、资源需求预测等。

（3）按预测的方法划分

1）定性预测，即通过直观材料或判断的方法对事物的未来发展变化趋势进行分析。定性预测又称直观判断预测，是在数据不足的情况下，或难以获得数据，或没有必要收集详细的数据时，凭借个人的经验、知识或集体的智慧和直观的材料，对事物的性质和规定进行预测，而不是依靠复杂的数学工具进行的预测。

2）定量预测，即根据历史数据，采用相应的数学公式或数学模型对事物未来发展变化趋势进行量的分析。它是在原始数据比较充足或数据来源多且稳定的情况下常采用的方法，比定性预测更为精确。

3）综合预测，即综合采用两种或两种以上方法进行的预测。综合预测可以是定性与定量预测综合、定性与定性预测综合、定量与定量预测综合，但多数情况下是定性与定量预测综合。

4.2.2 建筑企业经营预测的内容

1. 建筑市场预测

在市场调研的基础上，对企业外部经营环境进行预测，对建筑市场的需求和供应进行预测、对建筑市场的竞争形势及竞争态势的变化趋势进行预测，对企业工程任务来源进行预测等。

2. 企业资源预测

企业资源预测是对企业所需材料、资源的需求数量、供应来源、配套情况、满足程度和供应条件等进行预测。

3. 企业生产能力预测

企业生产能力预测是对企业人员、机械设备的需求变化情况的估计，也包括对劳动力需求、劳动力供应条件的估计。

4. 企业技术发展预测

企业技术发展预测包括建筑施工技术、管理技术、企业技术改造和设备更新的预测。即新产品、新技术、新工艺、新机械、新材料的预测；此外还有利润、成本预测，多种经营方向预测等内容。

4.2.3 经营预测的基本程序

1. 确定预测目标和要求

预测目标的确定直接影响着预测对象、范围、内容以及预测方法的选择等一系列工作的安排。不同的预测目的有不同的要求，因此，确定预测目标和要求是预测全部工作的关键，对以下各步起着指导作用。预测目标和要求应尽量详细具体，这样操作时才能具体实施。

2. 收集整理资料

预测资料的数量和质量直接关系到预测结果的精确度。因此，在收集资料时，一方面要考虑资料的准确性；另一方面还要考虑资料的相关性。对收集到的资料要加工整理，去伪存真。

3. 选择预测方法

各种预测方法都有其不同的原理、特点和适用性，要根据预测目标和资料占有情况，综合分析。预测方法的选择标准有预测期的长短、信息资料的多少、历史数据的类型和预测费用、预测结果和精度要求以及预测方法的实用性。

4. 进行预测

利用现有的资料和选定的预测方法进行预测。由于客观经济现象错综复杂，在预测时尽量同时采用几种预测方法进行比较、验证，这样可以减少预测失误，提高预测的准确性。

5. 预测结果分析

对预测结果进行分析，检查是否达到预期目标，预测误差是否在允许的范围之内，预测结果是否合理等。如果得出否定的结论，则需重新确定预测目标或选择其他预测方法，再次进行预测。预测结果产生一定的误差是必然的。因此，这就需要一方面分析预测模型中所没有考虑到的因素，把它加到预测结果中去进行修正；另一方面，还要根据自己的经验、推理、知识去判断预测结果是否合理并进行修正。有时在原来的模型不能如实地反映客观事物发展时，还需重新进行追踪预测。

6. 提出预测报告

预测结论得以确认后，便可以提出预测报告，供决策者参阅。预测报告中至少应包括预测结论及建议等。

7. 追踪与反馈

提出预测报告后，还要追踪预测报告的结论及建议是否被采用，实际效果如何等，对追踪的结果进行反馈，以便在下一次预测时，纠正偏差，改进预测方法。

经营预测的基本过程如图 4-1 所示。

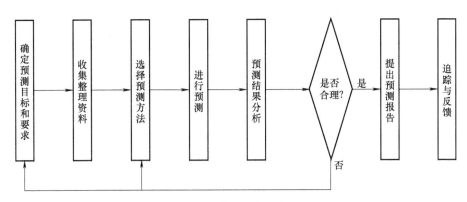

图 4-1 经营预测的基本过程

4.2.4 经营预测的方法及应用

1. 定性预测方法及应用

随着科学技术的发展，社会现象日益复杂，市场情况瞬息万变，企业在进行经营预测时，有许多问题无法定量化，或难以获得充足的数据资料作为依据，也有许多问题定量化的代价是昂贵的。对于此类情况，只能依靠人的主观经验和综合分析能力，对未来事物的发展状况做出判断，这就要应用定性预测方法。下面介绍几种常用的定性预测方法：

(1) 个人判断法

个人判断法又称专家个人判断法，是以专家个人的知识、经验和综合分析能力为基础，对预测对象未来发展变化趋势做出的个人判断。这种方法简便易行，能迅速得到预测结果，但有一定的片面性，容易受到专家研究领域、知识面、资料占有量等因素的影响，且缺乏讨论交流的氛围，难免带有片面性和主观性。实践中它常与其他预测方法结合使用。

(2) 专家会议法

为弥补个人判断法的不足，人们创立了专家会议法。专家会议法又称专家意见法，是根据预测的目的和要求，选定一定数量的专家，向有关专家提供一定的背景资料，通过会议的形式，发挥专家集体的智能结构效应，对某一经济现象及其发展趋势进行推断。这种方法简便易行，占有的信息资料和考虑的影响因素较多，可以充分发挥集体智慧的作用，弥补个人知识和经验的不足。但受专家个性和心理因素或其他专家意见的影响，同时受参加人数和讨论时间的限制，会影响预测的科学性和准确性，为此要注意专家的选择和操作技巧。

(3) 德尔菲法

德尔菲法又称专家意见征询法。这种方法采用匿名的方式，就预测的问题征询有关专家的看法和意见，然后将所得的各种意见加以综合、归纳和整理，再反馈给各个专家，进一步征询意见，经过多次这样的反复和循环，直到预测的问题得到较为满意的结果。

采用这种预测方法，专家互不见面，因而可以消除相互之间心理上的影响，做到自由、充分地发表自己的意见。通过反馈，每个专家都知道持有的不同意见及原因，有机会修改自己的意见。这种方法不仅建立在集体判断的基础上，还使用了一定的统计方法。

(4) 头脑风暴法

头脑风暴法也称智力激励法，即在不受外界任何影响，也不产生任何心理压力的情况下，充分发挥专家的聪明才智和创造性思维能力的一种预测方法。具体地说，头脑风暴法就是针对某一问题，召集有关人员参加小型会议。在融洽轻松的会议氛围中，与会者敞开思想、各抒己见、自由联想、畅所欲言、互相启发、互相激励，使创造性设想起连锁反应，从而获得众多解决问题的方法。头脑风暴法作为一种创造性的思维方法，在预测、规划、技术革新以及决策等许多领域得到了广泛的应用。

(5) 定性预测结论的形成

通过主观预测得到的结果大部分都是定性的，为了便于比较，有时要进行整理、加工，最后用定量的数据表示预测的结果。

1) 主观概率法。主观概率法是预测者对预测事件发生的概率做出主观估计，然后计算它的平均值，以此作为预测事件结论的一种方法。

使用主观概率法，当持各种意见的专家人数不同或专家们的实际经验和知识不同时，可对不同概率给予不同的权重，用加权平均法求其预测值。

2) 主观记分法。事先予以不同的事件或方案不同的计分标准，由预测者根据自己对事件的估计，按标准评定得出分值，这种方法称为主观记分法。对分数的整理和比较有许多方法，常用的有平均值法、加权平均法、比重系数法等。

2. 定量预测方法及应用

(1) 时间序列分析法

这是目前普遍采用的经济预测基本方法。该方法是将历史资料和数据按时间顺序排成一个序列，根据时间序列所反映的经济现象的发展过程、方向和趋势，进行时间序列外推或延伸，以预测经济现象未来可能达到的水平。它撇开对事物发展变化的因果关系的具体分析，直接从时间序列统计数据中找出反映事物发展的演变规律，从而预测目标的未来发展趋势。

时间序列分析法有两个基本特点：其一，它承认在影响事物变动的基本因素未发生改变的情况下，其发展具有延续性；其二，承认事物发展的不规律性，所以采用各种方法对数据进行处理，消除不规律（偶然性）因素的干扰和影响。经济社会中的各种事物或现象的时间序列组成十分复杂，按它们作用的效果大致可分为长期趋势、季节性变化、循环变动和偶然性波动等，相应的预测方法也有许多，这里简要介绍几种常用的方法。

1) 移动序列平均法。这种方法假定待预测事物的未来状况只与近期的状况有关，而与较远期的状况无关。因此，只要选用预测期前 N 期的 N 个数据平均，即得预测期的数据。根据平均值的不同算法，移动序列平均法又分为简单移动序列平均法和加权移动序列平均法。

① 简单移动序列平均法。把过去数据对预测值的影响作用等同看待，采用简单算术平均法计算预测值。其预测模型为

$$F_{t+1} = \frac{\sum_{i=1}^{t-N+1} V_i}{N} \quad (4-1)$$

式中　F_{t+1}——第 $t+1$ 期的预测值

　　　V_i——第 i 期的实际值

　　　N——与预测期有关的临近期数

② 加权移动序列平均法。考虑远近不同的历史数据对预测值的影响不同，而给予一定

的权重再移动序列平均。一般来说,距预测期越近的数据,对预测值的影响作用越大,给予的权重也应越大。其模型为

$$F_{t+1} = \frac{\sum_{i=t}^{t-N+1} W_{t-i+1} V_i}{\sum_{i=1}^{N} W_i} \tag{4-2}$$

或

$$F_{t+1} = \frac{W_1 V_t + W_2 V_{t-1} + \cdots + W_N V_{t-N+1}}{W_1 + W_2 + \cdots + W_N}$$

式中 W_{t-i+1}——与 V_i 对应的权重,可结合实际经验加以选择。

移动序列平均法是一种修匀法,可以消除时间序列中由于偶然因素所引起的不规则变动,以反映事物发展的总趋势。只是其反映程度取决于 N 值选择的大小:一般 N 取值较小,预测结果比较灵敏,能较好地反映数据变动的趋势,但修匀性较差;N 取值较大则刚好相反。因此,应根据预测事物变化的复杂状况、历史数据的多少和预测的目的与要求,适当地选择 N 值。移动平均序列法计算简便,但需要大量的数据,适用于进行短期预测。

2)指数平滑法。指数平滑法是以指数形式的几何级数作为权重来考虑不同时期数据的影响,并将这些数据加权移动平均的一种预测方法。其预测模型为

$$F_{t+1} = \alpha V_t + (1 - \alpha) F_t \tag{4-3}$$

式中 α——平滑指数($0 \leq \alpha \leq 1$)。

由式(4-3)可推得

$$F_{t+1} = \alpha V_t + \alpha(1-\alpha) V_{t-1} + \alpha(1-\alpha)^2 V_{t-2} + \cdots$$

从上式可以看出,指数平滑法就是对不同时期的数据给予不同的权重,既强调了近期数据对预测值的作用,又未完全忽略远期数据的影响。

3)趋势预测法。一个经济变量在一定时期内大致沿某一趋势呈线性或非线性变化,以这类问题为研究对象,预测事物未来发展趋势的方法,称为趋势预测法。

① 线性趋势预测。当经济变量在某一时间内近似呈线性趋势时,可把时间的序列数作为变量 x,把所研究经济变量在各个时期的数值作为变量 y,则线性趋势预测模型为

$$y = a + bx \tag{4-4}$$

式中 a,b——待定的系数。

利用最小二乘法,a 和 b 分别由下式确定:

$$b = \frac{N \sum x_i y_{ai} - \sum x_i \sum y_{ai}}{N \sum x_i^2 - (\sum x_i)^2}$$

$$a = \frac{\sum y_{ai}}{N} - b \frac{\sum x_i}{N} \tag{4-5}$$

式中 N——数据点数;

x_i,y_{ai}($i = 1, \cdots, N$)——实际数据点。

根据时间序列的特点,可以将时间序列数适当取值,使 $\sum x_i = 0$,从而使计算简化。由此上述计算公式简化为

$$b = \frac{\sum x_i y_{ai}}{\sum x_i^2}$$

$$a = \frac{\sum y_{ai}}{N} \qquad (4\text{-}6)$$

② 非线性趋势预测。如果某经济变量时间序列的增减变化不是等量，则其发展趋势就表现为非线性。对这种情况，一般要先将历史数据在图上标识出来，观察数据点的分布趋势，或者通过数据分析确定出变化规律，然后再拟合成近似的曲线方程进行预测。

例如指数曲线趋势预测，若经济变量在各时间序列的增值率大体相同，则其增长变化趋势表现为指数曲线规律。其方程式为

$$y = ab^x \qquad (4\text{-}7)$$

利用对数运算，并令 $y' = \lg y$，$A = \lg a$，$B = \lg b$，则式（4-7）变为

$$y' = A + Bx$$

这样就可以利用直线预测的方法进行预测了。

4）季节性变动的预测。在建筑企业的生产经营活动中，经常会出现季节性变动的现象，为了适应生产的要求，搞好均衡生产，有必要掌握这种季节性变动的规律。

季节性变动比较复杂，它既包括趋势性变化，又包括季节性变化，或者还有偶然性变化等。季节性变动预测的目的是要分析季节变动因素对趋势发展的影响作用，并以此来预测未来趋势。

（2）因果分析预测法

因果分析预测法就是根据事物内在的因果关系来预测事物发展趋势的方法。社会经济现象是普遍联系和相互依存的，通过分析各种原因或条件对现象变化的影响作用来推测未来情形。因果关系预测法常用的主要是回归分析法，依据自变量次幂的不同，可分为线性回归和非线性回归；按自变量个数不同，可分为一元回归和多元回归。因果分析法一般适用于中长期预测，下面介绍几种简单常用方法：

1）一元线性回归预测法。一元线性回归预测法是当两个经济变量之间存在线性相关关系时采用的一种回归方法。

2）多元线性回归。客观经济现象是极其复杂的，往往受多种因素的制约或影响，如果这些因素难以分清主次，就需要进行多因素的分析。这时，仅采用一元回归分析是不够的，而需要进行多元回归分析。多元回归是指两个或两个以上的自变量与一个因变量的变动分析。当变量之间存在线性关系时，称为多元线性回归分析。多元线性回归方程式为

$$y = a + b_1 x_1 + b_2 x_2 + \cdots + b_n x_n \qquad (4\text{-}8)$$

式中　y——因变量；

$x_1, x_2, \cdots, x_n$——自变量，即诸多影响因素；

$a, b_1, b_2, \cdots, b_n$——参数，即回归系数。

3）非线性回归分析。在实际问题中，有时变量的关系并不是线性变化的，而是数据呈曲线分布。此时一般采用非线性回归分析进行预测。非线性回归分析经常采用的一种方法，是进行变量变换，把许多拟合曲线问题变换为拟合直线问题来处理，即把非线性问题变换为线性问题来处理。例如数据分布类似于双曲线的形状，选双曲线 $\frac{1}{y} = a + b\frac{1}{x}$ 为拟合曲线。

令 $y' = \dfrac{1}{y}$, $x' = \dfrac{1}{x}$，则 $y' = a + bx'$，这样就把一个非线性回归问题变换为一元线性回归问题。

4.3 建筑企业经营决策管理

4.3.1 经营决策的概念、特征及其分类

1. 经营决策的概念

企业的决策是指为实现一定的目标、解决一定的问题，有意识地寻求多种实施方案，按决策者的智慧、经验、胆识和决策标准，进行比较分析，最终确定较理想方案并予以实施及跟踪的过程。

这个概念包括以下五层含义：

1) 决策是一个动态过程。决策活动包括从确定目标、方案比选、方案实施跟踪到方案修正的全过程。没有这一系列过程，决策就容易陷于主观、盲目，导致失误。

2) 决策的目的是实现企业的一定目标或解决企业发展中的某一问题。企业经营管理中每个时期都有一定的目标，为实现企业的目标要解决许许多多的问题，要想正确解决这些问题，使企业的经营有更好的经济效益，就必须进行科学的决策。

3) 决策的核心问题是如何进行多方案的选择。但凡要做决策，都必须有意识地拟定不同的实施方案，然后根据决策的标准选出较理想的方案。只有通过比较、鉴定，才能做出正确的决策。

4) 决策要有科学的标准和依据。决策要提倡用科学的数据说话，排除主观成见，但又要体现决策者的智慧、经验和胆识。只有这样，才能使开拓精神与实事求是的精神相结合。

5) 决策选择结果一般应是较理想的方案。影响一项事物发展的因素十分复杂，在有限时间内、有限条件下，不可能对所有因素都给予同样的考虑。因此，决策只能做到尽可能圆满，而不可能做到完美无缺。

2. 经营决策的特征

1) 目标性。目标是组织在未来特定时期内完成任务程度的标志。
2) 可行性。不仅要考虑采取行动的必要性，而且要注意实施条件的限制。
3) 选择性。不仅具备选择的可能，而且具备选择的依据。
4) 满意性。用"满意"代替"最优"。
5) 过程性。决策是一系列决策的综合，每项决策都是完整的过程。
6) 动态性。决策是一个过程，又是一种适应。

3. 经营决策的分类

企业生产经营管理活动中所进行的决策十分广泛，可划分成多种类型。

(1) 按决策重要程度及其分工划分

按决策重要程度及其分工，决策可划分为战略决策、管理决策和业务决策。战略决策是对企业全局性重大问题所做的决策，如经营目标、产品结构、市场开拓等方面的决策。它是企业最高管理阶层所做的决策。管理决策又称战术决策，它以战略决策为指导，根据战略决策的要求解决执行中的问题，结合企业内外条件，安排一定时期的任务，解决生产中存在的

某些缺陷，进行企业内部的协调与控制，实现系统优化。这类决策主要由企业的中级管理层负责制定。业务决策是为了提高企业日常工作效率的一种决策，主要解决作业任务中的问题。其特点是技术性强、时间紧，一般由基层负责制定。

（2）按决策的形态性质划分

按决策的形态性质，决策可划分为程序化决策和非程序化决策。前者是指可按一套常规的处理方式进行的决策，主要适用于企业的例行性工作或经常反复出现的活动。后者是一种不重复出现的非例行性的决策，由于非例行性的事件往往变化大、影响因素多、突发性强，因此不可能建立起一个固定的决策模式，常常要依靠决策者的知识、经验、信息和对未来发展的判断能力来做出决策。

（3）按时间因素划分

按时间因素，决策可划分为长期决策和短期决策。长期决策往往与长期规划有关，并较多地注意企业的外部环境。短期决策是实现战略目标所采取的手段，它比前者更具体，考虑的时间也更短一些，主要着眼于企业内部，通过生产要素的优化配置与动态管理，实现战略目标。

（4）按决策应用的方法划分

按决策应用的方法，决策可划分为定性决策和定量决策。前者是不用或少用数据与模型，主要凭借决策者的经验和判断力在众多可行方案中寻找满意方案的过程，主要适用于缺乏数据或需要迅速做出决定的场合。后者是借助于数据分析与量化模型进行决策的方法。

（5）按确定性程度划分

按确定性程度，决策可划分为确定型决策、风险型决策和不确定型决策。确定型决策是指影响决策的因素或自然状态是明确的、肯定的，某一行动方案的结果也是确定的，因而比较容易判断与选择。风险型决策又称随机型决策，是指某一行动方案的结果不止一个，即多种自然状态，究竟哪一种自然状态会出现不能确定，但其出现的概率可知。在这类问题的决策中，企业无论采用何种方案都存在风险。不确定型决策是指某一行动方案可能出现几种结果，即多种自然状态，且各种自然状态的概率也不确定，企业是在完全不确定的情况下进行决策的。

（6）按决策目标的数量划分

按决策目标的数量，决策可划分为单目标决策与多目标决策。前者是指决策所追求的目标只有一个。后者是指决策所追求的目标是多个。

（7）按决策阶段划分

按决策阶段，决策可划分为单阶段决策和多阶段决策。单阶段决策也称单项决策或静态决策，是某个时期的某一问题的决策，它所要求的行动方案只有一个。多阶段决策也称序贯决策或动态决策，是为实现决策目标而做出一系列相互关联的决策，前一阶段的决策结果直接影响后一阶段的决策。因此，多阶段决策追求的是整体最优。

4.3.2 经营决策的基本程序

1. 明确经营问题

进行经营决策，是为了解决已经发生和将要发生的经营问题。但是，经营实际达到的状况与应该达到的状况或希望达到的状况之间存在着差距，这个差距就是经营问题。

首先，要发现问题。明确企业应当达到和希望达到的经营状况，确定企业的实际经营状况，对比上述两项经营状况找出差距。

其次，要确定问题，即通过对经营问题产生的时间、地点和条件等情况的分析，确定问题的特点、范围和发展趋势。

最后，在确定问题的基础上分析产生问题的原因，尤其要查找产生问题的主要原因，并寻找解决问题的办法。

2. 确定经营目标

经营目标是经营决策的出发点和归宿点。企业根据经营目标做出经营决策，而经营决策又必须保证经营目标的实现。

经营目标是国家、社会、建筑企业和员工等各方利益和要求的综合反映。在确定经营目标时，必须深刻了解和正确处理各种经济利益关系，满足各方面的要求。在确定经营目标时，一般应注意以下几方面的问题：

1）要把经营目标建立在需要与可能的基础上。

2）要使经营目标明确、具体，尽可能量化，以便于衡量经营决策的实施效果。对不能以量化表示的目标，要采用间接的表示方式，使其具有相对计量性。

3）要弄清必须达到和希望达到的主要目标和次要目标，并设法减少目标项数，以便于决策。

3. 制定可行性经营方案

所谓可行性经营方案，就是指能够解决某个经营问题，保证经营目标实现和具备实施条件的经营方案。

经营方案的制定过程大体从提出设想开始，经过收集、整理、加工，组成几种初步方案。对初步方案进行筛选，去掉不合要求或不具备实施条件的方案，再加以修改、补充和完善，初步预估执行结果，形成可行性经营方案。

4. 评价和优选经营方案

一旦有了可行性经营方案，就要对决策方案进行全面细致的评价，从中优选方案。在优选方案时，一般要做好以下几个方面的工作：

一要考虑企业经营环境的变化，预测各个可行性经营方案的经济效果和社会效果。可行性经营方案都是面向未来的方案，它的效果要经过一定时期才能实现。决策时只能通过预测求得方案的效果，而方案效果实现与执行期间的客观环境变化有着密切的关系。因此，在预测方案的效果时，就要预测客观环境的可能变化，特别对那些决定企业成败的环境因素，更应认真考虑。

二要确定决策方案的评价标准。一般说来，可把经营目标作为评价标准，或把经营目标具体化后的指标作为评价标准，看经营方案的作用和经济效果、社会效果是否接近标准。同时，要看企业处于什么样的经营环境。经营环境不同，对影响决策方案效果因素的要求也不同，有的可能从主要地位下降到次要地位，有的可能从次要地位上升到主要地位。如工程质量影响到工程投标能否中标时，质量就是需要考虑的因素。对决策方案的选择，通常可采用以下方法：

1）经验判断法，是指根据人们的实际经验和判断能力来选择方案的方法。

2）数学分析法，是指采用数学方法来选择方案的方法，即将有些方案的变量与变量之间、变量与目标之间的关系通过数学模型来反映，并以此进行优选的方法。

3）试验法，是指根据试验的过程及结果来选择方案的方法。因为有些经营方案的决策，既缺乏经验，又无法用数学方法分析选择，只能选择几个典型单位进行试验，如新施工工艺、新材料、新制度的试用和试行，都是一种试验。当经营方案经过反复讨论、计算、比较、思考，仍然没有较大把握时，可用这种方法来做最后选择。

不论采用什么方法对方案进行评价优选，都要注意技术上的可行性和经济上的合理性。如果方案需要较大的一次性投资，还要考虑企业的财力是否能够承受，如向银行贷款必须考虑是否有偿还能力，以确保经营决策的顺利实施。

5. 经营决策方案的执行和反馈

根据经营决策编制经营计划。在编制和执行计划时还会发现问题，需要找出原因，制定措施，解决问题，实际上这也是一种决策。经营决策的反馈主要是指在决策执行过程中，通过执行情况与目标的比较来发现问题。发现问题就要查明原因，制定相应措施解决问题，以保证决策目标的实现。

4.3.3 经营决策的方法

1. 定性决策方法

决策科学的发展，特别是电子计算机在决策中的应用，为采用定量方法解决复杂的决策问题创造了条件，使决策的科学性与可靠性不断提高。但这并未阻碍定性决策方法的发展，定性决策方法仍是人们经常使用的决策方法之一。这是因为：

1）定性与定量相结合的分析方法，是人们正确认识事物发展内在规律的首要途径。进行定量决策时，任何模型都是对系统的抽象描述，不可能包容系统内的所有影响因素，而只能抓住问题的主要矛盾。因此，定量方法不能离开定性分析而独立存在。

2）迅速决策是企业经常面临的现实问题。定性决策主要凭借决策者的经验和判断力，因此，在企业的迅速决策方面实用性强。

3）定量决策一般需大量的统计资料，当企业资料不全或遇到新问题时，进行定量决策往往难度较大，而定性决策则具有优势。

因为社会现象比较复杂、变化快，定性决策在企业经营管理中仍然占有十分重要的位置。即使是定量决策，也需要决策者根据更多的限制条件做出最好的决定。

定性决策是充分发挥人们智慧进行决策的一种方法。在定性决策时，决策者的理论水平、经验阅历、能力素质往往起决定作用。但现代经营管理日趋复杂，所需各种专门知识越来越多，一个人的知识、经验往往是有限的。因此，定性决策常依靠专家的智慧进行集体决策。集体决策由于集思广益、互相学习、取长补短，考虑问题既广泛又深入，因此使决策具有充分的根据，能保证决策的有效性。定性决策多用于外部环境变化大、影响决策的随机因素多且错综复杂、多种因素难以用数量表示的综合性战略决策。常用的定性决策方法有专家会议法、德尔菲法、小组决策法等。

总之，尽管定性决策很重要，但不能片面强调定性决策的重要性而忽略定量决策，两者是相辅相成、不可偏废的。一般凡是可以用数量来表示决策的条件及决策结果的问题，应当力求用定量决策来辅助决策者的决策。但定量决策不能取代决策者的观念和逻辑思维能力，两者应当结合使用，使决策更加符合实际。

2. 定量决策方法

定量决策方法也称为计量决策或硬技术方法，是运用数学计算的方法。它主要是把与决策相关的变量与变量之间、变量与目标之间的关系用数学函数表示出来，建立数学模型，然后根据决策条件得出决策答案。这种方法的优点是决策方案的优劣界限比较清楚，易于对比分析、评价与选择，大大增加决策的可靠性，从而提高决策的质量。其不足之处是对某些影响因素，如政治、社会以及人们心理上的影响因素很难用具体的数字表示。该类方法主要有确定型决策方法、风险型决策方法和非确定型决策方法。

（1）确定型决策方法

1）线性规划法。线性规划法主要用于解决有限资源的最佳配置，即如何利用有限的资源做出最佳方式的调配和最合理的使用，以便最充分地发挥资源的效能，获得最佳经济效益。通常是在一些线性等式或不等式的约束条件下，寻求线性目标函数的最优值。对于一般的线性规划问题，常采用单纯形法求解；但对于有两个或多个决策变量的线性规划，可以使用图解法求解。

运用线性规划建模的步骤：①确定影响目标函数大小的决策变量，列出目标函数方程；②找出目标函数的约束条件；③确定目标函数解的情况，有解还是无解，如果有解，有多少解；④判断目标函数最优值的情况，如果存在最优值，确定其大小。

2）量本利分析法。量本利分析法又称保本分析法或盈亏分析法，是指通过分析生产量或销售量、成本与利润三者的关系，以及盈亏变化规律为决策依据的定量方法。量本利分析法在企业经营管理中具有广泛的用途。

量本利分析法的基本原理是企业在进行生产经营活动过程中，基于利润最大化的目标往往面临着盈利与亏损两种结局，在盈利与亏损之间临界点的利润为0，其所对应的生产量或销售量就是保本生产量或保本销售量。而保本生产量或保本销售量是企业面对外界市场环境变化可以控制的决策变量，因此，保本生产量或保本销售量成为量本利分析法的核心。

（2）风险型决策方法

风险型决策问题具有以下基本特点：①每个备选方案都受到不能肯定的外部环境状态影响；②每个方案可能遇到的自然状态可以估计出来；③各种自然状态出现的概率可以估计出来。风险型决策方法有损益期望值准则和决策树法。

1）损益期望值准则。所谓损益期望值，就是某方案实施后，在各种自然状态下可能得到的损益值的"期望"。这里的"期望"是概率论中的一个数学概念，表示若干随机数值的概率平均值。损益期望值的计算方法是将每一个备选方案在不同状态下的损益值与对应状态下的概率相乘之后相加。计算出损益期望值后，选择收益值最大或损失值最小的方案作为最优方案。具体公式如下：

$$E(A_i) = \sum_{j=1}^{n} b_{ij} p_j \quad j = 1,2,3\cdots,n \tag{4-9}$$

式中　$E(A_i)$——第 i 个方案的损益期望值；

　　　b_{ij}——第 i 个方案在第 j 种状态下的损益值；

　　　p_j——第 j 种状态下的概率。

2）决策树法。决策树法的基本原理是以损益期望值为依据，通过计算损益期望值做出决策。不同的是决策树法是一种图解法，能够直接反映决策的过程，对分析较复杂的决策问题更有效。

决策树的构成有五个要素：决策点、方案分支、状态点、概率分支和结果点。分析决策问题时，首先画出决策点，一般用方框表示；决策点下引出方案分支，有几个方案引几条方案分支；方案分支下是状态点，一般用圆圈表示；状态点下引出概率分支，有几种状态就引几条概率分支；在每条概率分支上注明该种自然状态以及自然状态出现的概率，同时在概率分支的末端标注方案在自然状态下的损益值。决策问题一般有多种方案和多种自然状态，所以有多条分支线。在画决策树时一般由左向右、由简向繁，根据问题的层次展开构成一个树形图，如图4-2所示。

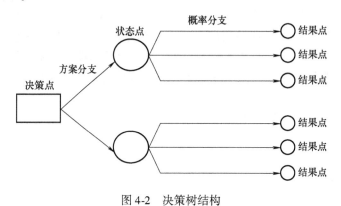

图4-2 决策树结构

应用决策树法进行决策的程序为：首先，根据决策问题画出决策树；然后，根据决策树最右端的结果和概率分支上的概率，从右至左逐步计算出同一方案在不同状态下的期望值；最后，根据不同方案期望损益值的大小进行选择，从而得到最优方案。

某方案期望损益值 = $\sum$ 某种自然状态的概率 × 该自然状态下的损益值

（3）非确定型决策方法

非确定型决策方法的特点与风险型决策方法的特点基本相同，只是无法估计各种状态出现的概率，只能根据各方案在不同状态下可能获得的损益值，用分析估计的方法决策。采用非确定型决策方法主要遵循以下准则：

1）乐观准则。乐观准则是指决策者对客观事实抱乐观态度，总把客观事实想得很顺利，在顺利的情况下，寻找一个最好的方案。决策的方法是在给出的决策损益值表中，先从各方案在不同状态下的损益值中选大的，再从这些大的损益值中选最大的，这个损益值所对应的方案就是决策方案。

2）悲观准则。悲观准则是指决策者对客观事实抱悲观态度，总把客观事实想得很不顺利，在不顺利的情况下，寻找一个最好的方案。这是一种非常保险的决策方法，对于那些风险较大的问题，可以采用这种方法。决策的方法是在给出的决策损益值表中，先从各方案在不同状态下的损益值中选小的，再从这些小的损益值中选最大的，这个损益值所对应的方案就是决策方案。

3）后悔值准则。用后悔值准则首先要明确什么是后悔值。所谓后悔值，就是在给定的自然状态下，一个方案可能取得的收益值（或损失值）与该状态下的最大收益值（或损失值）的差距。采用后悔值准则决策，首先根据决策损益值表计算出方案的后悔值，并列表表示；然后在给出的后悔值表中，先从各方案在不同状态下的后悔值中选大的，再从这些大的后悔值中选最小的，这个后悔值所对应的方案就是决策方案。

4）机会均等准则。机会均等准则决策认为各种状态出现的机会是均等的，如有种 n 状态，则每种状态发生的概率都是 $1/n$。这种方法实际上是将非确定型决策问题转化为风险型决策问题，再用损益期望值准则或决策树法进行决策。

3. 多目标决策

（1）多目标决策的基本思想

在决策分析中，往往需要同时考虑多个目标。例如，建筑企业承揽工程任务时，不仅要考虑承包的产值，还要考虑利润、产品质量、工期、物资消耗等各个目标。这些目标既有主次之分，又可能相互抵触，必须统筹兼顾，这就是多目标决策问题。

多目标决策的基本思想包括以下几方面：

1）减少目标。在不影响决策要求的前提下，需要对各个目标的情况做全面分析，并在此基础上进行分类、压缩和归并，尽量减少目标个数，简化工作。减少目标通常有几种方法：去掉无法实现的目标；裁减处于从属地位的目标；合并相似的目标；淘汰没有比较价值的目标。

2）淘汰劣解。采用两两对比的方法，分析各个可行方案，淘汰各方面均不占优势和达不到水平的方案，减少供最后选择的方案数目。

3）综合判断。多个目标在同一问题中都达到最优值往往是很难的，这就要求决策者通过综合判断，权衡轻重，进行适当的处理。主要的处理方法包括：

① 抓主要矛盾法。根据各目标的重要性，分清主次，把主要的列为目标，次要的降为约束条件，就可以把多目标问题转化为单目标的数学规划问题。

② 综合目标法。将多个目标综合在一起，形成一个综合目标，从而可以根据综合目标值做出决策。综合目标可用数学形式表达为

$$G = f(g_1, g_2, \cdots, g_n) \tag{4-10}$$

综合目标 G 是各目标 g_1，g_2，$\cdots$，g_n 的函数。综合目标常用货币折成综合价值指标来描述。无法用货币表现的目标，也可用其他方面的指标，如工时、效用等来综合，还可用无量纲的指数、分数等来综合。在综合时，还可以根据各目标在决策考虑中的重要性而给予不同的权数。

③ 目标分层法。根据目标的相互关系，进行目标的分层处理，并按重要程度排列顺序，对相对重要的目标优先选择。

（2）多目标决策的基本方法

1）使主要目标优化兼顾其他目标的方法。这种方法是将多目标决策问题转化为单目标决策问题。设有 n 个目标函数 $f_1(x)$，$f_2(x)$，$\cdots$，$f_n(x)$，但在 n 个目标中有一个是关键目标，例如为 f_1，且要求对该目标最大化，在这种情况下，只要使其他目标处于一定范围，仅仅对 f_1 进行最大化，就可以将多目标决策问题转化为单目标决策问题。

2）综合评分法。其步骤为：

① 按评分标准评价各目标在各可行方案中的得分 $V_{ij}(i=1,2,\cdots,n; j=1,2,\cdots,m)$，其中，$n$ 为目标个数，m 为方案个数。

② 根据各目标的相对重要性，分别赋予权重 W_i。

③ 计算各目标在各可行方案中的实际得分 $U_{ij} = W_i V_{ij}$。

④ 计算各方案的总分 U_j，并以总分最高的方案为最优决策方案 $U_j = \sum U_{ij}$。

3）线性加权法。设有 n 个目标函数 $f_1(x)$，$f_2(x)$，…，$f_n(x)$，且这些目标均为求最大化或最小化目标，可以给每一个目标一个相应的权系数 $\lambda_j (j=1,2\cdots n)$，构成新的目标函数，即

$$\text{Max} F(x) = \sum \lambda_j f_i(x) \tag{4-11}$$

从而采用单目标决策方法求解。

如果在多目标分析中，或由于各个目标的量纲不统一，或有的目标函数值要求最大，有的要求最小，则可把目标函数值变成效用值或者采用其他无量纲化处理方法，再应用线性加权法。如何选用适当的权系数是一个较难解决的问题，一般只能根据经验或专家意见确定。此外，多目标决策还有目标规划法、层次分析法等。

4.4 建筑企业投标、采购与报价管理

4.4.1 工程投标与采购管理

1. 工程投标的概念与特点

（1）工程投标的概念

工程投标是指各投标人依据自身能力和管理水平，按照招标文件的统一要求递交投标文件，争取获得实施资格。投标文件应当按照招标文件、设计文件要求的深度编制，应当由具有相应资格的注册建筑师签章，并加盖单位公章密封后，在规定时间内递送给招标单位。

（2）工程投标的特点

1）公正，程序规范。按照《招标投标法》，招标投标双方之间具有法律效力的规则一般不能随意改变。当事人双方必须严格按既定程序和条件进行招标活动。招标投标程序由招标人和招标机构组织实施。

2）公开，透明度高。招标是在尽可能大的范围内寻找合乎要求的中标者。在公开招标时，招标人要在指定或选定的报刊或其他媒体上刊登招标通告，让所有潜在的投标人参加投标；招标人提供给承包商或供应商的招标文件必须对拟采购的货物，工程或服务做出详细的说明，使投标人有共同的依据来编写投标文件；招标人事先在招标文件中规定评标标准。在提交投标文件的最后截止日公开开标；严格禁止招标人与投标人就投标文件的实质内容单独谈判。这样，招标投标活动完全置于公开的社会监督之下，可以防止不正当的交易行为。

3）公平，客观。招标投标全过程自始至终按照事先程序和条件，本着公平竞争的原则进行。在招标公告或投标邀请书发出后，任何有能力或有资格的投标者均可参加投标。招标人不得有任何歧视某一个投标人的行为；同样，评标委员会在组织评标时也必须公平客观地对待每一个投标人。

4）交易双方一次报价成交。一般交易往往在进行多次谈判之后才能成交。工程招标则不同，禁止交易双方面对面地讨价还价。

2. 投标程序

按照招标人和投标人的参与程序，可将投标程序概括划分成投标准备阶段、标书制作

阶段和中标成交阶段，如图 4-3 所示。

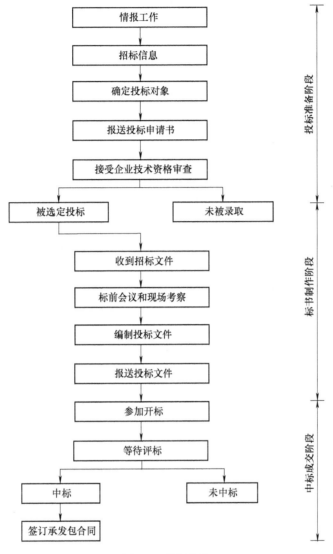

图 4-3　投标程序

（1）投标准备阶段

①收集招标信息，确定投标对象；②报送投标申请书，接受企业技术资格审查。

（2）标书制作阶段

①通过资格审查，收到招标文件；②标前会议和现场考察；③编制投标文件并按时报送。

（3）中标成交阶段

①开标；②评标；③定标；④中标者签订承包合同。

3. 采购管理的内涵及原则

（1）采购管理的内涵

建设项目招标投标采购，是在市场经济条件下进行工程建设项目的发包与承包所采用的一种交易方式。在这种交易方式下,通常由工程发包方作为招标人,通过发布招标公告或者向一定数量的特定承包人发出招标邀请等方式发出招标信息,提出项目的性质、数量、质量、工期、技术要求以及对承包人的资格要求等招标条件。由各个有意提供服务的承包商作为投标人,向招标人书面提出自己对拟建项目的报价。经招标人对各投标者的报价及其他条件进行审查比较后,从中择优选定中标者与其签订合同。

(2) 采购管理的原则

1) 公开原则。它是指招标投标活动应该有较高的透明度,具体表现在建设工程招标投标的信息公开、条件公开、程序公开和结果公开。

2) 公平原则。它是指所有当事人和中介机构在建设工程招标投标活动中享有均等机会,具有同等的权利,履行相应的义务,任何一方都不受歧视。

3) 公正原则。它是指在建设工程招标投标活动中,按照同一标准实事求是地对待所有的当事人和中介机构。

4) 诚实守信原则。它是指在建设工程招标投标活动中,当事人和有关中介机构应当以诚相待、讲求信义、实事求是、做到言行一致、遵守诺言、履行成约。诚实守信原则是建设工程招标投标活动中的重要道德规范,也是法律上的要求。

4.4.2 工程估价与工程报价

1. 工程估价与工程报价的概念

(1) 工程估价

工程估价就是计算完成工程所需的费用,实际上就是确定企业承包工程的成本,因此,工程估价又称工程成本估价,简称估价。工程估价是投标竞争性的估价,因此,作为企业本身来说,工程估价的核心是挖掘工程成本各组成部分的潜力,为投标报价提供准确的依据。

(2) 工程报价

工程报价又称工程标价,是各个投标企业以其工程估价为基础确定的承包工程价格。一般来说,工程投标报价是由工程估价、风险费和工程利润三部分组成的。投标报价不仅反映了承包企业为完成工程的实际个别劳动消耗水平、生产技术和管理水平,同时也反映了投标企业的市场竞争策略。

2. 工程估价的基本程序

(1) 分析和研究招标文件

通过对招标书、设计图等招标文件的分析和研究,了解工程规模、范围、工期、质量等要求和工程性质、类型、意图等。

(2) 现场调查

收集与工程有关的技术经济资料,以便深入研究招标文件。

(3) 确定工程整体施工规划方案

其主要内容包括主要施工方案、进度安排、确定分包工程项目、确定主要资源的供应来源、主要临时设施等。

(4) 计算工程费用

计算各项费用时,主要考虑的是如何确定反映企业水平的工程成本。

1) 施工方案要结合企业具体情况,因时、因地、因工程制宜,把企业的优势反映出来。

2）要有反映本企业水平的各类消耗定额。由于各个企业的经营管理和技术水平不同，各类消耗定额的水平也应不同。

3）要有反映企业水平的预算单价。如材料预算单价，除材料出厂价格外，材料的采购、运输、加工、保管等项费用，也因各个企业经营管理水平不同而不同。

4）要有反映企业水平的管理费计算办法和计算标准。各个企业由于管理层次和机构设置不同，管理工作效率不同等，也应有不同的管理费计算办法和标准。

3. 工程报价构成与决策分析

建筑工程投标竞争，报价是关键。报价过低，无利可图，甚至中标后会导致承包企业亏损；报价过高，中标率就会降低，失去竞争性。因此，准确计算和合理确定报价是夺标的重要前提。

（1）工程报价构成分析

在工程报价构成中，关于工程估价前已述及，下面仅就风险费和工程利润做简要分析。

1）风险费估计。风险费又称不可预见费，是指承包企业对一项具体工程施工中可能发生风险的估计。风险费估计太大，会降低中标概率；估计太小，如一旦发生，会使企业盈利降低，甚至亏损。因此，确定风险费是非常复杂的问题。在确定风险费时，通常需要考虑以下几个因素：

① 工程成本估价精确程度。工程估价不精确，则风险费应加大；反之，则减小。

② 工程量计算精确程度。

③ 施工中自然环境的不可测因素，如气候及其他自然灾害。

④ 市场竞争的风险，如材料供应、价格波动等风险。

⑤ 工程项目的技术复杂程度，对工程的熟悉程度。

⑥ 工期长短。工期越长，不可预见和不可控因素越多，风险也越大。

⑦ 建设单位的社会和商业信誉及与其合作关系等。

2）利润的确定。在投标报价中，如何确定利润，不能单纯考虑在投标竞争中获胜，还要考虑争取获得满意利润这个经营目标。承包企业在各项工程中所希望得到的利润，应结合承包企业的长期利润、近期利润以及单项工程利润综合进行考虑。

长期利润的确定，不同企业具有不同的标准，它主要取决于建筑业全行业平均利润率的水平。但企业在对具体工程进行投标时，由于工程特点和投标企业在投标时的特殊情况和处境，不得不调整其长期利润，使之服从具体利润，显然这项利润也就是希望的近期利润。对其单项工程利润的确定，则要视其投标企业对招标工程"积极性"而定，根据"积极性"的大小来调整其利润的高低。

此外，在承包企业确定工程利润率时，还要通过承包工程的预期利润率与机会利润率的比较，选择利润率超过向其他途径投资利润率的工程来承包。

（2）投标报价决策

1）投标报价定性决策。投标报价决策是在投标报价与工程估价相比较的基础上进行的决策，主要研究如何求得中标与利润率之间的平衡。如果以社会平均利润率为基准，报价可分为高、中、低三种。

① 高价决策。采用高价决策一般有两个方面的原因：本企业对工程具有垄断性的专业

优势，或拥有施工技术专利权；本企业有较多项目选择机会，或工程任务饱满。

② 低价决策。这是微利或保本决策。采用低价决策通常有企业内部的原因：企业面临开工不足，难以维持企业正常开支；通过低价吸引力进入新市场，或开发新的专业技术领域。

③ 中间定价决策。企业一般在开标之前获得竞争对手的报价信息，临时决定提高或降低原报价，以求得中标或增加盈利机会。

2）投标报价定量决策方法——具体对手法。具体对手法是在已知竞争对手是谁以及竞争对手的数量时所采用的投标竞争方法。采用这种方法进行投标报价决策，其标准就是期望值标准。因为该标准既考虑了报价后中标获利能力，也考虑了投标获胜概率，从而满足企业实现长期稳定利润的要求。

4. 工程报价的策略与技巧

（1）削价和加价因素

在投标报价决策中，可以考虑下列削价和加价因素：

1）削价因素。包括以下几个方面：

① 对于大批量工程或有后续工程、分期建设的工程，可适当减计大型临时设施费用。

② 对于施工图设计详细无误、不可预见因素小的工程，可减计不可预见费。

③ 对无冬雨期施工的工程，可免计冬雨期施工增加费。

④ 对工期要求不紧、无须赶工的工程，可减免计夜间施工增加费。

⑤ 技术装备水平较高的承包商，可减计技术装备费。

⑥ 采用先进技术、先进施工工艺或廉价材料等，也可列入削价范围。

2）加价因素。包括以下几个方面：

① 合同签订后的设计变更，可另行结算。

② 签订合同后的材料价差变更，可另行结算或估算列入报价。

③ 材料代用增加的费用，可另行结算或列入报价。

④ 大量压缩工期增加的赶工措施费用，可增加费用。

⑤ 把握不准，防止意外费用发生可在允许范围内增加报价。

⑥ 无预付款的工程，可考虑增加流动资金贷款利息，列入报价。

⑦ 要求垫支资金或材料的，可增加有关费用。

一般来说，施工合同签订后增加的费用，应另行计算，不列入报价。

（2）不平衡报价法

不平衡报价法是指一个工程项目的投标报价在总价基本确定后，如何调整内部各个项目的报价，以期既不提高总价、不影响中标，又能在结算时得到更理想的经济效益。投标人一般可在以下几种情况下采用不平衡报价法：

1）能早日结账收款的项目（如开办费、基础工程、土方开挖桩基等）可以报得较高，将投标开支、保函手续费、临时设施费、开办费等资金摊算到早期工程价格中去，以利资金周转；后期工程项目（如机电设备安装、装饰、涂装等）的报价可适当降低。

2）经过工程量核算，预计今后工程量会增加的项目，单价适当提高，这样在最终结算时可得到更多的资金；相反，对于预计工程量会减少的，降低其项目单价。

3）设计图不明确，估计修改后工程量要增加的，可提高单价；而工程内容不清的，则可适当降低单价。

4) 对暂定项目要具体分析，因为这类项目开工后要由建设单位研究决定是否实施，由哪家承包商实施。

5) 在单价包干混合计价合同中，建设单位要求采用包干价报价部分的项目宜报高价。首先是因为这类项目风险较大；其次，这类项目一般按报价结算。

4.5 工程承包合同管理

4.5.1 工程承包合同的概念

工程承包合同是指建筑工程项目的业主与承包商为完成一定的工程建设任务，明确双方权利和义务的协议，也是承包商进行工程建设、业主支付价款的合同。

工程承包合同是一种诺成合同，合同订立生效后双方应该严格履行。

工程承包合同也是一种双务、有偿合同，当事人双方都应当在合同中有各自的权利和义务，在享有权利的同时也必须履行义务。

4.5.2 工程承包合同的基本内容

建设工程施工合同内容复杂、涉及面广，为了避免施工合同的编制者遗漏某些重要条款，或某些条款的约定责任不够公平合理，住房和城乡建设部以及国家工商行政管理总局根据工程建设的有关法律、法规，结合我国建设工程施工合同的实际情况，并借鉴国际上通用的土木工程施工合同的成熟经验和有效做法，推出了《建设工程施工合同》，并分别于1999年和2013年对其进行了修订。它规定建设工程承包合同主要包括以下内容：

1. 协议书

合同协议书是施工合同的总纲性法律文件，经过双方当事人签字盖章后合同即可成立。

标准化的协议书格式文字量不大，需要结合承包工程特点填写的主要内容包括工程概况、工程承包范围、合同工期、质量标准、合同价款、合同生效时间，并由明确对双方有约束力的合同文件组成。

2. 通用条款

通用的含义是，所列条款的约定不区分具体工程的行业、地域、规模等特点，只要属于建设工程均可适用。

通用条款包括：词语定义及合同文件；双方的一般权利和义务；施工组织设计和工期；质量与检验；安全施工；合同价款与支付；材料设备供应；工程变更；竣工验收与结算；违约、索赔和争议；其他。共11部分、47个条款。通用条款在使用时不做任何修改，原文照搬。

3. 专用条款

由于具体实施工程项目的工作内容各不相同，施工现场和外部环境条件各异，因此还必须有反映招标工程具体特点和要求的专用条款的约定。其具体内容由当事人根据发包工程的实际要求细化。

4. 附件

建设工程承包合同中还应该包括"承包人承揽工程项目一览表""发包人供应材料设备

一览表"和"房屋建设工程质量保修书"三个标准化附件。如果具体项目的实施为包工包料承包,则可以不使用"发包人供应材料设备一览表"。

4.5.3 工程总承包合同管理

EPC(设计+采购+施工)总承包是最典型和最全面的一种工程总承包方式,业主仅面对一家承包商,由该承包商负责一个完整工程的设计、施工、材料设备供应等工作。EPC 总承包商还可将承包的一些设计、施工或设备供应等工作分包给相应的分包商去完成,自己负责相应的管理工作。

1. EPC 总承包合同的订立

(1)合同的订立过程

1)招标。业主在工程项目立项后开始招标。业主通常需要委托工程咨询公司按照项目任务书起草招标文件。招标文件的内容包括投标者须知、合同条件、业主要求和投标书格式等。业主要求作为合同文件的组成部分,是承包商报价和工程实施的最重要依据,主要包括业主对工程项目目标、合同工作范围、设计和其他技术标准、进度计划的说明,以及对承包商实施方案的具体要求。

2)投标。承包商根据招标文件提出投标文件。投标文件一般包括投标书、承包商的项目建议书(通常包括工程总体目标和范围的描述、工程的方案设计和实施计划、项目管理组织计划)、工程估价文件等。

3)签订合同。业主确定中标后,通过合同谈判达成一致后,便与承包商签订 EPC 承包合同。

(2)合同文件的组成

EPC 总承包合同文件包括的内容及执行的优先次序如下:

1)协议书。
2)合同专用条件。
3)合同通用条件。
4)业主要求。
5)投标书,包含在合同中的由承包商提交并被中标函接受的工程报价书及其附件。
6)作为合同文件组成部分的可能还有:①与投标书同时提交,作为合同文件组成部分的数据资料,如工程量清单、数据、费率或价格等;②付款计划表或作为付款申请组成部分的报表;③与投标书同时递交的方案设计文件等。

2. EPC 总承包合同的履行管理

(1)业主的主要权利和义务

1)选择和任命业主代表。业主代表由业主在合同中指定或按照合同约定任命,业主代表的地位和作用类似于施工合同中的工程师。业主代表负责管理工程,下达指令,行使业主的权利。除非合同条件中明确说明,业主代表无权修改合同、解除合同规定的承包商的任何权利和义务。

2)负责工程勘察。业主应按合同规定的日期,向承包商提供工程勘察所取得的现场水文及地表以下的资料。除合同明确规定业主应负责的情况以外,业主对这些资料的准确性、充分性和完整性不承担责任。

在通常情况下，EPC 总承包合同中不包括地质勘查。即使业主要求承包商承担勘查工作，一般也需要通过签订另一份合同予以解决。

3）工程变更。业主代表有权指令或批准变更。与施工合同相比，总承包工程的变更主要是指经业主指示或批准的对业主要求或工程的改变。对施工文件的修改或对不符合合同的工程进行纠正通常不构成变更。

4）施工文件的审查。业主有权检查与审核承包商的施工文件，包括承包商绘制的竣工图、竣工图的尺寸、参照系及其他有关文件。

（2）承包商的主要责任

与施工合同相比，EPC 总承包合同中承包商的工程责任更大。

1）设计责任。承包商应要求自己的设计人员和设计分包商符合业主要求中规定的标准。承包商应完全理解业主要求，并将业主要求中出现的任何错误、失误、缺陷通知业主代表。除合同明确规定业主应负责的部分外，承包商应对业主要求（包括设计标准和计算）的正确性负责。

承包商应以合理的技能进行设计，达到预定的要求，保证工程项目的安全可靠性和经济适用性。

2）承包商文件。承包商文件应足够详细，经业主代表同意或批准后使用。承包商文件应由承包商保存和照管，直到被业主接收为止。承包商若修改已获批准的承包商文件，应通知业主代表，并提交修改后的文件供其审核。在业主要求不变的情况下，对承包商文件的任何修改不属于工程变更。

3）施工文件。承包商应编制足够详细的施工文件，符合业主代表的要求，并对施工文件的完备性、正确性负责。

4）工程协调。承包商应负责工程的协调，负责与业主要求中指明的其他承包商协调，负责安排自己及其分包商、业主的其他承包商在现场的工作场所和材料存放地。

5）除非合同专用条件中另有规定，承包商应负责工程需要的所有货物和其他物品的包装、装货、运输、接收、卸货、存储和保护，并及时将任一工程设备或其他主要货物运到现场的日期通知业主。

（3）合同价款及其支付

1）合同价款。总承包合同通常为总价合同，支付以总价为基准。如果合同价格要随劳务、货物和其他工程费用的变化进行调整，应在合同专用条件中约定。如果发生任何未预见的困难和费用，合同价格不予调整。

承包商应支付其为完成合同义务所引起的关税和税收，合同价格不因此类费用变化进行调整，但因法律、行政法规变更的除外。

当然，在总价合同中也可能有按照实际完成的工程量和单价支付的分项，即采用单价计价方式。有关计量和估价方法可以在合同专用条件中约定。

2）合同价格的期中支付。合同价格可以采用按月支付或分期（工程阶段）支付方式。如果采用分期支付方式，合同应包括一份支付表，列明合同价款分期支付的详细情况。

对拟用于工程但尚未运到现场的生产设备和材料，如果根据合同规定承包商有权获得期中付款，则必须具备下列条件之一：

① 相关生产设备和材料在工程所在国，并已按业主的指示，标明是业主的财产。

② 承包商已向业主提交保险的证据和符合业主要求的与该项付款等额的银行保函。

4.5.4 分包合同管理

1. 专业分包合同管理

（1）专业分包合同的订立

1）专业分包合同的内容。《建设工程施工专业分包合同（示范文本）》借鉴国际咨询工程师联合会（FIDIC）编制的《土木工程施工分包合同条件》，内容包括协议书、通用条款和专用条款三部分。其中，通用条款包括：词语定义及合同文件；双方的一般权利和义务；工期；质量与安全；合同价款与支付；工程变更；竣工验收及结算；违约、索赔及争议；保障、保险及担保；其他。共10部分，38个条款。

2）专业分包合同的文件组成。专业分包合同的当事人是承包人和分包人。对承包人和分包人具有约束力的合同由下列文件组成：①合同协议书；②中标通知书（如有时）；③分包人的投标函或报价书；④除总承包合同价款之外的总承包合同文件；⑤合同专用条款；⑥合同通用条款；⑦合同工程建设标准、设计图；⑧合同履行过程中承包人、分包人协商一致的其他书面文件。

从合同文件的组成来看，专业分包合同（从合同）与主合同（建设工程施工合同）的区别主要表现在除主合同中承包人向发包人提交的报价书之外，主合同的其他文件也构成专业分包合同的有效文件。

3）承包人的义务。在签订合同过程中，为使分包人合理预计专业分包工程施工中可能承担的风险，以及保证分包工程的施工能够满足主合同的要求顺利进行，承包人应使分包人充分了解其在分包合同中应履行的义务。为此，承包人应提供主合同供分包人查阅。此外，如果分包人提出，承包人应当提供一份不包括报价书的主合同副本或复印件，使分包人全面了解主合同的各项内容。

4）合同价款。合同价款来源于承包人接受的、分包人承诺的投标函或报价书所注明的金额，并在中标函和协议书中进一步明确。承包人将主合同中的部分工作转交给分包人实施，并不是简单地将主合同中该部分的合同价款转移给分包人，因为主合同中分包工程的价格是承包人合理预计风险后，在自己的施工组织方案基础上对发包人进行的报价，而分包人则应根据其对分包工程的理解向承包人报价。此外，承包人在主合同中对该部分的报价，还包括分包管理费。因此，通用条款明确规定，分包合同价款与总承包合同相应部分价款无任何连带关系。

分包合同的计价方式，应与主合同中对该部分工程的约定相一致，可以采用固定价格合同、可调价格合同或成本加酬金合同中的一种。

5）合同工期。与合同价款一样，合同工期也来源于分包人投标书中承诺的工期，作为判定分包人是否按期履行合同义务的标准，也应在合同协议书中注明。

（2）专业分包合同的履行管理

1）开工。分包人应当按照协议书约定的日期开工。分包人不能按期开工的，应在约定开工日期前5天向承包人提出延期开工要求，并陈述理由。承包人接到请求后的48小时内给予同意或否决的答复，超过规定时间未予答复，则视为同意分包人延期开工的要求。

因非分包人的原因而使分包工程不能按期开工的，承包人应以书面形式通知分包人推迟开工日期，并赔偿分包人延期开工造成的损失，合同工期相应顺延。

2）支付管理。分包人在合同约定的时间内，向承包人报送该阶段已完工作的工程量报告。接到分包人的报告后，承包人应首先对照分包合同工程量清单中的工作项目、单价或价格复核取费的合理性和计算的正确性，以核准该阶段应付给分包人的金额。分包工程进度款的内容包括已完成工程量的实际价值、变更导致的合同价款调整、市场价格浮动的价格调整、获得索赔的价款，以及依据分包合同的约定应扣除的预付款、承包人对分包施工支援的实际应收款项、分包管理费等。承包人计量后，将其列入主合同的支付报表内一并提交工程师。承包人应在专业分包合同约定的时间内支付分包工程款，逾期支付要计算拖期利息。

3）变更管理。承包人接到工程师依据主合同发布的涉及分包工程变更指令后，以书面确认方式通知分包人。同时，承包人也有权根据工程的实际进展情况自主发布有关变更指令。

分包人执行工程师发布的变更指令，进行变更工程量及对变更工程进行估价时，应请分包人参加，以便合理确定分包人应获得的补偿款额和工期延长时间。承包人依据分包合同单独发布的变更指令大多与主合同没有关系，诸如增加或减少分包合同规定的部分工作内容；为了整个合同工程的顺利实施，改变分包人原定的施工方法、作业程序或时间等。如果工程变更不属于分包人的责任，承包人应给予分包人相应的费用补偿或（和）分包合同工期的顺延。如果工期不能顺延，则要考虑支付赶工措施费用。

进行变更工程估价时，应参考分包合同工程量表中相同或类似工作的费率来核定。如果没有可参考项目或表中的价格不适用已变更工程时，应通过协商确定一个公平合理的费用加到分包合同价内。

4）竣工验收。专业分包工程具备竣工验收条件时，分包人应向承包人提供完整的竣工资料和竣工验收报告。若约定由分包人提供竣工图，应按专用条款约定的时间和份数提交。

如果分包工程属于主合同规定的分部移交工程，则在分包人与承包人进行相关的检查和检验后，提请发包人按主合同规定的程序进行竣工验收。若根据主合同无须由发包人验收的部分，承包人按照主合同规定的验收程序与分包人共同验收。无论是发包人组织的验收还是承包人组织的验收，只要验收合格，竣工日期均为分包人提交竣工验收报告之日。竣工验收发现存在质量缺陷需要修理、改正的，则竣工日期为分包人提交修复后的竣工报告之日。

2. 劳务分包合同管理

（1）劳务分包合同的订立

1）劳务分包合同的内容。由于劳务工作相对简单，《建设工程施工劳务分包合同（示范文本）》没有采用通用条款和专用条款的形式，只有一个施工劳务合同和三个附件。

① 劳务合同。内容包括：劳务分包人资质情况；劳务分包工作对象及提供劳务内容；分包工作期限；质量标准；合同文件及解释顺序；标准规范；总（分）包合同；设计图；项目经理；工程承包人义务；劳务分包人义务；安全施工与检查；安全防护；事故处理；保险；材料、设备供应；劳务报酬；工时及工程量的确认；劳务报酬的中间支付；施工机具；周转材料的供应；施工变更；施工验收；施工配合；劳务报酬最终支付；违约责任；索赔；争议；禁止转包或再分包；不可抗力；文物和地下障碍物；合同解除；合同终止；合同份数；补充条款和合同生效。共35条。

② 附件。内容包括"工程承包人供应材料、设备、构配件计划""工程承包人提供施

工机具、设备一览表"和"工程承包人提供周转、低值易耗材料一览表"三个标准化格式的表格。

2）劳务分包合同的订立。劳务分包合同的发包方可以是施工合同的承包人或承担专业工程施工的分包人。《建设工程施工劳务分包合同（示范文本）》中的空格之处，经双方当事人协商一致后明确填写即可。主要内容包括工作内容、质量要求、工期、承包人应向分包人提供的设计图和相关资料、承包人委托分包人采购的低值易耗材料、劳务报酬和支付方法、违约责任的处置方式、最终解决合同争议的方式，以及三个附表等。

（2）劳务分包合同的履行管理

1）施工管理。由于劳务分包人仅负责部分工种的施工任务，因此，承包人负责工程的施工管理，承担主合同规定的义务。承包人负责编制施工组织设计、统一制定各项管理目标，并监督分包人的施工。

劳务分包人应派遣合格的人员上岗施工，遵守安全、环保、文明施工的有关规定，保证施工质量，接受承包人对施工的监督。承包人负责工程的测量定位、沉降观测；劳务分包人按照设计图和承包人的指示施工。

劳务分包人施工完毕，承包人和劳务分包人共同进行验收，无须请工程师参加，也不必等主合同工程全部竣工后再验收。但承包人与发包人按照主合同对隐蔽工程验收和竣工验收时，如果发现劳务分包人的施工质量不合格，劳务分包人应负责无偿修复。全部工程验收合格后（包括劳务分包人工作），劳务分包人对其分包的劳务作业施工质量不再承担责任，质量保修期内的保修责任由承包人承担。

2）劳务报酬。劳务分包合同中，支付劳务分包人报酬的方式可以约定为以下三种之一，必须在合同中明确约定：

① 固定劳务报酬方式。在包工不包料承包中，分包工作完成后按承包总价结算。由于劳务分包人不承担施工风险，如果分包合同履行期间出现施工变更，分包人有权获得增加工作量的报酬和工期顺延；反之，由于施工变更导致工作量减少，也应相应减少约定的报酬及缩短合同工期。

② 按工时计算劳务报酬方式。承包人依据劳务分包人投入工作的人员和天数支付分包人的劳务报酬。分包人每天应提供当日投入劳务工作的人数报表，由承包人确认后作为支付的依据。

③ 按工程量计算劳务报酬方式。合同中应约定分包工作内容中各项单位工程量的单价。分包人按月（或旬、日）将完成的工程量报送承包人，经过承包人与分包人共同计量确认后，按实际完成的工程量支付报酬。对于分包人未经承包人认可，超出设计图范围和由于分包人的原因返工的工程量不予计量。

4.5.5 工程索赔的概念、特征和分类

1. 工程索赔的概念

工程索赔是当事人在合同实施过程中，根据法律、合同规定及惯例，对并非由于自己的过错，而是由合同对方造成，而且实际发生了的损失，向对方提出给予补偿的要求。索赔事件的发生，可以是一定行为造成，也可以是不可抗力引起；可以是合同当事人一方引起，也可以是任何第三方行为引起。索赔的性质属于经济补偿行为，而不是惩罚。索赔的损失结果

与被索赔人的行为并不一定存在法律上的因果关系。它允许承包商获得不是由于承包商的原因而造成的损失补偿,也允许业主获得由于承包商的原因而造成的损失补偿。对于工程承包施工来说,索赔是维护施工合同签约者合法利益的一项根本性管理措施。对于施工合同的双方来说,索赔是维护双方合法利益的权利。它同合同条件中双方的合同责任一样,构成严密的合同制约关系。

在建设工程施工承包合同执行过程中,业主可以向承包商提出索赔要求,承包商也可以向业主提出索赔要求,即合同的双方都可以向对方提出索赔要求。当一方向另一方提出索赔要求时,被索赔方可采取适当的反驳、应对和防范措施,这称为反索赔。

2. 工程索赔的特征

(1) 索赔具有的基本特征

1) 索赔是双向的,不仅承包人可以向发包人索赔,发包人同样也可以向承包人索赔。但实践中发包人向承包人索赔发生的频率相对较低,而且在索赔处理中,发包人始终处于主动和有利的地位,可以直接从应付工程款中扣抵或没收履约保函、扣留保留金,甚至留置承包商的材料设备作为抵押等来实现自己的索赔要求,不存在"索"。因此,在工程实践中,大量发生的、处理比较困难的是承包人向发包人的索赔,也是索赔管理的主要对象和重点内容。承包人的索赔范围非常广泛,一般认为,只要因非承包人自身责任造成工程工期延长或成本增加,都有可能向发包人提出索赔要求。

2) 只有实际发生了经济损失或权利损害,一方才能向对方索赔。经济损失是指发生了合同外的额外支出,如人工费、材料费、机械费、管理费等额外开支;权利损害是指虽然没有经济上的损失,但造成了一方权利上的损害,如由于恶劣气候条件对工程进度造成不利影响,承包人有权要求工期延长等。发生了实际的经济损失或权利损害,是一方提出索赔的一个基本前提条件。

3) 索赔是一种未经对方确认的单方行为,它与工程签证不同。在施工过程中,签证是承发包双方就额外费用补偿或工期延长等达成一致的书面证明材料和补充协议,它可以直接作为工程款结算或最终增减工程造价的依据;而索赔则是单方面行为,对对方尚未形成约束力,这种要求能否最终实现,必须经过确认(如双方协商、谈判、调解或仲裁、诉讼)。

(2) 索赔具有的本质特征

1) 索赔是要求给予补偿(工期或费用)的一种权利、主张。
2) 索赔的依据是法律法规、合同文件及工程建设惯例,主要是合同文件。
3) 索赔是因非自身原因导致的,要求索赔一方没有过错。
4) 与原合同相比较,已经发生了额外的经济损失或工期延迟。
5) 索赔必须有切实有效的证据。
6) 索赔是单方行为,双方还没有达成协议。

3. 工程索赔的分类

(1) 按索赔的原因分类

可以导致索赔的原因很多,归纳起来主要有以下几种:

1) 工程量变化索赔。
2) 不可预见的物质条件索赔。
3) 加速施工索赔。

4）工程拖期索赔。
5）工程变更索赔。
6）合同文件错误索赔。
7）暂停施工或终止合同索赔。
8）业主违约索赔。
9）业主风险索赔。
10）不可抗力索赔。
11）承包商违约索赔。
12）缺陷责任索赔。
13）其他索赔，如汇率变化、物价上涨、法令变更、业主拖付款等引起的索赔。

（2）按索赔的目的分类

按索赔的目的分类，索赔可以分为工期索赔和费用索赔。

1）工期索赔，是指承包商向业主要求合理顺延合同工期。由于合理的工期延长，可以使承包商免于承担误期罚款（或误期损害赔偿金）。

2）费用索赔，是指承包商要求取得合理的经济补偿，即要求业主补偿不应该由承包商自己承担的经济损失或额外费用，或者业主向承包商要求因为承包商违约导致业主的经济损失补偿。

（3）按索赔的主体分类

合同的双方都可以提出索赔，从提出索赔的主体出发，将索赔分为以下两类：

1）承包商索赔，即由承包商提出的向业主的索赔。
2）业主索赔，即由业主提出的向承包商的索赔。

（4）按索赔的依据分类

1）合同规定的索赔，也称合同内索赔，是指索赔事项所涉及的内容在合同文件中能够找到明确的依据，业主或承包商可以据此提出索赔要求。这些明文规定常称为"明示条款"。

2）非合同规定的索赔，也称合同外索赔，是指索赔事项所涉及的内容已经超过合同规定的范围，在合同文件中没有明确的文字描述，但可以根据合同条件中某条款的含义，合理推论出有一定索赔权。这些隐含在合同条款中的要求常称为"默示条款"。

4.5.6 工程索赔的程序

工程索赔的程序如图 4-4 所示。

工程施工中，业主向承包商索赔、承包商向业主索赔以及分包商向承包商索赔的情况都有可能发生，以下主要说明承包商向业主索赔的一般程序。

1. 索赔意向通知

在工程实施过程中发生索赔事件后，或者承包商发现索赔机会，首先要提出索赔意向，即在合同规定的时间内（FIDIC 合同条件和我国《建设工程施工合同（示范文本）》（GF—2013—0201）都规定为 28 天）将索赔意向用书面形式及时通知发包人或者工程师，向对方表明索赔愿望、要求或者声明保留索赔权利。这是索赔工作的第一步。如果干扰事件对工程的影响持续时间长，则承包商应该按工程师要求的合理间隔（一般为 28 天），提交中间索赔

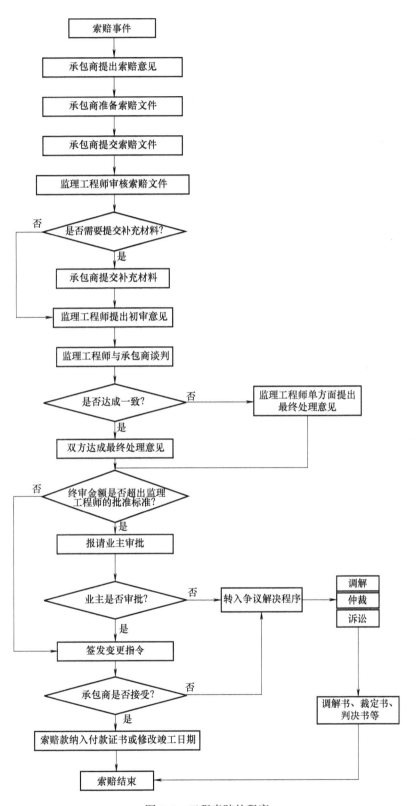

图 4-4 工程索赔的程序

报告,并在干扰事件影响结束后的28天内提交一份最终索赔报告。否则,工程师和业主有权拒绝承包商的索赔要求。

2. 索赔文件的准备

1) 跟踪和调查干扰事件,掌握事件产生的详细经过。通过对合同实施的跟踪、分析、诊断,发现了索赔机会,则应对其进行详细的调查和跟踪,以了解事件经过、前因后果,掌握事件的详细情况。

2) 分析干扰事件产生的原因,划清各方责任。分析这些干扰事件是由谁引起的,责任应该由谁来负担。一般只有非承包商责任的干扰事件才有可能提出索赔。如果干扰事件责任是多方面的,则必须划分个人的责任范围,按责任大小分担损失。

3) 确定索赔根据。其主要依据是合同条文,必须按合同判明干扰事件是否违约,是否在合同规定的赔(补)范围之内。只有符合合同规定的索赔要求才有合法性,才能成立。对此,必须全面地分析合同,对一些特殊事件必须做合同扩展分析。

4) 损失或损害调查分析与计算,确定工期索赔和费用索赔值。其主要表现为工期的延长和费用的增加。如果干扰事件不造成损失,则无索赔可言。损失调查的重点是收集、分析、对比实际和计划的施工进度、工程成本和费用方面的资料,在此基础上计算索赔值。

5) 收集证据,获得充分而有效的各种证据。一旦干扰事件发生,承包商应按工程师的要求,做好在干扰事件持续期间保持完好的当时记录,接受工程师的审查。证据是索赔有效的前提条件。如果在索赔报告中提不出证据,索赔要求是不能成立的。按FIDIC条件,承包商最多只能获得有证据能够证实的那部分索赔要求的支付,所以,承包商必须对这个问题足够重视。

6) 起草索赔文件(索赔报告)。索赔报告是上述各项工作的结果和总括,是由合同管理人员在其他项目管理职能人员的配合和协助下起草的。它表达了承包商的索赔要求和支持这个要求的详细依据。它将由工程师、业主或调解人或仲裁人审查、分析、评价。所以,索赔报告决定了承包商的索赔地位,是索赔要求能否获得有利和合理解决的关键。

3. 索赔文件的提交

承包商应在合同规定的时间内向工程师和业主提交正式的书面索赔报告。FIDIC合同条件和我国《建设工程施工合同(示范文本)》(GF—2013—0201)都规定,承包商必须在发出索赔意向通知书后的28天内或经过工程师同意的其他合理时间内向工程师提交一份详细的索赔文件和有关资料。如果干扰事件对工程的影响持续时间长,承包商则应该按工程师要求的合理间隔(一般为28天),提交中间索赔报告,并在干扰事件影响结束后的28天内提交一份最终索赔报告。

4. 解决索赔

从递交索赔报告到最终获得赔偿的支付是索赔的解决过程。这个阶段工作的重点是通过谈判、调节或仲裁,使索赔得到合理解决。具体包括以下几项内容:

1) 工程师审查分析索赔报告评价索赔要求的合理性和合法性。如果觉得理由不足或证据不足,可以要求承包商做出解释,或进一步补充证据,或要求承包商修改索赔要求。工程师做出索赔处理意见,并提交业主。

2) 根据工程师的处理意见,业主审查、批准承包商的索赔报告。业主也可以反驳、否定或部分否定承包商的索赔要求。承包商常常需要做进一步的解释和补充证据;工程师也需要就处理意见做出说明。三方就索赔的解决进行磋商，达成一致，这里可能有复杂的谈判过程。对达成一致的或经工程师和业主认可的索赔要求（或部分要求），承包商有权在工程进度付款中获得支付。

3）如果承包商和业主双方对索赔的解决无法达成一致，有一方或双方都不满意工程师的处理意见（或决定），则会产生争执。双方必须按照合同规定的程序解决争执，最典型的是国际工程中通用的 FIDIC 合同条件规定的争执解决程序。

复习思考题

1. 什么是预测？简述建筑企业经营预测的基本程序。
2. 什么是经营决策？简述建筑企业经营决策的基本程序。
3. 简述建筑企业风险型决策的过程。
4. 什么是工程估价？简述工程估价的基本程序。
5. 什么是工程报价？简述报价的构成。
6. 什么是工程承包合同？工程承包合同的内容有哪些？
7. 工程索赔是如何分类的？简述工程索赔的程序。

第5章

建筑企业生产管理

建筑企业生产管理是指建筑企业为了完成建筑产品的施工任务，从接受施工任务开始到工程交工验收为止的全过程，围绕施工对象和施工现场而进行的生产活动的组织管理。建筑企业的主要生产活动就是建筑安装工程的施工，建筑企业施工管理水平决定了工程进度快慢、工程质量好坏、工程造价和资源是否合理使用等，对企业效益影响巨大，是建筑企业管理的主要内容。

5.1 建筑企业计划管理

建筑企业计划管理，就是遵循市场发展的规律，通过计划编制、计划实施，以计划为目标进行控制，根据实施和控制中的信息反馈对计划进行调整的周期性生产经营活动。建筑企业通过计划管理，合理配置并有效运用所掌握的人力、物力、财力等资源，保证企业生产经营活动的有序性和高效率，完成企业的生产经营任务，实现企业生产经营目标，以不断提高企业的经济效益和社会效益。

5.1.1 建筑企业生产计划的编制原则和计划管理基础工作

1. 建筑企业生产计划的编制原则

建筑企业在编制施工生产计划时，一般应遵循以下原则：

（1）以按期完成最终建筑产品达到竣工投产为目标

工程只有竣工投产交付使用才能发挥效益，所以，以竣工投产为目标是编制施工生产计划的重要原则。因此，要保证工程项目的配套建设，做好总包、分包和生产条件之间的综合协调，计划指标要做到工作量、工程量、形象进度三统一，并要以形象进度为主，以形象进度来推算和控制工作量和工程量指标。

（2）搞好工程排队，确保重点工程施工

在编制施工生产计划时，应根据承建工程的轻重缓急和施工条件落实情况进行工程排队，把有限的人力、物力、财力优先投入到国家重点工程中，使其早日建成投产；同时要兼顾一般工程，使重点工程和一般工程能很好地结合起来，保证按照工程承包合同要求，全面完成施工任务。

(3) 坚持按建设程序和施工程序办事

编制施工生产计划时，工程项目必须具备一定条件且做好施工准备工作。如果初步设计没审批、土地未征用、设备材料订货未落实、工程合同没签订等，就不能列入年度计划；如果施工图、材料和设备的供应不能满足连续施工的需要，就不能列入季度计划。同时，要本着先地下、后地上，先共用、后单体的原则，而且要符合施工工艺要求和技术规范的要求。

(4) 以施工组织设计为基础

施工组织设计是针对施工对象（施工项目、单项工程、单位工程、分项工程）所编制的指导性施工文件，其进度计划是在进行科学计算、合理安排施工顺序、考虑合同工期等一系列工作后确定的。因此，在编制施工生产计划时，一定要以施工组织设计为基础。

(5) 认真搞好综合平衡

综合平衡是计划工作的重要方法，施工生产计划的综合平衡，就是要解决企业所承担的施工任务与生产能力的平衡，施工任务与企业劳动力、机械设备、物资等资源供应的平衡，企业内部各单位、各生产环节的平衡，各项计划指标的平衡等，要按企业的人力、物力、财力和技术可行性确定施工生产计划，不留缺口，做到积极可靠、留有余地、防备万一。

(6) 讲求经济效益

施工生产计划的编制不仅要保证施工任务的完成，还必须充分注重经济效益，尽量做到均衡施工和连续施工，能有效地利用时间和空间，均衡、节约地使用人力、物力，最大限度地发挥生产能力，提高生产效率和经济效益。

2. 建筑企业计划管理的基础工作

(1) 建立建筑企业管理信息系统

建筑企业管理信息系统的内容包括：

1) 企业能力信息，包括人员、机械设备、技术成就、加工企业、联合企业等。

2) 企业管理效果信息，包括历年的产值、产量、利润、质量、工期、成本、材料消耗、劳动生产率、员工收入、资金周转等。

3) 各项计划所用的定额信息，包括从国家规定到企业内部使用的各类工程工期、人员编制、质量标准，各种耗工、耗料、机具、劳保用品消耗、福利、出差定额标准及奖励标准等信息。

4) 企业外部信息，包括市场对建筑产品的需求、市场竞争情况、市场原料供应情况等，国内外、省内外建筑市场的信息尤为重要。

(2) 建立健全企业规章制度

建筑企业规章制度包括：

1) 岗位责任制度。

2) 经济责任制度。

3) 财务会计核算制度。

4) 统计核算制度。

5) 原始记录制度。

6) 其他有关制度。

(3) 制定和完善技术经济定额

建筑企业技术经济定额包括：

1）劳动定额。
2）原材料消耗定额。
3）机械台班消耗定额。
4）建筑工程预算定额。
5）工期定额。
6）资金定额。
（4）建立和健全技术标准
建筑企业技术标准包括：
1）建筑安装工程施工及验收规范。
2）建筑安装工程质量检验评定标准。
3）建筑安装材料、半成品的技术标准及相应的检验标准。
4）施工工艺规程。
5）施工操作规程。
6）设备维护和检修规程。
7）安全操作规程。

5.1.2 建筑企业计划体系与计划指标体系

1. 建筑企业计划体系

（1）建筑企业各种计划之间的联系

建筑企业计划体系是建筑企业为了全面有效地指导生产经营活动而编制的各种不同的计划，这些计划各自都有独特的作用，彼此相互联系、相互制约，共同组成建筑企业计划的有机整体。建筑企业各种计划之间的内在联系如图5-1所示。

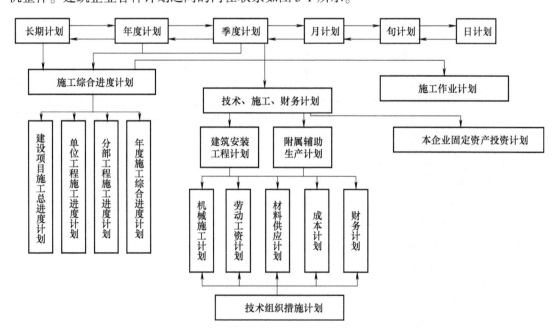

图 5-1　建筑企业各种计划之间的内在联系

(2)建筑企业计划的分类

建筑企业计划按周期可划分为中长期计划、年度计划、季度计划、月度计划和旬计划。它们的任务、作用及分级管理如表5-1所示。

表5-1 建筑企业计划的任务、作用及分级管理

计划名称	任务	作用	分级管理		
			公司	工程处	施工队
中长期计划	提出长期的生产任务和经营目标,做出各种发展规划;决定主要技术经济指标达到的水平以及企业的发展方向等	① 纲领性和方向性计划 ② 对年度计划起指导作用	编制		
年度计划	确定全年施工部署,主要技术经济指标和为完成规定任务所采取的主要技术组织措施	① 年度内组织生产经营活动的指导性文件 ② 实现长期计划的保证 ③ 控制季度计划	编制 审批	编制	
季度计划	具体安排施工项目、开工项目、竣工项目和重点工程进度部位的要求;确定完成的总产值和实物工程量,平衡施工力量和物资供应	① 指导,作业计划性质 ② 落实年度计划 ③ 控制月度计划	审批	编制 审批	编制
月度计划	具体安排一个月内的技术经济活动和施工活动(纯作业计划)	① 安排施工的直接依据 ② 保证生产任务完成的核心计划,计划管理的中心环节	备案	审批 汇总	编制
旬计划	按施工栋号安排生产活动	作业计划,是保证完成各项任务的基础			

(3)建筑企业年度计划

建筑企业年度计划按计划涉及的对象可分为建筑安装工程施工计划、机械化施工计划、物资供应计划、构配件需用量计划、劳动工资计划、财务成本计划、技术工作计划及其他计划。建筑企业年度计划的内容如表5-2所示。

表5-2 建筑企业年度计划的内容

计划名称	计划的内容	备注
建筑安装工程施工计划	规定计划期内工程项目的结构类型,建筑面积,开、竣工日期,工程进度要求,自行完成工作量和主要实物工程量	作为企业的产品生产计划,是反映生产成果的计划,也是编制其他各项专业计划的重要依据
机械化施工计划	机械化施工水平计划;主要施工机械需求量计划	企业利用现代化施工机械代替手工劳动,是提高劳动生产率、加快施工速度、保证质量、降低成本的有效途径
物资供应计划	各种主要材料需用量计划及储备量计划;大型工具供应计划	为完成年度施工计划所需主要材料和大型工具的供应计划
构配件需用量计划	各种混凝土构件,钢、木门窗,钢铁配件等加工订货计划	根据施工计划的进度要求和计划需用量安排

(续)

计划名称	计划的内容	备注
劳动工资计划	劳动生产率计划；员工人数计划；工资基金（工资总额）计划等	在发动群众挖潜、不断提高劳动生产率的前提下，根据计划期生产特点，安排劳动工资指标和实际指标
财务成本计划	财务收入分配计划（附成本降低计划）；流动资金计划；固定资产折旧计划；专用基金计划等	以货币形式反映企业经济活动的综合计划，反映一定时期内，完成一定施工任务所必需的经营资金、经营成果、成果分配
技术工作计划	应编制与审批的施工组织设计项目及其应贯彻的重点内容；重点工程应交底的重点项目与内容；质量管理计划及样板工程计划；技术革新与科研项目计划；技术措施计划等	制订并贯彻该计划是为了有效地发挥技术管理的作用，使技术工作有的放矢，有效地促进施工。制订该计划要在认真总结前期工作的基础上，结合本期工程的特点和技术工作要求进行
其他计划	附属企业生产计划；固定资产投资计划；员工培训计划等	

2. 建筑企业计划指标体系

（1）建筑企业计划指标的分类

1）按指标表示的内容不同，可分为数量指标和质量指标。数量指标是指在计划期内，建筑企业生产经营活动应完成的某个方面的目标值。它们通常用绝对数来表示，如建筑安装工程量、竣工面积、材料供应量、利润总额等。质量指标是指在计划期内建筑企业生产经营活动应达到的质量上的要求，反映计划期内生产经营活动的质量、效率，通常用相对数来表示，如工程质量优良品率、劳动生产率、技术装备率、产值利润率等。

2）按指标计量单位不同，可分为实物指标与货币指标。实物指标是指体现实物使用价值的指标，如水泥用量、土方量、混凝土工程量等。货币指标是指以货币价值表示的指标，如工程总造价、工程成本降低额等。

3）按指标的作用不同，可分为基本指标和辅助指标。基本指标是指上级部门下达、批准或企业与相关单位之间签署的承包经营合同指标等，如建筑安装工程量、实物工程量、全员劳动生产率、工程质量、降低成本额、上缴利税等。辅助指标是指企业内部规定的一部分辅助性的指标，是基本指标的计算依据，也称计算指标、计算定额，如建筑安装工作总量、单项定额、施工工期定额等。

（2）主要指标的计算方法

1）工程量。它是指建筑企业在一定时间完成的，以物理量单位如米（m）、平方米（m²）、立方米（m³），或以自然计量单位如台、件、根等表示的各种工程量指标。

① 施工面积。它是指完成合同规定交工的建筑面积和前期停建恢复施工的面积。

② 交工面积。它是指完成合同规定交工的建筑面积，反映计划期内企业完成房屋的最终建筑产品的数量。

③ 主要实物工程量。它是指具体反映施工进度和工程完成情况的指标，如反映土方工程、石方工程、屋面工程等的实物工程量指标。

2）实际完成建筑安装工程量。它是指建筑企业在报告期内所取得的建筑安装生产总成果，即本企业所有员工所完成的建筑安装工程量。

3）房屋竣工面积。它是指建筑企业在报告期内已按工程承包合同和设计要求全部完工，达到住人和使用条件，经验收鉴定合格并正式交付使用单位的房屋建筑面积。

4）工程项目合格率。它是指建筑企业在报告期内完成并进行鉴定验收的工程项目中，被评为合格的工程所占的百分比。

$$工程合格率 = 报告期内评为合格品的单位工程个数或竣工面积/报告期内完成并进行鉴定验收的单位工程个数或竣工面积 \times 100\%$$

5）工程项目事故伤亡率。它是指建筑企业参加工程建设的员工中，每千名员工重伤、死亡人数。

6）全员劳动生产率。它是指建筑企业全部员工在一定时期内生产建筑产品的能力，其水平的高低以建筑产品产量（以价值量或实物量表示）与其相对应的劳动消耗量之间的比值来表示。

$$全员劳动生产率 = 报告期实际完成建筑安装工程量(或竣工面积)/报告期实际参加工程建设的全部员工的平均人数 \times 100\%$$

7）定额工期完成率

$$定额工期完成率 = 报告期内各竣工工程实际占用日历天数总和/报告期内各竣工工程定额工期日历天数总和 \times 100\%$$

8）社会贡献率

$$社会贡献率 = 企业对社会贡献总额/资产平均总额 \times 100\%$$

其中，企业对社会贡献总额包括企业员工的工资福利、利息、营业税、增值税及附加、应缴其他税等。

5.1.3 建筑企业计划的编制与实施

1. 建筑企业计划的编制

（1）建筑企业计划的编制依据

建筑企业各类计划的编制依据如表 5-3 所示。

表 5-3 建筑企业各类计划的编制依据表

	年度计划	季度计划	月计划	旬计划
编制依据	① 固定资产投资年度计划和上级下达的年度计划 ② 工程协议和承包合同 ③ 企业的长期计划 ④ 主要材料、设备供应合同 ⑤ 工程初步设计及概算 ⑥ 预测资料和决策方案 ⑦ 上年计划完成情况 ⑧ 定额资料	① 企业年度计划 ② 工程项目的施工图和施工图预算 ③ 施工组织设计 ④ 施工准备施工条件基本落实 ⑤ 上季度计划完成情况 ⑥ 预算资料与决策意见 ⑦ 定额资料	① 季度计划 ② 工程施工设计 ③ 已会审的设计图 ④ 机械、材料、半成品、劳动力落实情况 ⑤ 上月计划完成情况 ⑥ 定额资料	① 月计划 ② 机械、材料、半成品、劳动力落实、进场情况 ③ 上旬计划完成情况 ④ 定额资料

（2）建筑企业计划的编制程序

1）中长期计划的编制程序。建筑企业的中长期计划体现了企业的经营战略，直接关系到企业的发展，关系重大，影响深远。其编制程序如图 5-2 所示。

首先要进行广泛的调查和预测，了解政府发展国民经济的方针、政策，掌握建筑市场变化趋势，预测建筑业发展方向和新技术、新工艺、新科研成果在企业中应用的可能性；在此基础上，结合本企业现有生产能力、技术与管理水平，确定经营目标，制定经营战略，结合生产经营目标和经营战略制订中长期计划。

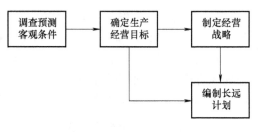

图 5-2　建筑企业中长期计划的编制程序

2）年（季）度计划的编制程序。建筑企业年（季）度计划的编制程序一般分为三个阶段进行，如图 5-3 所示。

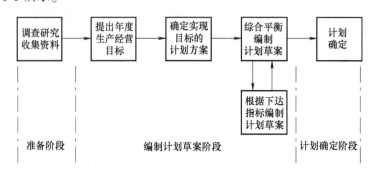

图 5-3　建筑企业年（季）度计划的编制程序

第一阶段为准备阶段。编制的计划是否切合实际，很大程度上取决于掌握的信息资料是否完整、具体、及时。在准备阶段中，企业对决策之后的客观条件应做进一步的调查研究，掌握与编制计划有关的企业内部和外部的各种资料，收集各方面的情报。外部资料主要包括国家政策、法令、基本建设计划、市场情况、工程合同落实情况、行业内的现状与发展情况、资源供应情况和动态等；内部资料包括企业组织机构情况、企业管理状况、各种施工与生产技术资料、综合生产能力和技术水平等。

第二阶段为编制计划草案阶段。首先，提出建筑企业全年的经营目标。这项工作应由总经理组织有关科室，根据总经理任期目标（或上级下达的计划指标）和上年任务完成的情况，对企业内部、外部条件及各种因素进行综合研究分析，经过讨论后确定。其次，在确定计划期生产经营目标的同时，还要提出编制计划的指导思想和原则性要求，并将确定的目标发给各科室、工程处（或施工队），进行充分协商讨论，对计划实施目标提出调查方案和实施措施。最后，在对多种方案进行技术经济分析和择优的基础上，经过综合平衡编制计划草案。

第三阶段为计划确定阶段。

3）月计划的编制程序。月计划由施工队编制，工程处汇总，报公司备案，并由公司每月召开平衡会一次，向各单位交代平衡结果及协作配合要求。编制程序一般为"两下一上"或"一上一下"。

（3）建筑企业计划的编制方法

建筑企业计划编制一般采用滚动计划法与综合平衡法。滚动计划法是一种定期修订未来计划的方法。综合平衡法是指从总体出发，按照统筹兼顾，适当安排，从数量上协调生产各环节、各部门的联系，以实现按比例发展的一种方法。滚动计划法一般用于中长期计划与年度计划。综合平衡法一般用于编制年（季）度计划。在运用滚动计划法时，也应运用平衡的原理，保证计划的综合平衡。

中长期计划的计划周期长，不宜过细，因此采用远粗近细的滚动计划法编制，如图5-4所示。

滚动计划法不仅可用于中长期计划的编制与调整，同时也可用于年度按季划分、季度按月划分和月按旬划分的月、旬计划的编制和调整，如图5-5所示。

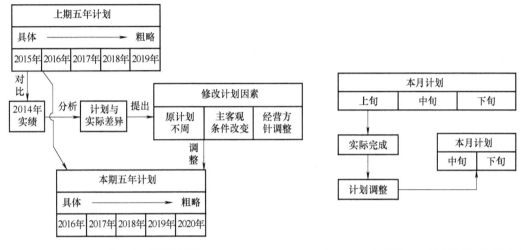

图 5-4　滚动计划法　　　　　图 5-5　采用滚动计划法编制和调整计划

综合平衡法是编制计划的基本方法，主要用来编制短期计划，即年（季）度计划和月、旬计划。综合平衡法的基本出发点是使企业在计划期内所确定的计划任务，建立在市场需求与企业自身综合生产能力平衡的基础上；使企业的前方经营（工程合同要求）与后方生产能力（计划生产任务）平衡，切实保证经营合同的实现。为达到这种平衡，必须根据企业年（季）度预计完成的建安工作量或建筑产品实物工程量，通过对企业内部条件，即原材料、动力、设备生产力、劳动力、资金和综合技术能力以及社会所能提供的协作条件等，进行客观的综合分析，满足综合平衡的要求。

2. 建筑企业计划的实施

计划的编制仅仅是计划工作的开始，只有保证计划全面均衡地实施，才能最终实现企业的战略目标。所谓全面完成计划，是指企业的各个部门要按全部主要指标完成计划，而不能有所偏废；所谓均衡完成计划，是要保证企业在正常活动秩序的基础上稳步发展。

（1）做好计划的组织宣传工作

计划的实施依赖于企业员工的共同努力，这需要员工对计划充分理解，达成共识。因此，做好贯彻计划的组织宣传工作是计划实施的首要环节，是为全面落实计划打下的思想基础。

（2）把计划指标分解落实

根据指标的不同性质，分别交给各职能部门实施归口管理，并层层分解到工程处、施工队和班组，使每个职能部门、工程处、施工队和班组都有完成企业计划指标的具体目标，成为各部门、各工作环节的行动标准。

(3) 各部门各司其职

在贯彻执行企业计划中做到统筹安排，在统一的企业目标下，职能部门应相应地建立计划责任制，使各部门和各单位职责明确，对计划的完成切实负责。

(4) 各部门通力合作

正确处理建筑安装计划与工程施工组织计划的关系，处理好全局与局部的关系，科学安排施工顺序和工程进度，使工程进度、质量、资源供应与成本和安全等多个目标得到统一。

5.2 建筑企业质量管理

建筑企业质量管理，就是在保证工期、降低成本的同时，完成一定数量达到质量标准的工程，也就是说，建造出符合设计和用户满意的工程。所谓用户满意，是指工程可靠、实用性强、造价合理、美观大方、按工期交工、保修服务良好等。因此，在质量管理工作中，不仅要强调工程质量的合格，也应按用户的需要和企业的经济效益目标去努力。只有这样，才能最大限度地提高企业的社会效益和经济效益，达到企业质量管理的目的。

5.2.1 建筑企业质量管理的原则

建筑企业是国民经济中一个重要的物质资料生产部门，重大基本建设投资的60%都要通过建筑安装工作来完成，因此，建筑企业质量管理具有重要的意义。建筑企业质量管理需遵循以下八项原则：

1. 以用户为关注焦点

建筑企业的目标是为用户提供满意的建筑产品。随着经济的发展，市场变化日趋复杂，用户的需求和期望也在不断发展变化。因此，建筑企业要及时调整自己的经营策略和采取必要的措施，以适应市场的变化，满足用户不断发展的需求和期望，还应超越用户的需求和期望，使自己的产品或服务始终处于领先的地位。

2. 领导作用

为了营造一个良好的经营环境，建筑企业的最高管理者应明确企业的质量方针和质量目标，并随时将企业的运行结果与目标进行比较，根据情况来决定实现质量方针、目标的措施和持续改进的措施；还要做到工作务实和以身作则。

3. 全员参与

建筑企业的质量管理不仅需要企业最高管理者的正确领导，还有赖于全体员工的参与。所以，要对全体员工进行质量意识、职业道德、以用户为中心的意识和敬业精神的教育，还要激发他们的积极性和责任感。

4. 过程方法

任何利用资源并通过管理将输入转化为输出的活动，均可视为"过程"。系统地识别和管理企业所应用的过程，特别是这些过程之间的相互作用，称为"过程方法"。利用过程方法，通过识别建筑企业内的关键过程，并加以实施和管理，使其不断改进来达到用户满意，从而使企业进入持续改进的动态循环，以实现企业总体业绩的显著提高。

5. 管理的系统方法

在质量管理中采用系统方法，就是要把质量管理体系作为一个大系统，对组成质量管理体系的各个过程加以识别、理解和管理，以实现质量方针和质量目标。管理的系统方法包括：确定用户的需求和期望，制定质量方针和目标，确定过程和职责，确定过程有效性的测量方法并用来测定实现过程的有效性，防止不合格，寻找改进机会，确定改进方向，实施改进，监控改进效果，评价结果，评审改进措施和确定后续措施等。

6. 持续改进

持续改进实际上是建筑企业对用户日益增长的需求和期望的积极反应，是建筑企业质量管理的一个永恒的话题，它可以确保企业质量管理体系的动态进化。在建筑企业质量管理体系中，持续改进主要包括产品质量、过程及体系的有效性和效率的提高。

7. 基于事实的决策方法

成功的结果取决于活动实施之前的精心策划和正确决策。决策的依据应该是准确的数据和信息，分析数据和信息并据此做出判断是一种良好的决策。对数据和信息进行科学分析时，可借助其他的辅助手段，统计技术就是最重要的工具之一。

8. 与供方互利的关系

供方向企业提供的产品将对企业向用户提供的产品产生重要的影响，因此，建筑企业处理好与供应商的关系，关系到企业能否持续稳定地提供顾客满意的产品。将供方、协作方、合作方都看作是企业经营战略同盟中的合作伙伴，形成共同的竞争优势，可以优化成本和资源，有利于企业和供方的共同利益，具有重要的意义。

5.2.2 全面质量管理

全面质量管理是指一个组织以质量为中心，以全员参与为基础，目的在于通过顾客满意和本组织所有成员及社会受益而达到长期成功的管理途径。全面质量管理的核心是提高人的素质，增强质量意识，调动人的积极性，人人做好本职工作，通过抓好工作质量来保证和提高产品质量和服务质量。

1. 全面质量管理的基本观点

（1）用户第一

"一切为了用户"是全面质量管理的核心思想。它包括两层意思：对企业外部而言，产品都是供给人们生产、生活用的，用户不满意，就谈不上工程质量好；对企业内部而言，下道工序就是上道工序的用户。只有树立一切为用户的思想，才能有效地、及时地、一环扣一环地控制质量，消除隐患，提高整体工程质量。

（2）全面管理

全面质量管理的特点是突出一个"全"字，主要表现在以下几个方面：

1）全过程管理。产品生产的全过程应当包括从市场调查开始，经过计划、设计、外协、准备、制造、装配、检查、试验、销售，直到技术服务为止的全过程的每一阶段。因此，全过程管理是对上述影响产品质量的全过程的每一阶段都要进行管理。对于建筑产品而言，就是从规划开始，对设计、具体施工、竣工验收、定期回访等各个阶段都要进行管理。

2）全部质量的管理。全面质量管理的对象不仅包括终端产品质量，还包括工序质量和工作质量，并着重于工作质量，要求以提高工作质量来保证工序质量，以控制工序质量来保证产品质量。

3）全员管理。由于实行全过程质量管理，企业中的每个人都直接或间接地与生产质量有关。每个人都要在自己的工作中去发现与产品质量有关的因素或特点，进而在同其他人的工作对接（衔接）中，把与产品质量有关的部分协调起来，各负其责，通过每个人的工作质量来保证整个工程的质量。

（3）预防为主

好的质量是制造出来的，而不是检查出来的。好的检查只是一种事后的行为，是对产品制造的反馈。产品质量形成的阶段是在制造阶段，而不是在检查阶段。因而产品质量管理应当从事后把关转到事前控制上来，即应用科学手段，对各种工序进行质量控制，及时掌握工程质量动态，发现不稳定因素后立即分析原因，采取措施消除隐患，达到事先预防的目的。

（4）一切用数据说话

进行定量的科学分析，实现管理定量化。数据是全面质量管理的基础，应广泛应用数理统计的方法，对产品质量进行定量分析，实现管理的定量化。

2. 全面质量管理与传统质量管理的区别

1）从传统的以事后检验和把关为主转变为以预防为主，即从管结果转变为管因素。
2）从传统的就事论事、分散管理转变为以系统观点为指导进行全面的综合治理。
3）突出以质量为中心，围绕质量来开展企业的工作。
4）由单纯符合标准转变为满足用户需要。
5）强调不断改进过程质量，从而不断改进产品和服务质量。

3. 全面质量管理的程序

全面质量管理工作是按照科学的程序运转的，其基本形式是PDCA管理循环。它通过计划（Plan）、实施（Do）、检查（Check）和处理（Action）四个阶段不断循环，把企业质量管理活动有机地联系起来，如图5-6所示。

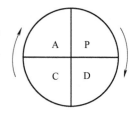

图5-6 PDCA循环

PDCA循环划分为四个阶段八个步骤，其基本内容如下：

第一阶段是计划阶段（即P阶段）。

第一步，分析现状，找出存在的质量问题。

第二步，分析产生质量问题的原因和影响因素。

第三步，从各种原因和影响因素中找出影响质量的主要原因或影响因素。

第四步，制定质量改进措施方案。

第二阶段是实施阶段（即D阶段）。

第五步，对质量管理计划的贯彻执行。

第三阶段是检查阶段（即C阶段）。

第六步，将实施效果与预期目标对比，检查效果，发现问题。

第四阶段是处理阶段（即A阶段）。

第七步，总结经验，纳入标准。

第八步，把遗留问题转入下一个管理循环，为下一期计划提供数据资料和依据。

PDCA循环在企业内部各级都有，整个企业是一个大循环，各个部门又有自己的小循环，如图5-7所示。大循环是小循环的依据，小循环是大循环具体的和逐级贯彻落实的体现。PDCA循环的四个阶段缺一不可，先后次序不能颠倒，整个循环过程就好像一个转动的车轮，在转动中前进。每一个循环结束，质量提高一步，在解决质量问题中滚滚向前，逐步使产品质量提高，如图 5-8 所示。

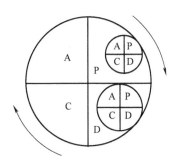

图 5-7 大小 PDCA 循环关系

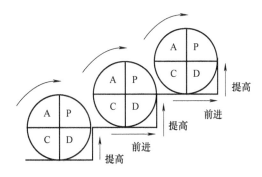

图 5-8 PDCA 循环不断上升

5.2.3 建筑企业质量管理体系

随着市场经济的不断发展，产品质量越来越成为市场竞争的焦点。为了更好地推动企业建立完善的质量管理体系，实施充分的质量保证，建立国际贸易所需要的关于质量的语言和规则，国际标准化组织（ISO）于 1976 年成立了质量管理和质量保证技术委员会（TC 176），着手研究制定国际上遵循的质量管理和质量保证标准。

自 1987 年，ISO/TC 176 首次发布 ISO 9000 系列标准以来，截至 2020 年 10 月共发布了四版。这里以 2008 版为例进行相关介绍。为了更好地与国际接轨，我国也相应发布了四版 GB/T 19000 系列标准。

1. GB/T 19000—2008 族（ISO 9000—2008 族）**标准的特点**

1）标准的结构与内容更好地适用于所有产品类别、不同规模和类型的组织。

2）采用"过程方法"的结构，同时体现了组织管理的一般原理，有助于组织结合自身生产和经营活动采用标准来建立质量管理体系，并重视有效性的改进与效率的提高。

任何得到输入并将其转化为输出的活动均可视为过程。为使组织有效运行，必须识别和管理许多内部相互联系的过程，通常一个过程的输出将直接形成下一个过程的输入。系统识别和组织管理组织内使用的过程，特别是这些过程之间的相互作用，称为过程方法。

图 5-9 是该标准中所提出的过程方法的概念图解。该图给出了组织进行质量管理的循环过程，从"管理职责"过程开始，逆时针进行过程循环。首先在"管理职责"中，对管理者规定了要求，在"资源管理"中涉及资源提供、人力资源、设施及工作环境等要素；在"产品实施"过程中，确定并实施各过程；后继通过"测量、分析和改进"对过程和过程结果进行分析、认可、纠正和改进，最后通过管理评审向"管理职责"提供反馈，实现质量管理体系的持续改进。从水平方向的四个箭头所指示的逻辑关系看，该过程模式同样也实现从识别需要到评定需要是否得到满足的所有活动过程的总体概括。

3）质量管理八项原则在标准中得到充分体现。质量管理八项原则是在总结质量管理实践经验的基础上，用高度概括的语言所表述的最基本、最通用的一般规律，可以指导组织在一定时期内通过关注用户的需求预期而达到改进其总体业绩的目的。它可以作为组织文化的一个重要组成部分。

4）对标准要求的适应性进行了更加科学与明确的规定。在满足标准要求的途径与方法

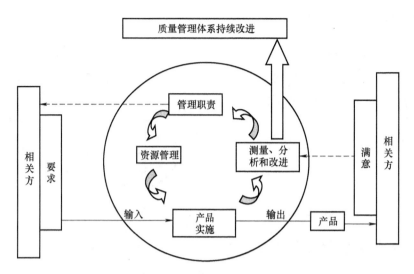

图 5-9 过程方法的概念图解

方面,提倡组织在确保有效性的前提下,可以根据自身经营管理特点做出不同的选择,给予组织更高的灵活度。

5)更加强调管理者的作用。最高管理者通过确定质量目标,制定质量方针,进行质量评审,以及确保资源的获得和加强内部沟通的活动,对其建立、实施质量管理体系并持续改进其有效性的承诺提供依据,并确保用户的要求得到满足,旨在增加用户满意。

6)突出"持续改进"是提高质量管理体系有效性和效率的重要手段。

7)加强质量管理体系的有效性和效率,引导组织以用户为中心并关注相关方的利益,关注产品与过程而不仅仅是程序文件与记录。

8)对文件化的要求更加灵活,强调文件应能够为过程带来增值,记录只是证据的一种形式。

9)将用户和其他相关方满意或不满意作为评价质量管理体系运行状况的一种重要手段。

10)概念明确,语言通俗,易于理解、翻译和使用,用概念图形式表达术语的逻辑关系。

11)强调了 ISO 9001:2008 作为要求性标准,ISO 9004:2009 作为指南性标准的协调一致性,有利于组织业绩的持续改进。

12)增强了与环境管理体系标准等其他管理体系标准的相容性,从而为建立一体化的质量管理体系创造了有利条件。

13)强调质量管理体系战略管理、业务环境和商业模式的关系。指出采用质量管理体系是企业的一项战略性决策,同时,质量管理体系必须适应组织的业务环境,适应业务环境的动态变化,应该识别和管理环境相关的不确定因素带来的风险。2008 版标准更加凸显了风险管理的思想。

14)2008 版标准中诸多标准条款要求的变化体现了最新管理实践的应用和更有效的实践指南。例如,重视"外包"过程的管理,在设计和开发项目管理中引用"并行工程"的项目管理理念,在用户满意度的监视和测量方面提供了更有效的实践指南等。

2. GB/T 19000（ISO 9000）族标准与全面质量管理的比较

全面质量管理是以质量为中心的现代企业管理的一种方式，它是指企业为了保证提高产品质量，综合运用一整套质量管理思想、体系、手段和方法进行的系统管理活动。其特点是"三全"管理（全面管理、全过程管理、全员管理）和树立四个基本观点，即全面质量的观点、为用户服务的观点、以预防为主的观点和用数据说话的观点。

GB/T 19000（ISO 9000）族标准是企业为了实现其质量方针，必须建立的使之有效运行的质量体系。通过对 PDCA 循环（质量环）的分析，找出影响产品和服务质量的技术、管理及人的因素，并使其在建立的质量体系中永远处于受控状态，以减少、消除，特别是预防质量缺陷，保证满足用户的需要和期望，并保护企业的利益；质量体系能被全体员工所理解并行之有效，保证实现企业规定的质量方针和目标。具体比较如表 5-4 所示。

表 5-4 ISO 9000 系列标准与全面质量管理的比较

	项 目	全面质量管理	ISO 9000 系列标准
共同性	管理目标一致	为了实现企业质量方针和目标，以最经济的手段生产出用户满意的产品	
	理论基础一致	朱兰质量螺旋曲线、质量环	
	管理思想一致	系统管理思想；预防为主；一切让数据说话；一切为用户服务；质量经济性及质量控制思想	
	基本要求一致	企业领导是关键；质量培训是保证；系统管理是根本	
	经营思想一致	为了满足用户期望，在激烈竞争中求生存、求发展	
差异性	执行方式不同	企业自愿采用，不具有强制性	是推荐性标准，但在特定环境下会转换成强制性标准
	侧重点不同	以人为核心，通过提高人的素质来提高工作质量，从而达到保证或提高工程质量的目的	建立质量体系，重视对过程的控制，取得质量体系认证，从而生产出用户满意、企业获利的产品（工程）
	作用上有差异	提高企业整体素质，健全各项管理制度，以质量管理带动企业各项管理工作，以实现企业的质量方针和目标	企业建立质量体系，取得质量体系认证，得到用户信任
	管理体系有差异	针对企业的质量管理体系	在合同环境下，为实施外部质量保证而建立的质量保证体系
	质量要求	采用动态的质量标准，追求工作质量和工程质量的不断完善	质量标准在一定期限内保持相对稳定
	两者之间的关系	1）ISO 9000 系列标准是在质量管理科学的基础上发展起来的，以标准形式阐述全面质量管理的原理、观点、方法、内容、要求和目的 2）贯彻 GB/T 19000—ISO 9000 系列标准不是放弃全面质量管理，而是推进全面质量管理工作向更深层次发展 3）GB/T 19000—ISO 9000 系列标准和全面质量管理各有所长、相互补充，标准是人制定的，最终都要靠人去执行 4）全面质量管理是经营管理的方向，推行系列标准是为企业质量管理打下牢固基础，两者可以合二为一	

3. 建筑企业质量管理体系的建立与实施

按照 GB/T 19000：2008（ISO 9000）族标准，质量管理体系的建立和实施包括以下三

个阶段:

(1) 质量管理体系的策划和总体设计

企业的最高管理者应确保对质量管理体系进行策划,以满足质量目标的要求及质量管理体系的总体要求。通过对质量管理体系的策划,确定企业要采用的过程方法模式,从企业的实际出发进行体系的策划和实施。

(2) 质量管理体系文件的编制

质量管理体系文件的编制应在满足标准要求、确保控制质量、提高企业全面管理水平的前提下,建立一套高效、简单、实用的质量管理体系文件。质量管理体系文件包括质量手册、质量管理体系程序文件、质量记录等。

(3) 质量管理体系的实施

为了保证质量管理体系的有效实施,要做到两个"到位":①认识到位。思想认识的不同影响到处理问题的方法和结果,企业各级领导对问题的认识直接影响到本部门质量管理体系的实施,因而对质量管理体系的建立与运行问题一定要达成共识。②管理考核到位。这就要求根据职责和管理内容不折不扣地按质量管理体系运作,并实施监督和考核。

开展纠正和预防活动,充分发挥内审的作用,是保证质量管理体系有效进行的重要环节。所谓内审,是指由经过培训并取得内审资格的人员对质量管理体系的符合性和有效性进行验证的过程。对内审中发现的问题,要制定纠正及预防措施,进行质量的持续改进。内审作用的好坏与贯标认证的实效有着重要的关系。

5.2.4 质量管理统计分析方法

工程中只有广泛地采用统计分析技术,才能使质量管理工作的效益和效率不断提高。质量管理中常用的统计分析方法有七种:排列图法、因果分析图法、直方图法、控制图法、相关图法、分层法和统计调查表法。这七种方法通常又称为质量管理的七种工具。

1. 排列图法

排列图法又称主次因素分析图,是根据意大利经济学家帕累托(Pareto)"关键的少数和次要的多数"原理而产生的,用来分析影响工程(产品)质量主要因素的方法。排列图的构成如图5-10所示。该图由两个纵坐标、一个横坐标、若干个直方图形和一条曲线组成。其中,左边的纵坐标表示频数;右边的纵坐标表示累计频率;横坐标表示影响质量的各种因素;若干个直方形分别表示质量影响因素的项目,直方图形的高度表示影响因素的大小,直方形的顺序按由大到小依次由左向右排列;曲线是根据直方形右边线纵坐标绘制而成的,称累计频率曲线,又称帕累托曲线。

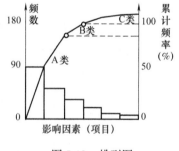

图 5-10 排列图

实际应用中,排列图把影响质量的因素分为 A、B、C 三类。A 类为主要因素,是累计频率在 0~80% 范围内的因素;B 类为次要因素,是累计频率在 80%~90% 范围内的因素;C 类为一般因素,是累计频率在 90%~100% 范围内的因素。

2. 因果分析图法

因果分析图法是利用因果分析图来系统整理分析某个质量问题(结果)与其产生原

因之间关系的有效工具。因果分析图也称特性要因图，又因其形状常被称为树枝图或鱼刺图。

因果分析图的基本形式如图 5-11 所示。因果分析图由质量特性（即质量结果或某个质量问题）、要因（即产生质量问题的主要原因）、枝干（指一系列箭线表示不同层次的原因）、主干（指较粗的直接指向质量结果的水平箭线）等组成。

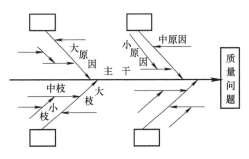

图 5-11 因果分析图的基本形式

因果分析图的绘制步骤如下：

1) 明确质量问题——结果。作图时，首先由左至右画出一条水平主干线，箭头指向一个矩形框，框内注明研究的问题，即结果。

2) 分析确定影响质量特性大的方面原因。一般来说，影响质量因素有五大方面，即人、机械、材料、方法、环境等。另外，还可以按产品的生产过程进行分析。

3) 将每种大原因进一步分解为中原因、小原因，直至分解的原因可以采取具体措施加以解决为止。

4) 检查图中的所列原因是否齐全，可以对初步分析结果广泛征求意见，并做必要的补充及修改。

5) 选择出影响大的关键因素，做出标记"▲"，以便重点采取措施。

混凝土强度不足因果分析图如图 5-12 所示。

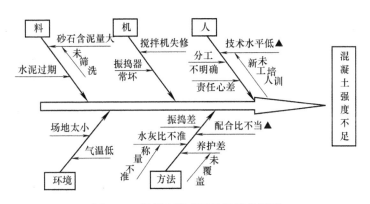

图 5-12 混凝土强度不足因果分析图

绘制和使用因果分析图时应注意以下问题：

1) 集思广益。绘制时，要求绘制者熟悉专业施工方法和技术，调查、了解施工现场的实际条件和操作的具体情况；要以各种形式广泛收集现场工人、班组长、质量检查员、工程技术人员的意见，集思广益、相互启发、相互补充，使因果分析更符合实际。

2) 制定对策。绘制因果分析图不是目的，而是要根据图中所反映的主要原因，制定改进的措施和对策，限期解决问题，保证产品质量。具体实施时，一般应编制一个对策计划表。

混凝土强度不足的对策计划表如表 5-5 所示。

表 5-5 混凝土强度不足的对策计划表

项目	序号	产生问题原因	采取的对策	执行人	完成时间
人	1	分工不明确	根据个人特长，确定每道工序的负责人及各操作人员职责，挂牌明示		
	2	缺乏基本知识	① 组织学习操作规程 ② 搞好技术交底		
工艺	3	配比不当	① 根据数理统计结果，按施工实际水平进行配比计算 ② 进行实验		
	4	水灰比控制不严	① 制作水箱 ② 搅制时每半天测一次砂石含水率 ③ 搅制时控制坍落度在 5cm 以下		
	5	计量不准	校正磅秤		
材料	6	水泥重量不够	进行水泥重量统计		
	7	原材料不合格	对砂石、水泥进行各项指标试验		
	8	石子含泥量大	用搅拌机洗、过筛		
机械	9	振捣器常坏	① 使用前检修一次 ② 施工时配备电工 ③ 准备铁插杆		
	10	搅拌机常坏	① 使用前检修一次 ② 施工时配备检修工人		
环境	11	场地乱	认真清理，搞好平面布置，现场实行分片制		
	12	气候变化	准备草包，养护落实到人		

3. 直方图法

直方图法即频数分布直方图法，它是将收集到的质量数据进行分组整理，绘制成频数分布直方图，用以描述质量分布状态的一种分析方法，所以又称质量分布图法。通过直方图的观察与分析，可了解产品质量的波动情况，掌握质量特性的分布规律，以便对质量状况进行分析判断。

（1）观察直方图的形状，判断质量分布状态

正常型直方图是中间高、两侧低、左右接近对称的图形，如图 5-13a 所示。出现非正常型直方图时，表明生产过程或收集数据作图有问题。这就要求进一步分析判断，找出原因，从而采取措施加以纠正。凡属非正常型直方图，其图形分布有各种不同缺陷，归纳起来一般有五种类型，如图 5-13b ~ 图 5-13f 所示。

1）折齿型（图 5-13b），是由于分组不当或者组距确定不当出现的直方图。

2）左（或右）缓坡型（图 5-13c），主要是由于操作中对上限（或下限）控制太严造成的。

3）孤岛型（图 5-13d），是原材料发生变化，或者临时他人顶班作业造成的。

4）双峰型（图 5-13e），可能是由于用两种不同方法或两台设备或两组工人进行生产的产品质量数据混在一起整理产生的。

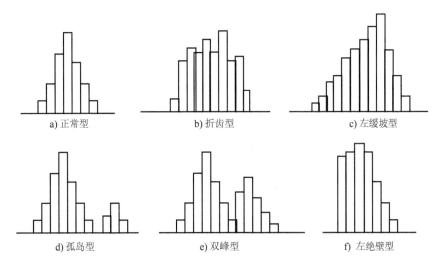

图 5-13 常见的直方图图形

5）左（或右）绝壁型（图 5-13f），是由于数据收集不正常，可能有意识地去掉下限以下（或上限以上）的数据，或是在检测过程中存在某种人为因素所造成的。

（2）将正常型直方图与质量标准比较，判断实际生产过程能力

除了观察直方图形状，分析质量分布状态外，再将正常型直方图与质量标准进行比较，从而判断实际生产过程能力。正常型直方图与质量标准相比较，一般有如图 5-14 所示的六种情况。图 5-14 中：

T——质量标准要求界限；

B——实际质量特性分布范围。

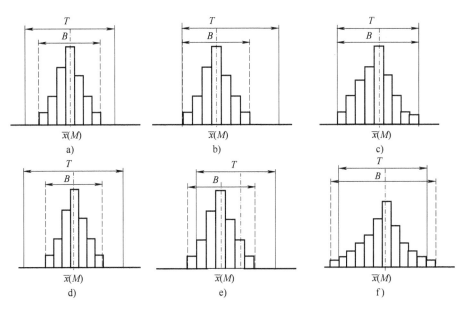

图 5-14 实际质量分布与标准

1) 图 5-14a 中，B 在 T 中间，质量分布中心 $\bar{x}$ 与质量标准中心 M 重合，实际数据分布与质量标准相比较两边还有一定余地。这样的生产过程质量是很理想的，说明生产过程处于正常的稳定状态。在这种情况下生产出来的产品可认为全都是合格品。

2) 图 5-14b 中，B 虽然落在 T 内，但质量分布中心 $\bar{x}$ 与 T 的中心 M 不重合，偏向一边。这样如果生产状态一旦发生变化，就可能超出质量标准下限或上限而出现不合格品。出现这样的情况时应迅速采取措施，使直方图移到中间来，$\bar{x}$ 与 M 重合。

3) 图 5-14c 中，B 在 T 中间，$\bar{x}$ 与 M 重合，但 B 的范围接近 T 的范围，没有余地，生产过程一旦发生小的变化，产品的质量特性值就可能超出质量标准。出现这种情况时，必须立即采取措施，以缩小质量分布范围。

4) 图 5-14d 中，B 在 T 中间，$\bar{x}$ 与 M 重合，但两边余地太大，说明加工过于精细，不经济。在这种情况下，可以对原材料、设备、工艺、操作等控制要求适当放宽些，有目的地使 B 扩大，从而有利于降低成本。

5) 图 5-14e 中，$\bar{x}$ 与 M 不重合，且质量分布范围 B 已超出标准下限之外，说明已出现不合格品。此时必须采取措施进行调整，使质量分布位于标准之内。

6) 图 5-14f 中，$\bar{x}$ 与 M 重合，质量分布范围完全超出了质量标准上、下界限，散差太大，产生许多废品，说明过程能力不足。在这种情况下，应提高过程能力，使质量分布范围 B 缩小。

4. 控制图法

控制图又称管理图，它是在直角坐标系内画有控制界限，描述生产过程中产品质量波动状态的图形。利用控制图区分质量波动原因，判明生产过程是否处于稳定状态的方法称为控制图法。

（1）控制图的基本形式

控制图的基本形式如图 5-15 所示，横坐标为样本（子样）序号或抽样时间，纵坐标为被控制对象，即被控制的质量特性值。控制图上一般有三条线：在上面的一条虚线称为上控制界限，用符号 UCL 表示；在下面的一条虚线称为下控制界限，用符号 LCL 表示；中间的一条实线称为中心线，用符号 CL 表示。中心线标志着质量特性值分布的中心位置，上、下控制界限标志着质量特性值允许波动范围。

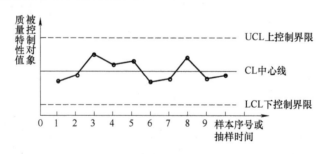

图 5-15 控制图的基本形式

在生产过程中通过抽样取得数据，把样本统计量描在图上来分析判断生产过程状态。如果点子随机地落在上、下控制界限内，则表明生产过程正常，处于稳定状态，不会产生不合格品；如果点子超出控制界限，或点子排列有缺陷，则表明生产条件发生了异常变化，生产过程处于失控状态。

（2）控制图的用途

控制图是用样本数据来分析判断生产过程（总体）是否处于稳定状态的有效工具。其主要用途有：

1）过程分析，即分析生产过程是否稳定。为此，应随机连续收集数据，绘制控制图，观察数据点分布情况并判定生产过程状态。

2）过程控制，即控制生产过程质量状态。为此，要定时抽样取得数据，将其变为点子描在图上，发现并及时消除生产过程中的失调现象，预防不合格品的产生。

前述排列图法、直方图法是质量管理的静态分析法，反映的是质量在某一段时间里的静止状态。然而产品都是在动态的生产过程中形成的，因此，在质量管理中只用静态分析法显然是不够的，还必须有动态分析法。只有采用动态分析法，才能随时了解生产过程中质量的变化情况，及时采取措施，使生产处于稳定状态，起到预防废品出现的作用。控制图就是典型的动态分析法。控制图早在1924年由美国贝尔研究所的休哈特（W. A. Shewhart）博士首先提出，目前已成为各国质量管理常用的统计分析工具。

（3）控制图的观察与分析

绘制控制图的目的主要是对控制图进行观察与分析，判断生产过程是否处于稳定状态。这主要通过对控制图上点子分布情况的观察与分析来进行。因为控制图上点子作为随机抽样的样本，可以反映出生产过程（总体）的质量分布状态。

当控制图同时满足以下两个条件：一是点子全部落在控制界限之内；二是控制界限内的点子排列没有缺陷，就可以认为生产过程基本上处于稳定状态。

所谓点子全部落在控制界线内，是指应符合下述三个要求：①连续25点以上处于控制界限内；②连续35点中仅有1点超出控制界限；③连续100点中不多于2点超出控制界限。

所谓控制界限内的点子排列没有缺陷，是指点子的排列是随机的，而没有出现异常现象。这里的异常现象是指点子排列出现了"链""同侧""趋势"等情况。

1）链，是指点子连续出现在中心线一侧的现象。

① 出现5点链，应注意工序发展状况。

② 出现6点链，应开始调查原因。

③ 出现7点链，应判定工序异常，需采取处理措施，如图5-16a所示。

2）多次同侧，是指点子在中心线一侧多次出现的现象，或称偏离。下列情况说明生产过程已出现异常。

① 连续11点中有10点在同侧，如图5-16b所示。

② 连续14点中有12点在同侧。

③ 连续17点中有14点在同侧。

④ 连续20点中有16点在同侧。

3）趋势或倾向，是指点子连续上升或连续下降的现象。连续7点或7点以上上升或下降排列，就应判定生产过程有异常因素影响，要立即采取措施，如图5-16c所示。

4）周期，即点子的排列显示周期性变化的现象。这样即使所有点子都在控制界限内，也应认为生产过程为异常，如图5-16d所示。

5）点子排列接近控制界限，是指点子落在了 $x \pm 2\sigma$ 以外、$x \pm 3\sigma$ 以内。如属下列情况的，判定为异常，如图 5-16e 所示：
① 连续 3 点至少有 2 点接近控制界限。
② 连续 7 点至少有 3 点接近控制界限。
③ 连续 10 点至少有 4 点接近控制界限。

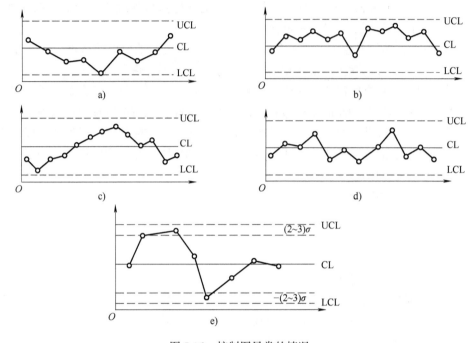

图 5-16 控制图异常的情况

5. 相关图法

相关图又称散布图，在质量管理中，它是用来显示两种质量数据之间关系的一种图形（图 5-17）。质量数据之间的关系多属相关关系，一般有三种类型：一是质量特性和影响因素之间的关系；二是质量特性和质量特性之间的关系；三是影响因素和影响因素之间的关系。

可以用 y 和 x 表示质量特性值和影响因素，通过绘制散布图，计算相关系数等，分析研究两个变量之间是否存在相关关系，以及这种关系密切程度如何，进而对相关程度密切的两个变量，通过对其中一个变量的观察控制，去估计控制另一个变量的数值，以达到保证产品质量的目的。

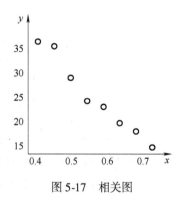

图 5-17 相关图

6. 分层法

分层法又称分类法，是指将调查收集的原始数据，根据不同的目的和要求，按某一性质进行分组、整理的分析方法。分层的结果使数据各层间的差异突出地显示出来，层内的数据差异减少了。在此基础上再进行层间、层内的比较分析，可以更深刻地发现和认识质量问题的本质和规律。由于产品质量是多方面因素共同作用的结果，因而对同一批数据，可以按不同性质分层，使人们能从不同角度来考虑、分析产品存在的质量问题和影响因素。常用的分层标志有：
1）按操作班组或操作者分层。
2）按机械设备型号、功能分层。
3）按工艺、操作方法分层。
4）按原材料产地或等级分层。
5）按时间顺序分层。

7. 统计调查表法

统计调查表法是指利用专门设计的统计调查表，进行数据收集、整理和粗略分析质量状态的一种方法。在质量管理活动中，利用统计调查表搜集数据，简便灵活，便于整理。它没有固定的格式，一般可根据调查的项目，设计不同的格式。常用的统计分析表有：
1）统计产品缺陷部位调查表。
2）统计不合格项目的调查表。
3）统计影响产品质量主要原因调查表。
4）统计质量检查评定用的调查表等。

5.3 建筑企业安全管理

5.3.1 建筑企业安全管理概述

1. 安全管理的内涵

安全管理是识别和分析人类社会生产活动中可能存在的各种危险源，并采取有效措施控制和消除危险，预防和减少事故发生的动态管理过程。安全管理的内涵主要包括识别和分析危险源及控制和消除危险两个方面，这两者相辅相成、缺一不可。从安全管理的主体和层次来看，可分为宏观安全管理和微观安全管理。宏观安全管理是指国家安全管理的相关部门和组织机构通过制定法律，从宣传、监督和检查等方面入手，对社会生产活动中的安全问题进行规范和管理，是微观安全管理的指导准则。微观安全管理则是指从企业的角度出发，为了实现安全生产的管理目标，通过运用现代安全管理的理论和方法，进行相关的计划、组织和控制活动的动态过程。企业安全管理作为企业生产管理的重要组成部分，涉及生产要素中的人、物、环境的状态控制和管理。

2. 建筑企业安全管理的概念

建筑企业安全管理是安全管理的理论和方法在施工生产过程中的具体应用，对建设项目实施过程中的人、物、环境等要素进行具体的控制和管理，以消除人的不安全行为和物与环境的不安全状态，从而有效保证建筑施工生产任务的顺利进行。由于建设项目作业场所固定、施工周期长、工种众多、不安全因素复杂多变，建筑企业的安全生产管理难度较大，事故发生率也较高，故加强安全管理，确保项目安全实施，在建筑企业管理工作中尤为重要。

5.3.2 建筑企业职业安全管理体系标准

1. OHSAS 18000 系列标准的主要内容

OHSAS 18000 全称 Occupational Health and Safety Assessment Series 18000，即职业健康安

全评估系列标准，是从职工和相关方面利益角度出发，规范企业生产活动对人员健康安全的影响。该系列标准包括 OHSAS 18001《职业健康安全管理体系——规范》和 OHSAS 18002《职业健康安全管理体系——OHSAS 18001 实施指南》两部分。前者规定了该体系的一般要求和基本要素，为组织建立和实施职业安全健康管理体系提供规范化和标准化的指导，为组织内部和外部职业健康安全管理体系审核和认证提供标准；后者为建立和实施职业健康安全管理体系提供可操作的建议和指南，使组织通过资源配置、职责分配以及对作业、程序和过程的不断评价，有序处理各项事务，确保达到职业健康安全的目标。

OHSAS 18000 系列标准提出了以 PDCA 循环为基础的职业健康安全管理体系模式，把体系中的计划、组织、实施、检查和监控等活动以文件化的目标和程序表现出来，其管理体系模式如图 5-18 所示。

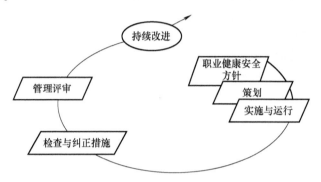

图 5-18 职业健康安全管理体系模式

企业建立职业健康安全管理体系，首先，要明确指导方针，然后在此基础上，有针对性地进行策划，进一步付诸实施和运行；其次，运行过程中要对体系进行检查与纠错，发现运行中的问题，并分析和解决问题；最后，依照管理评审的标准对企业整个体系的建立和运行进行评价，进一步调整目标和方案。如此循环，持续改进，最终实现有效预防和控制职业健康安全的事故发生，提升企业的综合管理水平。

2. OHSAS 18000 系列标准的管理理念

OHSAS 18000 系列标准对安全的定义包括保证生产过程中人员的健康安全及保证各个生产环境过程的安全两个方面的内容。因此，企业要建立完善的职业健康管理体系，不仅要重视人员的教育和培训，还要在生产过程的各个环节重视危险源的预防和控制。

OHSAS 18000 系列标准中蕴含的管理理念主要包括：突出领导者的引导作用；强调生产过程危险源的识别和控制；实行动态化的管理；重视人员的教育和培训工作。

3. OHSAS 18000 系列标准的重要意义

OHSAS 18000 系列标准是许多发达国家和知名企业在进行职业健康安全管理过程中的成功经验总结，具有高度的实用性和有效性。该标准倡导企业以系统的观点来看待健康安全管理工作，重视职业健康安全管理的整体效果，实行全员、全方位、全过程的管理，以预防为主，最大限度地减少事故的发生，维护全体员工的切身利益。因此，企业实施 OHSAS 18000 系列标准具有重要意义。

从外在竞争力角度而言，企业实施 OHSAS 18000 系列标准是与国际接轨的表现，促使企业实现职业健康安全管理的标准化、规范化和现代化。以 OHSAS 18000 系列标准为指南，能够更为充分地吸收和借鉴国际上的先进管理经验和技术，有效提高企业安全管理和综合管理能力，对企业树立良好的社会形象、提高自身竞争力，具有极大的促进作用。

对内部管理绩效角度而言，职业健康安全管理体系是完善企业现代管理制度建设的重要方面。企业通过实施 OHSAS 18000 系列标准，一方面能够提高全体员工的安全意识，在工作中落实责任，使企业顺利开展职业健康安全管理工作；另一方面通过科学高效的组织，以及自我完善的机制，能够有效预防和控制企业生产过程中的事故，提高生产效率，最大限度地减少因职业健康和安全问题所产生的负面经济影响，增强企业的发展动力和凝聚力。

5.3.3 建筑企业安全生产管理体系

1. 建筑企业安全生产管理组织形式

根据有关规定，安全生产管理机构是指建筑企业及其在建设工程项目中设置的负责安全生产管理工作的独立职能部门。建筑企业所属的分公司、区域公司等较大的分支机构应当各自独立设置安全生产管理机构，负责本企业（分支机构）的安全生产管理工作。建筑企业及其所属分公司，区域公司等较大分支机构，必须在建筑工程项目中设立安全生产管理机构。因此，我国的建筑企业安全管理一般分为三个层次：公司、建筑工程施工项目经理部、班组。其中，建筑企业的法人代表对本企业的安全生产工作负有全面责任。建筑工程施工项目经理部作为企业具体的安全生产管理机构，主要负责贯彻实施国家有关安全施工的方针、政策、法令、法规及上级有关规定，协助企业决策层对安全生产进行日常管理，并负责安全生产检查。班组作为建筑企业的操作层是整个建筑企业安全生产管理体系中的基础环节，应该严格执行安全生产规章制度，服从安全监督人员的指导，遵守操作规程。

由于我国的建筑企业大多数进行劳务分包，因此建筑企业中，班组操作层的工作基本由分包单位承担，所以承包单位与分包单位之间也形成一定的安全生产组织管理体系。具体为承包人负责审查分包人的安全施工资格和安全生产保证体系，并负责在施工中监督、检查分包人的安全生产日常工作。分包人负责施工现场的安全生产，遵守承包人的安全生产制度，服从承包人的安全生产管理，及时向承包人汇报伤亡事故，并协助承包人进行事故调查。

2. 建筑企业安全生产责任制度

安全生产责任制是企业各级领导、各个部门、各类人员在其职责范围之内，对安全生产应负责任的一种制度。安全生产责任制应当充分体现责权利相统一的原则，实现对企业安全生产管理人员有效的约束和激励，为企业安全生产管理体系的有效运转奠定基础。

（1）企业主要建筑施工相关人员岗位责任制

1）企业主要负责人（董事长、法定代表人、经理）。企业主要负责人对本企业的安全生产负全面领导责任，负责组织制订年度和特殊时期的安全生产目标计划；负责组织建立专职安全生产管理机构及规章制度；负责组织制定、实施本企业的生产安全事故应急救援预案等。

2）企业主管生产的副经理。企业主管生产的副经理主要负责组织建立专职安全管理机构和安全生产管理制度；组织实施企业安全生产目标和安全生产计划；负责组织企业的安全生产宣传教育工作及定期的安全检查；按时组织安全生产工作会议，及时向企业主要负责人汇报等。

3）企业技术负责人（总工程师）。企业技术负责人对企业的施工安全生产工作负技术领导责任，组织安全技术交底工作；对分部分项工程安全技术措施和专业性强的施工方案进行严格审查；对企业使用的新材料、新技术、新工艺、新设备从技术上负责。

4）项目负责人（项目经理）。项目经理是施工现场安全生产的第一责任人，对施工现场的安全生产负全面领导责任。根据工程项目的规模特点，建立安全生产管理专职机构及其规章制度；负责对项目部人员进行安全生产教育培训工作；按时对施工现场进行安全检查，发现问题及时采取措施进行整改，预防安全生产事故的发生；组织制定生产安全事故的应急救援预案，制定预防措施及处理方案等。

5）项目技术负责人（项目主任工程师）。项目技术负责人对项目的安全生产负技术管理责任；负责对项目的安全技术交底工作；对项目中使用新材料、新技术、新工艺、新设备从技术上负责，组织编制相应的安全技术措施和操作过程，并对生产工人进行安全技术培训；参加安全生产检查。

6）安全员。负责对施工现场的安全生产条件和安全生产行为实施监督检查，监督各项安全管理制度和技术措施的执行情况；编写分部分项工程安全技术交底；参加生产安全事故的调查分析，并负责上报和对事故进行统计归档工作；负责收集整理施工现场安全工作的基础性资料，建立健全资料档案。

（2）企业相关职能部门安全责任

1）质量安全部门。贯彻执行国家、地方政府及企业关于安全生产和劳动保护法的各项规章制度，组织编制各项安全生产制度、方案、措施、预案及交底，对各工程施工组织设计中的安全技术措施进行审查；参加事故调查处理，制定危险品和有毒材料的管理和保卫制度等。

2）技术部门。严格根据国家安全技术规定、规程和标准组织编制和审批施工组织设计中安全技术措施，编制适合企业自身的安全技术生产规程；审批建设工程设计中的安全防护措施，对施工现场存在的重大安全隐患提出决定性整改意见。

3）财务部门。按照安全生产需要，评估安全生产的资金投入，把审定的安全生产所需经费列入年度预算，并落实检查安全经费的使用情况；负责安全生产奖罚款的收付工作；办理企业职工工伤保险和工程项目意外保险。

4）物资部门。根据年度安全资金使用计划制订相关安全防护用品和机械设备采购计划，保证安全保障用品和机械设备的正常使用和周转灵活；制定所有机械设备的安全技术操作规程和管理制度。

3. 建筑企业安全教育培训制度

安全教育培训是安全施工生产的重要条件，必须从企业每一个员工自身抓起，将安全生产管理作为一项长期性的工作来做，才能减少生产安全事故的发生。同时也要具备很强的专业性，既要教授系统的管理知识对现场进行管理，也要教授技术性知识来解决施工中遇到的各种难题。

安全教育培训的内容包括：

（1）安全态度教育培训

向企业人员讲解国家的安全法规和规章制度，使他们树立安全生产价值观，增强安全意识。

（2）安全知识教育培训

安全知识教育培训分为安全管理知识教育培训和安全技术知识教育培训两方面。安全管理知识培训讲授安全管理组织机构、管理体制、基本安全管理方法、系统安全工程理论，以及对生产安全事故的预测和计划管理；安全技术知识培训侧重于生产技术过程、作业方式、工艺流程和安全保护等方面知识的讲解。

（3）安全技能教育培训

对企业职工按照实际生产过程中的标准化作业要求进行培训，并进一步巩固安全意识。

4. 建筑企业安全检查与验收

安全检查是发现不安全行为和不安全状态的重要途径，是消除事故隐患、落实整改措施、防止事故伤害、改善劳动条件的重要方法。

安全检查的形式按照检查时间的不同，可分为定期检查、日常检查、突击检查等；按照检查项目的不同，可分为专业性安全检查、群众性安全检查、纪检性安全检查等。

（1）安全检查的要求

1）每种安全检查都应有明确的检查目的、检查项目、内容及标准，根据检查要求，调配相应的专业人员。对特殊过程、关键部位应重点检查。

2）严格按照检查评分表的格式进行记录，记录要做到真实、详细，特别是对隐患的检查记录，更要做到翔实可靠，如隐患的位置、危险程度、处理意见。

3）安全检查评价要用定性与定量相结合的分析方法，分析项目没有达标的原因，并提出整改意见。受检单位应根据安全检查评价报告及时制定改进措施。

4）整改是安全检查的最终目的，也是安全检查重要的组成部分。受检单位应在规定的时间内进行整改，并反馈整改结果；安检单位将组织进行复查。

（2）安全检查的内容

安全检查的内容主要是查思想、查制度、查机械设备、查安全设施、查安全教育培训、查操作行为、查劳保用品使用、查伤亡事故的处理等。根据《建筑施工安全检查标准》（JGJ 59—2011）的规定，对生产安全事故集中的安全管理、文明施工、脚手架、基坑工程、模板支架、高处作业、施工用电、物料提升机与施工升降机、塔式起重机与起重吊装、施工机具10个方面的保证项目和一般项目进行安全检查。其中，保证项目是指检查评定项目中，对施工人员生命、设备设施及环境安全起关键性作用的项目。检查评定项目中，除保证项目以外的其他项目为一般项目。

（3）事故隐患的整改和处理

对于在安全检查中发现的事故隐患，由安全检查负责人签发事故隐患整改通知单，受检方按着"四定"原则，即定整改责任人、定整改措施、定整改完成时间、定整改验收人进行整改和处理，待整改完成后，由安全检查负责人组织进行复查；对于在安全检查中发现的重大危险性隐患，检查人员应当立即责令停工，生产管理人员必须立即停止施工，待整改验收合格后方可恢复施工；逾期不整改销案者，应依据相关规定给予处罚，若由此引发生产安全事故，可依法追究相关责任人的相关法律责任；安全生产管理人员应对事故隐患进行跟踪检查，并保存验证记录。

（4）建筑企业安全验收

建筑企业安全验收制度秉持"验收合格才能使用"的原则，对施工现场的安全技术方案、安全技术措施、各种施工设施和安全防护设施进行安全验收。所有验收项目在使用前必须经过安全检查，确认合格并进行安全验收、使用安全交底后方可使用。

5. 建筑企业生产安全事故应急预案

建筑企业应该按照有关部门要求,编制本企业的建筑施工生产安全事故应急预案。主要内容有:

1)总则,包括本预案的编制目的、原则、适用范围等。

2)组织指挥体系及职责,包括建立本企业的生产安全事故组织指挥体系,明确各自的职责和权限,建立组织指挥体系与企业内部各部门及政府相关部门、救援相关机构的联系渠道和形式。

3)事故的预测、预警。各相关单位应坚持早发现、早报告、早处置和预防为主的原则,进行规范、严格的安全信息日常监测,建立重大危险源档案,快速辨识事故及其严重性、可控性和影响,及时发现安全隐患,并快速上报有关机构。

4)应急响应处置。建筑企业发生事故后应快速上报有关部门,然后迅速采取营救、转移、撤离或者疏散等应对措施,控制事态发展,减少损失,保护事故现场。

5)事故调查分析、评测与后果评估。由各地、市应急指挥部门专家组负责,建设、公安、安监、监察、工会等部门协作,分析原因和事故责任,评估事故后果,提供相关决策依据。

6)事故调查和经验教训总结及改进。

5.3.4 建筑企业生产安全事故管理

1. 事故的概念及分类

(1)事故的概念及特性

事故从广义角度讲就是使系统或人有目的的行动遭受阻碍或中止,可能导致人员受到伤害或财产受到损失的非预谋性意外事件。对于建筑企业,生产安全事故是指生产经营单位在生产经营活动(包括与生产经营有关的活动)中突然发生的,伤害人身安全和健康,或损坏设备设施,或造成经济损失,导致原生产经营活动(包括与生产经营活动有关的活动)暂时中止或永远终止的意外事件。

生产安全事故具有因果性、随机性、潜伏性和预测性。

(2)事故分类

1)按照事故的严重程度划分。具体如下:

① 特别重大事故:是指造成30人以上死亡,或者100人以上重伤(包括急性工业中毒,下同),或者1亿元以上直接经济损失的事故。

② 重大事故:是指造成10人以上30人以下死亡,或者50人以上100人以下重伤,或者5000万元以上1亿元以下直接经济损失的事故。

③ 较大事故:是指造成3人以上10人以下死亡,或者10人以上50人以下重伤,或者1000万元以上5000万元以下直接经济损失的事故。

④ 一般事故:是指造成3人以下死亡,或者10人以下重伤,或者1000万元以下直接经济损失的事故。

2)按照事故原因划分。按着《企业职工伤亡事故分类标准》(GB 6441—1986)将企业工伤事故分为20类,分别为物体打击、车辆伤害、机械伤害、起重伤害、触电、淹溺、灼烫、火灾、高处坠落、坍塌、冒顶片帮、透水、放炮、瓦斯爆炸、火药爆炸、锅炉爆炸、容器爆炸、其他爆炸、中毒和窒息以及其他伤害等。

3）按着伤害程度划分。此种分类是按照损失的工作日数量来衡量的，损失的工作日是指受伤者丧失劳动能力（简称失能）的工作日。损失的工作日数量可以参照有关规定（如 GB 6441—1986）计算或选取。

① 轻伤：是指损失 1 个工作日以上（含 1 个工作日）、105 个工作日以下的失能伤害。

② 重伤：是指损失 105 个工作日（含 105 个工作日）以上、不超过 6000 个工作日的失能伤害。

③ 死亡：是指损失工作日定为 6000 个工作日，这是根据我国职工的平均退休年龄和平均死亡年龄计算出来的。

2. 事故理论与分析方法

（1）事故致因理论

1）事故频发倾向理论。事故频发倾向是指个别容易发生事故的、稳定的、个人的内在倾向。1919 年英国的格林伍德（Greenwood）和伍兹（Woods）通过统计分析，发现工厂中存在着事故频发倾向者。1939 年，法默（Farmer）和查姆勃（Chamber）明确提出了事故频发倾向的概念，认为事故频发者的存在是工业事故发生的主要原因。但也有许多研究表明，事故的发生不仅与个人因素有关，而且与生产条件、工人的工作经验、熟练程度有关，明兹（Mintz）等因此提出事故遭遇倾向，即某些人员在某些生产作业条件下容易发生事故的倾向。当人员素质不符合生产操作要求时，人在生产操作中就会发生失误或不安全行为，从而导致事故发生。

2）事故因果连锁理论。1931 年，美国工程师海因里希（Heinrich）首先提出了著名的事故因果连锁理论，用以阐述导致事故发生的各种因素及与事故之间的关系。他提出的事故因果连锁过程包括五个因素：遗传和社会环境、人的缺点、人的不安全行为和物的不安全状态、事故、伤害。就像多米诺骨牌，一旦第一张骨牌倒下，就会导致第二张、第三张直至第五张骨牌依次倒下，最终导致事故和相应的损失。而控制事故发生的可能性及减少伤害和损失的关键环节在于消除人的不安全行为和物的不安全状态，即抽去第三张骨牌就有可能避免第四张和第五张骨牌倒下。这一理论被广泛应用于安全生产管理中。建筑工程施工现场要求施工前施工人员必须认真检查施工机具和安全防护设施，并且保证施工人员处于安全的工作状态，正是这一理论在工程施工安全管理中的具体体现。

3）系统致因理论。反映现代安全观点的事故因果连锁中一个最重要的因素是安全管理失误。轨迹交叉理论认为，如果管理上出现缺陷，就会导致人的不安全行为和物的不安全状态，当人的不安全行为和物的不安全状态在各自的发展轨迹中，在一定的时间和空间发生了交叉，伤害事故就会发生。为了从根本上预防事故，必须追究事故的基本原因，其次是查明不安全行为或不安全状态的直接原因。还有研究认为，操作人员的不安全行为与生产作业活动的不安全状态等现场失误，以及企业领导者和事故预防工作人员的管理失误是分不开的。

系统模型认识到作业者、机器和工作环境之间不可分割的联系。为有效预防和控制事故的发生，应为作业者提供大量准确可靠的信息并增加培训，以提高其决策的有效性，降低风险，同时保证机器设备的可靠性，并提供一个良好的环境，建立一个"人-机-环境"协调工作及操作可靠的安全生产系统。

（2）事件树分析法

事件树分析法（Event Tree Analysis）是决策树分析方法在灾害分析上的应用，是一种既能定性分析又能定量分析的方法。树形图从作为危险源的初始事件出发，根据后续事件或安全措施是否成功作为分支，最后到灾害事件发生为止。

事件树图的绘制是根据系统简图由左至右，将系统内的各个事件按完全对立的两种状态（成功和失败）进行分支。在表示各个事件的节点上，一般表示成功事件的分支向上，表示失败事件的分支向下，每个分支上注明其发生的概率，最后再与表示系统状态的输出连接起来。事件树分析法主要应用于以下几种情况：

1）搞清楚初始事件到事故的过程，系统地图示各种故障与系统成功、失败的关系。
2）提供定义故障树顶上事件的手段。
3）可用于事故分析。

图 5-19 是工人从脚手架上坠落事故的事件树分析。

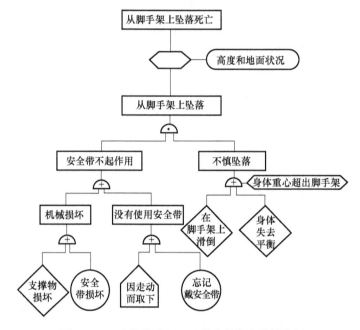

图 5-19　工人从脚手架上坠落事故的事件树分析

（3）故障树分析法

故障树分析（Fault Tree Analysis）法与事件树分析法相反，是从事故开始，按生产工艺流程及因果关系逆时序地进行分析，最后找出事故的起因，如图 5-20 所示。它可以做定性或定量分析，揭示事故起因和发生的各种潜在因素，以便于对事故发生进行系统预测和控制。

故障树分析法的步骤为：

1）确定所分析的系统，即确定系统所包括的内容及其边界范围。
2）熟悉所分析的系统，包括系统性能、运行情况、操作情况及各种重要参数等。必要时画出工艺流程图及布置图。
3）调查系统发生的事故。调查分析过去、现在和未来可能发生的故障，同时调查本单位及外单位同类系统曾发生的事故。
4）确定故障树的顶上事件，即确定所要分析的对象事件，将易于发生且后果严重的事件作为顶上事件，调查与顶上事件所有有关的原因事件。

5）故障树作图。按照建树原则，从顶上事件开始，一层一层往下分析各自的直接原因事件，根据彼此间的逻辑关系，用逻辑符号连接上下层事件，直到要求的分析深度。

6）定性分析。分析该类事故的发生规律和特点，找出控制事故的可行性方案，并从故障树结构上和发生概率上分析各基本事件的重要程度，并按轻重缓急分别采取对策。

7）定量分析。确定各基本事件的故障率或失误率；求取顶上事件发生的概率，将计算结果与通过统计分析得出的事故发生概率进行比较。

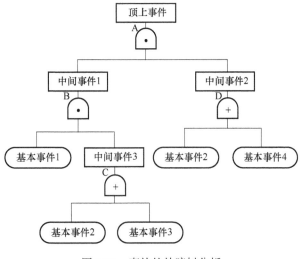

图 5-20　事故的故障树分析

8）安全性评价。根据损失率的大小评价该类事故的危险性。

3. 事故的报告、调查和处理

（1）事故的报告

生产安全事故的报告遵循逐级上报的原则。必要时，安全生产监督管理部门和负有安全生产监督管理职责的有关部门可以越级上报事故情况。

事故发生后，事故现场有关人员应当立即向本单位负责人报告，本单位负责人接到报告后，应当于一小时内向事故发生地县级以上人民政府安全生产监督管理部门和负有安全生产监督管理职责的有关部门报告；安全生产监督管理部门和负有安全生产监督管理职责的有关部门接到事故报告后，应当依照规定逐级上报事故情况，并通知本级人民政府、公安机关、劳动保障行政部门、工会和人民检察院。特别重大事故、重大事故应逐级上报至国务院。

（2）事故的调查

事故调查分析的主要内容包括事故发生单位情况、事故发生经过和事故救援情况、事故造成的人员伤亡和直接经济损失、事故发生的原因和事故性质、事故责任的认定以及对事故责任者的处理建议、事故防范和整改措施。

（3）事故的处理

事故的处理应遵循"四不放过"原则：事故原因没有查清不放过，事故责任者没有严肃处理不放过，人民群众没有受到教育不放过，防范措施没有落实不放过。

复习思考题

1. 建筑企业计划指标体系有哪些？建筑企业计划如何编制实施？
2. 什么是全面质量管理？全面质量管理与传统质量管理的区别是什么？
3. 什么是质量管理体系？ISO 9000 系列标准与全面质量管理相比较，其共同点和差异分别是什么？
4. 建筑企业如何建立安全管理体系？如何进行生产安全事故管理？

第6章

建筑企业要素管理

6.1 建筑企业材料管理

6.1.1 建筑企业材料管理概述

1. 建筑企业材料管理的意义

材料管理是建筑企业管理、建设工程项目管理的重要内容。建筑材料作为构成工程实体的重要生产要素，对建设工程的开展与企业经济效益直接相关。通过对建筑材料进行有效的计划、采购、运输、保管和使用，可以确保建设工程的工期质量要求，进而推动建筑企业的稳定、长效发展。具体来说，材料管理具有以下意义：

1）为建筑企业正常的生产活动提供保障。施工生产过程伴随着各种建筑材料的消耗，有计划的材料供应可以确保施工按进度完成，避免因材料供应问题导致施工中断，有利于各部门相互协作，提高工作效率。

2）为建设工程的质量提供保障。材料管理通过严格的采购审查、技术部门检验、进场检验、运输保管等方面的规定，对材料的质量进行把控。将责任落实到岗、落实到人，从源头上保证了工程质量。

3）促进企业经济效益的提升。超过60%的工程成本来自材料费用，因此，控制材料费用是建筑企业控制工程总造价的重要途径。一方面，通过掌握建筑材料市场的精确动态，选择合理的采购模式，采取合理的运输与保管方式，能够减少材料损耗，降低材料费用，有效节约工程成本；另一方面，通过科学的库存管理，可以提高流动资金的利用效率，为企业带来经济效益。

2. 建筑材料分类

对建筑材料进行分类是材料管理的一项基础工作。根据不同的分类标准和目的，建筑材料可分为不同的类别。

（1）按材料的化学性质分类

建筑材料按化学性质可分为无机材料、有机材料和复合材料，如图6-1所示。随着人类对化学探索的逐步深入和工业制造的飞速发展，各类复合材料被应用于建筑业，它们能够弥补单一材料性能上的不足，充分发挥不同材料的综合优势，成为建筑行业中不可或缺的一类材料。

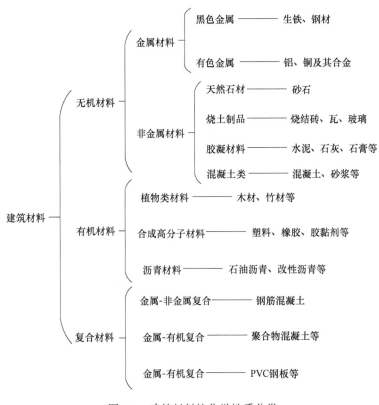

图6-1 建筑材料按化学性质分类

（2）按材料在生产中的功能分类

不同材料对整个产品起不同的作用。按照材料功能可以对材料进行分类，将相似用途的构件归为一类，便于施工现场的材料管理工作。具体分类如下：

1）结构材料，是指在建筑产品中承受荷载的材料，构成梁、板、柱、基础等部位，主要材料包括金属、木材、钢筋混凝土等。

2）围护结构材料，是指构成建筑围护结构的材料，要求不仅具备一定的强度和耐久性，还需要有一定的热工性能，如构成墙体、门窗、屋面等部位的砖、砌块、板材等。

3）功能性材料，是指为提升建筑的使用性能或建筑美观而使用的材料，如保温、防水、隔声、油漆、涂料、镀层、瓷砖等材料。

4）周转材料，是指建设过程中能够多次使用、基本保持其原有的实物形态，并逐渐转移其价值的工具性材料，如脚手架、模板、支架等。

6.1.2 建筑材料采购

1. 建筑材料采购过程

建筑材料采购是指从制订建筑材料需求量计划开始，经历采购询价、采购合同签订，直至建筑材料进入施工现场为止的全过程。具体内容如图6-2所示。

采购过程中的询价是指采购人向供应商发出询价单询问报价，通过比价确定最优供应商的一种采购方式。询价是从建筑材料卖方获取所需建筑材料信息的过程，也是供方资格确认的过程。根据采购内容和需求的多样性，询价的组织方式灵活，开展方式简便，有利于增强供应商的参与意愿，容易形成公平竞争的市场，使采购方获得合理的价格；同时，采购询价也存在引导建筑企业过分关注材料价格、供应商选择范围较小等问题。

建筑材料采购过程能否按计划完成，关系到建筑企业生产的成本、进度。通过制定详尽的价格表，规定严格的采购流程，制定合理的质检和

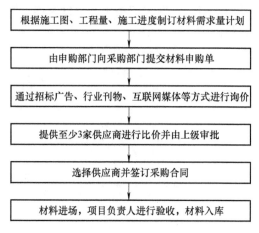

图 6-2　建筑材料采购过程

验收制度，采用适当的采购策略，可以实现对建筑材料采购过程的有效控制。

2. 建筑材料采购计划

建筑材料采购的整个过程从采购计划开始。确定材料采购计划需要解决以下三个问题：编制材料需用量计划、确定经济采购量、编制采购计划。

（1）编制材料需用量计划

材料的需用量计划一般由项目的技术人员依据施工图和施工方案等文件编制完成。编制好的材料需用量计划是材料供应的基础，是物资部门确定经济采购量和编制材料采购计划的主要依据。

通过计算分部分项实物工程量，结合施工方案和其中的技术组织措施，并套用相应的材料消耗定额，能够较为准确地计算某种材料需用量，计算公式如下：

$$\text{某种材料需用量} = \sum (\text{分项工程实物工程量} \times \text{该种材料消耗定额})$$

（2）计算经济采购量

经济采购量就是项目一定期间材料存货相关总成本达到最低的一批采购数量。影响材料采购经济性的费用类型有订货费用、购买费用、仓储费用和缺货成本四种。通过确定经济采购量，可以使上述四项成本的总和最低，实现为企业节约资金的目的。实际中，由于订货费用和仓储费用数额较小，因此，只需考虑购买费用和缺货成本之间的最优组合，从而得出特定时期内的经济采购量。

（3）编制采购计划

采购计划是以材料的需用量计划和经济采购量为依据，结合项目实际情况对资源供应情况进行安排，并按照规范编写项目采购计划文件的管理过程。整个编制流程是基于依据，运用科学方法，获得计划编制的过程。具体的采购计划编制流程如图6-3所示。

3. 建筑材料采购方式

（1）工程项目组织分散采购

分散采购是指企业将材料采购权下放到子公司或项目经理部的采购模式，由项目经理执行材料的采购权。分散采购流程简易、时效性强、费用较低，适合零星材料、特殊材料或应

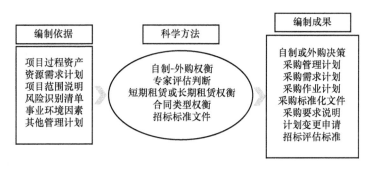

图 6-3 采购计划编制流程

急材料的采购。分散采购的材料一般价值较低,若采用集中采购,则资金和时间成本较高。分散采购也存在如下弊端:由于进货量不大,采购成本相对较高;缺乏对材料质量的关注,难以保证材料质量;采购过程过于主观,缺乏监管;在组织上与企业集中采购职能重复,使得企业人员结构冗杂,造成人力浪费。随着企业规模逐渐扩大,分散采购将越来越限制企业的发展。

(2) 建筑企业组织集中采购

集中采购是指企业组建材料采购部门,将各个项目经理部的采购职能集中,实行统一采购、统一管理的采购方式。集中采购通过大规模采购与机械设备的充分利用,实现了资金的节约与经济效益的提升;精减了采购部门的人员配置,节约了人力;通过标准化、规范化的采购控制和监督机制,推动企业的廉政建设;能够严格把控材料质量,确保建设工程的质量。可以说,建立集中采购机制是大型建筑企业走上稳步发展道路的必经之路。集中采购可以通过以下几种形式实现:

1) 建立集中采购中心负责制的采购部门。建筑企业通过设立物资采购管理中心,对各个项目所需的大宗材料进行统一计划、统一采购、统一供应、统一调度和统一核算。根据各项目实际的施工进度及工程量制订采购供应计划,实现材料供应的动态配置和平衡协调,满足各项目的生产需求。对不同材料应进行分类管理:对大宗建筑材料采取招标采购、统一竞价的模式,通过与潜在的材料供应商谈判议价,有利于达成长期合作供应协议;对专用的建筑材料,通过邀请招标的方式,邀请有竞争力的供应商参加,选择价格合理、产品质量合格的供应商。

2) 建立集中采购的信息化平台。建立材料供应商、建筑企业、工程项目施工现场之间的信息共享平台,如图 6-4 所示。建筑企业、材料供应商与工程项目施工现场之间均存在相互的反馈关系,引入信息化平台,提升了信息的传递效率,增强了各方面的沟通能力。信息化平台的集中采购过程如下:首先,工程项目施工现场向企业采购中心提出订货需求;随后,采购中心根据信息化平台中供应商提供的信息进行选择,并签订采购合同;最终,供应商根据项目施工的进度和工程量将材料运输到现场。信息化平台的建立使得建材需求信息与供货信息保持同步,保

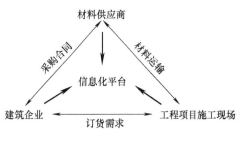

图 6-4 建立信息化平台的集中采购流程

3) 建立企业内部的材料市场。建立企业内部的材料市场是为实现企业更高的经济效益。其本质是：企业在市场内作为材料的供应商，各个工程项目作为材料的需求方，在企业内部引入市场竞争机制。

4) 建筑材料采购外包。建筑材料采购外包是指将全部或部分的建筑采购业务活动外包给专业采购服务供应商。专业采购服务供应商有更强的信息整合能力，通过更具专业性的分析和决策，帮助企业完成成本控制。无论对大型企业还是中小企业来说，材料采购外包都能够精减人员，降低采购成本，有利于企业集中力量发展其核心业务。

6.1.3 建筑材料库存管理

1. 建筑材料库存管理概述

工程项目施工过程中所需要的材料数量多、种类繁杂，为保证这些材料能够按时、保质、保量地进场，避免因材料不足而造成的停工现象，建筑企业应当建立一定的库存。库存在为企业的经营带来积极促进作用的同时，也会带来负面影响，具体内容如表6-1所示。对库存材料进行科学有效的管理，便成了建筑企业应当解决的关键问题之一。建筑企业库存管理的总体目标是发挥库存的积极影响，尽量减少消极影响，在不影响正常施工进度的前提下，尽量减少库存成本。

表 6-1 建筑企业保有库存的影响

积极影响	① 改善服务质量，调节供需之间的不平衡，避免或减少库存短缺或供货推迟给施工过程带来的经济损失和进度推迟 ② 降低不确定性风险，即预防不确定的、随机的需求变动以及订货周期的不确定性产生的影响 ③ 节省订货费用，即通过一定的库存可以减少订货次数，从而实现订货费用的节约 ④ 提高设备的利用率，有效避免因机械设备零件损坏造成的停工，统筹安排机械设备在各个分部分项工程中的使用
消极影响	① 占用大量资金，库存影响企业资金的周转，容易造成不良资产的产生 ② 保有库存需要额外付出成本，包括占用资金产生的利息、储存保管费、保险费、库存物品因各种原因造成价值损失等费用 ③ 带来相关的管理工作，如需要额外的库存管理人员、场地等

建筑材料库存一般由经常库存和安全库存两个部分组成。

1) 经常库存，又称为预计使用库存量或周转库存，是指在正常的生产经营条件下，满足日常生产消耗而建立的库存。经常库存量的设定以日常用量和订货周期为依据，以确保周期内材料的正常供应。经常库存量呈周期性变化，一般在每批材料入库后达到最大值，随着生产逐渐消耗，并在下一批材料入库前降到最小值。

2) 安全库存，又称保险库存量，是指为预防未来物资供应或需求不确定因素影响生产正常进行而建立的缓冲库存。正常情况下安全库存不予动用，作为一种固定不变的库存，只有当库存量过量或供应商延期交货时才能使用。如果安全库存量大，会降低缺货费用，但会使仓库保管费用增加。因此，合理的安全库存量取决于这两种费用的总和。

通常，库存管理需要确定经济库存量和安全库存量，并明确订购时间。

2. 建筑材料库存管理方法

（1）ABC 库存控制法

ABC 库存控制法是指根据实物在技术经济方面的主要特征进行分类，将其按重要程度分为 A、B、C 三类，并对 A、B、C 三类实物进行区别管理的一种分析法。在建筑企业库存管理中，A 类材料种类较少，但是需用量较大、资金占用比重较大；B 类材料种类与资金占用额相当；C 类材料种类数量很多，但占用资金比重很小。一般可以对 A、B、C 三类材料采用以下控制方法：

1）对 A 类材料库存的控制。A 类材料应该是建筑企业库存管理的重点对象。企业对 A 类的每种材料都要建立合理的经济库存量，加强对这类材料的控制，通过适当增加订购次数，减少存货积压，帮助企业节约资金。

2）对 B 类材料库存的控制。对 B 类材料的管理应当充分重视，根据供应条件和订购数量，可以适当延长订购周期，减少订购次数。也要事先为每个项目计算经济订货量和订货点，同时可以分享设置永续盘存卡片来反映库存动态，但要求不必像 A 类那样严格，只要定期进行概况性的检查就可以，以节省存储和管理成本。

3）对 C 类存货的控制。C 类材料为数众多，且单价很低，因此，对该类材料的管理可采用简化的方法。通过适当加大订货批量，可以减少订货次数，从而节约订货费用。

从管理角度来看，ABC 库存控制法是一种突出重点的科学管理方法。其核心思想是抓住关键的少数加强管理，使库存管理更加经济高效。

（2）CVA 管理法

CVA（Critical Value Analysis）管理法又称关键因素分析法，它是基于 ABC 分类法的不足提出的，由于 C 类材料在管理时往往会被忽视，而 C 类材料的库存不足也会导致整个施工生产流程的停滞。因此，CVA 管理法根据材料的关键程度，对各种材料进行分类：

1）最高优先级，是企业生产的关键性材料，不允许出现缺货状况。

2）较高优先级，是企业生产的基础性材料，允许偶尔缺货。

3）中等优先级，是企业生产中较为重要的材料，允许合理范围内的缺货。

4）较低优先级，是企业生产中可替代性较高的材料，允许缺货。

两种方法从不同的角度对建筑材料分类，各有优势。在实际操作中，应当将 CVA 管理法与 ABC 库存控制法结合使用，达到分清主次、抓住关键问题的目标。

（3）定量订购法

定量订购法是指以预先设定的订购点和订购批量为订购依据，对库存进行盘点时，当发现库存下降到订购点时则组织订购的方法。定量订购法又被称为 (s,S) 库存控制策略，即对库存进行连续盘点，当剩余库存量 n 下降至 s 时，则立即进行订购，每次订购数量为 $Q = S - n$，补货后库存水平达到 S。其中，s 为订购点，是提出订购时的库存量；S 为最大库存水平。确定订购点与订购批量是定量订购法成功的关键。

1）订购点的确定。订购点表示的是材料的库存量，其设定值应当满足经常库存消耗完时，订购的材料刚好入库，此时安全库存仍未使用的条件要求。因此，订购点的计算公式如下：

$$订购点 = 平均日需要量 \times 备运时间 + 安全库存量$$

其中，备运时间是指从提出订货到验收入库的时间。

例：若某工程项目每天某标号的水泥需求量是 80 袋，从订货到材料运输至施工现场共需 5 天，安全库存量设置为 20 袋，则该标号水泥的订购点为 80 袋×5 + 20 袋 = 420 袋。可以看出，使用定量订购法进行库存控制，需要保证材料的消耗速度是均衡的。

2）经济订购批量的确定。经济订购批量（EOQ）是指在保证生产需要和总费用最低的条件下一次订购材料的数量，是订购费用和仓库保管费用之和，即总费用最小的经济订购批量。因此，在确定经济订购批量的过程中，应当关注订购费用、仓库保管费用和年需求量对其影响。订购费用通常随着订购次数的增加而增加；仓库保管费则随库存量的增长而增长，与订购批量成正比。

（4）定期订购法

定期订购法是指按事先确定好订货采购时间间隔组织订货的订购方法。定期订购法有相同的订货周期，但每次的订货量会有变化。

采用定期订购法，需要明确以下两点：

1）订购周期，即多长时间订一次货，什么时间订货。其计算公式如下：

$$订购周期 = 365/年订购次数$$

实际工程中，订购周期的确定应当在满足材料正常供应的前提下，综合考虑订购费用和库存费用的大小。

2）订购数量。每次订购的数量根据下一次到货前所需材料的数量减去订货时的实际盘存量而定。其计算公式如下：

$$订购数量 = （订购天数 + 订购周期）\times 日需用量 + 安全库存量 - 实际库存量$$

由于定期订购的订货时间是固定不变的，所以其保险储备必须考虑到整个供应间隔期和订购期间的需要。

3. 零库存管理

（1）零库存管理概述

零库存是对库存状态的一种特殊描述，并非指库存数量真正为零。所谓的零库存，是指通过实施特定的库存控制策略，实现库存量的最小化的过程。零库存管理是使仓库储存形式的某些物品数量为零，即不保有经常性库存，而是使材料在采购、生产等过程中均处于周转状态。零库存在物资有充分社会储备保证的前提下，是企业可以采取的一种特殊供给方式。

零库存管理本质上是一种成本管理，因此，其意义在于从不同角度为企业节省成本。具体内容如下：

1）零库存降低了库存成本。企业会因保有库存而产生更多的费用，包括保管费、人员工资、折旧费、装卸搬运费、管理费等。零库存管理简化了材料库存管理工作，提高了材料管理效率，为企业节约了人力、场地、转运和配送费用，降低了库存导致的材料贬值、损耗以及报废的风险。

2）零库存减少了资金占用。建筑材料在工程项目总支出中占有举足轻重的地位。传统的库存管理模式预先购入材料，仓库储备了大量的库存，导致大量的流动资金被库存所占用。零库存管理通过一定的控制办法，在保证施工正常进行的前提下，大大减少了资金投入，提高了资金使用效率。

零库存管理同样存在一些不足之处：

1）零库存实现条件严格。要想实现零库存，需要建立在充分社会储备保证的前提下。

一旦货品供应链被破坏，或企业不能在短时间内调整生产，企业生产经营的稳定性将受到影响，并遭受严重损失。

2）订购费用增加。为了保证能够按照合同约定按时少量配送，供应商会要求额外加价，企业因此丧失了从其他供应商那里获得更低价格的机会收益。

(2) 施工项目实行零库存管理的原则

1）及时供应。实行零库存管理，建筑材料必须有及时的供应系统。如果不顾客观条件成熟与否，刻意追求零库存的效果，后果必然会得不偿失。

2）经济效益。确保采购供应到施工现场的材料综合成本最优，若因追求零库存而增加运输成本，则失去了零库存的意义。

3）结合实际。由于各地区的交通运输状况、资源情况和物流水平不同，再加上各建筑企业物资管理水平也存在一定的差距，因此，实现零库存的目标应当根据项目的实际情况理性分析、量力而行。

(3) 施工项目零库存的实现方式

1）委托营业仓库保管材料。营业仓库是一种专业化程度较高的仓库，建筑企业可以通过支付一定数量的代管费用，委托营业仓库储存货物。从本质上看，委托保管是一种建筑企业将材料库存外包给专业仓储公司，用户则按照一定的标准向受托方支付服务费的方式。采用这种方式存放和储备货物，用户一般不再储备大量物资，甚至不必单独设立仓库。这在一定程度上实现了零库存目标。

2）无库存储备。仍保持储备，但不采用库存方式，以此实现零库存。

3）适时适量方式。这种方式原本用于工业生产中，在需要的时候，按需要的量生产所需的产品。看板方式是其中一种简单有效的方式，即建筑企业与物资供应单位之间或施工项目内部各工序之间，以固定格式的卡片为凭证，由下一环节根据自己的生产节奏，逆生产流程方向，向上一个环节指定供应，从而协调关系，做到同步准时，实现供应零库存。在具体操作过程中，可以通过增减看板数量的方式来控制库存量。

4）准时供应方式。建筑企业与物资供应单位依靠有效的衔接和计划达到工位之间、供应与生产之间的协调，从而实现零库存。

5）供应商供应方式。这种方式不需要建筑企业保有任何库存，通过供应商的库存和有效的供应系统承担即时物资供应的责任，使建筑企业实现零库存。

6.1.4 建筑材料现场管理

1. 建筑材料现场管理的任务

材料现场管理是指在现场施工的过程中，根据工程施工、场地环境、材料保管、运输、安全、费用支出等需要，采取科学的技术、方法和手段，从材料进场到成品产出的全过程中所进行的材料管理。

建筑材料现场管理的核心任务是严格检查并确保进场材料的质量。另外，为确保施工生产过程顺利进展，还应做到以下几点：

1）合理规划，遵照计划。做好施工现场材料的管理规划，按施工进度计划组织材料分期分批进场。

2）严格验收。根据工程项目的具体要求，对进场的各种材料进行严格检查、验收，并办理验收手续。

3）妥善保管。根据不同材料的不同特性进行分类存放和合理堆码，材料存放应当按照施工总平面图的要求，尽量减少二次搬运，确保材料进场时质量不降低。

4）精确核算。严格控制领料过程，并记录、计算、分析和考核材料的实际消耗水平。

5）规范使用。按照施工使用要求和规范要求，监督班组合理使用，厉行节约。

2. 建筑材料现场管理的内容

（1）施工前的现场材料管理

施工前的现场材料管理包含一些准备性工作，并通过事先调查、规划，为施工阶段提供稳定的秩序。如果未经历准备阶段便仓促开工，势必造成各项工作组织的混乱。因此，现场材料管理人员要进行充分的准备。具体内容如下：

1）掌握现场环境状况。了解施工现场的自然条件与周边的环境，熟悉道路情况，掌握工程概况、工程进度等信息，对主要材料在不同阶段的使用情况进行调查。

2）参与施工总平面图规划工作。材料管理部门参与施工总平面图规划，在确定仓库位置时应注意以下问题：①尽量使材料存放处距离使用位置较近，以减少二次搬运造成的额外投入；②不能选择妨碍施工作业的位置设置仓库，避免仓库搬家；③符合防潮、防水、防雨、防火和管理要求；④现场运输道路要符合道路修筑要求，循环畅通，方便装卸，有排水措施。

3）制订好备料计划。为了保证材料能够按时进场，应当制订好各种材料的备料计划。从市场调查开始，整合建筑材料市场的信息，做好采购的基础工作；之后，依据价格、质量、运费等因素安排材料采购，尽量减少库存，并合理安排材料储备。

（2）施工过程中的现场材料管理

在施工前准备阶段的基础上，应当加强施工现场材料的组织管理。具体内容如下：

1）建立现场材料管理制度。项目经理全面负责，划区划片，包干到人，定期组织检查和考核；认真执行材料验收、发放、退料、回收制度；材料进场必须经过验收，保证工程质量；实行限额领料制度，控制材料用量；做好余料回收，便于统计用量。

2）加强现场平面管理。根据不同施工阶段材料供应品种和数量的变化，调整存料场地，减少搬运，保持道路畅通，方便施工；保证各种进场材料按照施工总平面图要求堆放整齐，做到成行、成线、成堆，保持存料场地清洁。

3）组织材料有计划地进场。掌握工程概况及施工进度，及时提供用料信息，按计划组织材料进场，满足施工需求。

4）高效利用材料。根据工程特点和设计要求，运用自身技术优势，采取实用有效的技术措施和合理化建议；充分使用现场的材料，扩大材料的节约代用，推广新工艺、新技术、新材料的使用。

（3）竣工收尾时的现场材料管理

工程收尾是对当前项目总结的过程，该过程往往伴随着很多不合理的材料利用现象，如未控制材料进场导致剩余积压，临时设施拆除后产生大量旧料无处安放，设计变更导致材料剩余等。因此，在项目竣工收尾时，应当认真检查现场存料，及时调整供料计划；对施工中产生的垃圾、废料等应当及时清理，寻找二次利用的机会；对多余材料及时组织退库，并进行妥善保管；最后，做好施工现场的收、发、放和定额小号的业务核算，办理各种材料核销手续，正确核算实际消耗状况，认真总结经验教训。

3. 建筑材料仓库管理

（1）建筑材料仓库管理概述

建筑材料仓库管理是指对仓库内所有材料进行的验收入库、仓储、保管保养、搬运堆码、安全管理、发放出库等活动的总称。实施建筑材料仓库管理能够发挥仓库对材料的调配作用，规范仓库的材料管理程序，确保资产不流失以及各项目所需材料符合要求，保证仓库材料供应满足施工进度要求。

（2）建筑材料仓库管理的工作

建筑材料仓库管理工作包含材料验收入库、保管保养和发放出库等主要环节。仓库中的搬运堆码贯穿于作业过程中，各环节之间相互联系、相互制约。

1）材料验收入库。材料进行验收入库有以下两个基本要求：准确，即入库材料的品种、规格、数量、价格等信息与合同中条款相比准确无误；及时，即在规定时间内完成验收，并提交验收记录。

验收过程需要经历验收准备、材料核对、实物核对以及办理入库手续四个过程。准备过程需要收集相关合同、协议及质量标准，准备检测与计量工具，确定堆码位置及堆码方式；材料核对时严格检查发货票据、订货合同、产品质量说明书、化验单、使用说明等；材料核对无误后进行实物检验，检查实物的数量和质量；最后办理入库手续，借此划分采购人员与仓库保管人员的责任界限。

2）材料的保管和保养。材料的保管和保养，即根据库内材料的性能特点，结合当地的仓储条件，对材料采取不同的科学保管和维护保养方法。由于材料的性质会随着时间推移发生变化，质量变差，价值变低，因此，应通过投入必要的财力、物力和人力对物资加以妥善保管和采取有效的维护保养措施，将这种变化的程度尽量减小。

① 材料保管。材料保管的目标是实现"三保"，即保质、保量、保安全。仓库储存材料在统一规则、划线定位、统一分类编号的基础上，必须做到合理堆码、五五摆放。

② 材料保养。由于自然因素的作用会影响材料质量，所以要采取相应的保管措施，避免或降低损失。做好储存材料的维护保养工作，具体要求如下：安排适当的保管场所；做好堆码铺垫，防潮防损；严格控制温度、湿度；定期检查，积极采取补救措施；严格掌握材料储存期限；保持良好的库区环境卫生。

3）材料盘点。库存材料品种多、收发频繁，保管过程中产生的自然损耗、损坏变质、丢失及计量或计算不准等因素，会导致数量不符、质量下降。通过盘点可以搞清实际库存量、储备定额、呆滞积压以及利用代用等情况。

材料盘点的内容包括：①清点材料数量；②检查材料质量；③检查堆垛是否符合要求；④检查计量工具是否正确；⑤检查库容是否整齐、清洁；⑥检查仓库安全、消防是否符合要求。

4）材料发放。材料发放遵循以下基本原则：先入先出，按需发料，发料有据可查；保质、保量、齐备配套、准时发放。

5）退料和回收。退料是指工程竣工后剩余的或已领未用的、质量符合要求的完整好料，经过检查质量、核实数量，办理退料手续，并冲减原领数量，以节约材料。通常，回收是针对企业施工生产配料后剩余的边角余料及包装物。回收时，应根据材料的质量和用途采取有偿回收的办法，保证回收手续齐全，并建立完备的回收台账。

6.2 建筑企业机械设备管理

6.2.1 建筑企业机械设备的选择与获取

1. 建筑企业机械设备的选择

建筑企业机械设备管理是指以各类建筑机械设备为管理对象，通过一系列技术、经济、管理手段，对建筑机械设备的物资运动和价值运动进行全过程的管理。机械设备管理的重点在于建筑机械设备的选购、使用、保养与维修。

（1）建筑企业机械设备的选择依据

随着建筑工业化水平不断提高，机械设备在建设工程中的作用日益凸显，正确选择机械设备成为建筑企业机械设备管理的关键任务。为了使施工过程顺利进行，并确保工程项目顺利完工，应该对机械设备提出成本、功能、安全、效率、节能等方面的要求，并以此为依据进行机械设备的选择。具体要点如下：

1）机械设备的使用性能。在施工过程中，各个项目的结构形式、施工工艺、施工条件等均有所不同，应当根据项目自身要求选择满足要求的机械设备。机械设备的工作能力必须与生产任务相适应，尽量选择劳动生产率高、灵活性较强、易搬运的设备。

2）机械设备的各项成本包括购置价格、使用成本等。机械设备的使用寿命也与成本有关，使用寿命越长，则相对成本越低。

3）设备的可靠程度与可修性。可靠度是在规定的时间内，在规定的使用条件下，无故障地发挥规定性能的概率，准确来说就是机械设备的精确度、保持性、零件耐用性和安全可靠性。可修性是指维修机械设备的难易程度。这一特性影响维护与保养设备的劳动量、时间和费用。

4）机械设备的节能环保属性。机械设备的节能属性体现在节约能源和原材料上，应该保证一定水平的原材料利用效率；环保属性是对周围环境污染的评价，应尽量选择噪声低、排放量小的机械设备。

5）机械设备的成套性与通用性。如果设备数量较多，但相互之间不配套，不仅机械效能不能充分发挥，而且会造成经济上的极大浪费。通用机械是通过不同的组装方式，实现不同作业任务的机械设备。这类设备适用度高，能够提高机械设备的利用率。

（2）建筑企业机械设备选择的经济分析

建筑企业机械设备的经济指标是进行设备选择的重要指标，会对工程项目成本与建筑企业的收益产生较大影响。因此，对机械设备进行经济分析的过程必不可少。这里选取了以下几种具有代表性的成本比较方法以供参考。

1）单位工程量的成本比较法。工程项目的单位成本由固定费用和可变费用两部分构成。固定费用是指按一定施工期限分摊的费用；而可变费用是由于使用而付出的额外费用。通常在有多台备选机械设备时，应当选择单位工程量成本最低的设备。单位工程量成本的计算公式如下：

$$C = \frac{R + PT}{QT}$$

式中　C——单位工程量成本；
　　　R——机械设备的固定费用；
　　　P——单位工作时间内产生的可变费用；
　　　T——工作时间；
　　　Q——单位时间产量。

2）界限使用时间比较法。单位工程量成本受使用时间的影响，对于同一种工作而言，不同的使用时间会产生不同的设备选择结果。该方法的原理就是对各个工作时间区间内的最低单位工程量成本设备进行识别，实际选择过程可以根据实际工作时间的不同采取不同的选择方案。两种机械单位工程量成本相等时的使用时间被称为"界限使用时间"。

A、B两部机械的单位工程量成本相等时的状态可表示如下：

$$\frac{R_A + P_A T_0}{Q_A T_0} = \frac{R_B + P_B T_0}{Q_B T_0}$$

式中　R_A 和 R_B——机械 A 和 B 的固定费用；
　　　Q_A 和 Q_B——机械 A 和 B 的单位时间产量；
　　　P_A 和 P_B——机械 A 和 B 的每小时操作费；
　　　T_0——A 与 B 共同的界限使用时间。

求得

$$T_0 = \frac{R_B Q_A - R_A Q_B}{P_A Q_B - P_B Q_A}$$

为了分析使用时间的变化对决策的影响，假设两部机械的单位时间产量相等，则上式可以简化为

$$T_0 = \frac{R_B - R_A}{P_A - P_B}$$

此时，要判断机械 A 和 B 在什么条件下是企业的最优选择，只需考虑固定费用和每小时的操作费。图 6-5 中的情况出现在机械 A 的固定费用较小但是可变费用相对较大的情况下。此时，在界限使用时间 T_0 左侧应当选择机械 A，随着工作时间增长，机械 B 的总成本会越来越明显地低于机械 A。若机械 A 的固定费用和可变费用相比机械 B 而言均较大或均较小，则二者之间不存在界限使用时间，可以通过单位工程量的成本比较法比较二者的单位工程量成本。

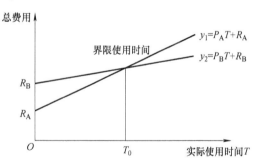

图 6-5　界限使用时间的含义

2. 建筑企业机械设备的获取方式

随着我国市场经济的推进，建筑企业机械设备相关行业也得到了一定程度的发展。目前，我国建筑企业机械设备的获取方式主要包括购买与租赁。各建筑企业从自身经济效益出发，选择适合自身的设备获取方式。购买与租赁具有不同的特点：购买设备需要较多的初始投资，短期成本较高，之后长期的成本相对较低；而租赁可以看作是一种分期付款的方式，不需要企业考虑设备维修等费用。影响设备获取方式的因素有许多，如企业的经济实力、技

术革新速度、市场竞争力、项目进度和质量等，应该根据具体问题具体分析。

总体而言，这两种机械设备获取方式的优势与劣势如表 6-2 所示。

表 6-2 两种机械设备获取方式的优势与劣势

获取方式	优势	劣势
购买	① 购买设备能在一定的时期内保证企业持续地满足对项目投标单位相关设备的强制性要求，也为企业承接相关工程项目创造了一定的优势 ② 能够使企业很快地投入生产 ③ 购买的设备为企业的固定资产，提高了企业技术设备和装备的水平，为企业的未来发展提供了保障	① 企业购买设备会增加初期投资成本，占用企业大量的资金，给企业的进一步发展造成障碍 ② 大量的设备投入未必能够得到长期高效的利用，会为企业带来设备闲置的风险，也增加了企业运行的成本
租赁	① 设备租赁缓解企业短期的资金短缺问题，减少初期的投资成本，满足企业施工和生产的需要 ② 可以提高机械设备的利用率，避免了因技术革新带来的设备经常更新换代等问题 ③ 当企业项目较少时，能减少闲置设备保管与保养的费用，达到降低运行成本、提高经济效益的目的	① 企业的发展依赖外部设备，增加了企业运行的风险 ② 不能满足高质量、进度快和有特殊要求的工程项目，丧失工程项目竞标的优势，最终也会影响到企业的市场竞争力 ③ 会造成较多的日常资金支出 ④ 租赁的机械设备中常有机械老化、落后的问题，会影响企业的生产和施工

6.2.2 建筑企业机械设备的使用管理

施工机械化水平的提高，促进了建筑业的长足进步。机械化程度的提高优化了社会资源，节约了社会劳动力，缩短了施工工期，从而降低了施工成本。拥有适当规模的机械设备已经成为开展工程建设活动不可或缺的生产要素。

然而，随之而来的是机械设备在施工过程中出现的一些问题。这些问题主要是由于工程项目的变动、操作人员与机械的配合、外界自然条件的不确定性、施工组织等原因造成的。只有积极解决这些问题，加强机械设备的使用管理，才能使机械设备保持良好的工作性能，充分发挥工作效率。因此，可通过从如下方面加强对机械设备的使用管理：

1. 合理组织机械设备施工，实现机械设备的综合利用

根据工程量、施工工艺和工程进度的要求，选择满足工程技术要求的机械，确定机械设备的规格，使各机械与其生产能力相适应，确保每部机械都能充分发挥效能。合理地组织机械的调配，现场安装的施工机械尽量做到一机多用。机械设备应在多个单位工程之间进行流水作业，以减少进出场时间和装卸费用。

2. 实行机械使用责任制，增强安全作业意识

实行"三定"制度，即定人、定机、定岗位责任，将机械设备使用责任落实到人、落实到岗，增强员工责任感。规范作业行为，定期组织培训，有利于设备操作人员的正确操作和安全使用，提升员工素质，减少设备损坏，延长设备的使用寿命，防止设备事故的发生。

3. 建立单机核算或机组核算账目

企业应加强设备的单机、机组核算，以单个机械设备或机组为核算单位，通过核算卡，对与其相关的支出费用登记造册，逐一核算盈亏。单机核算或机组核算方法根据考核的成绩实行奖惩,是提高机械设备机械设备管理水平的重要措施。

4. 加强机械设备维护保养,提高机械完好率

设置机械设备安全员,教授机械设备的正确使用方法并进行安全监督。定期对机械设备进行检查,消除事故隐患,确保机械设备和操作者的安全。经常开展有针对性的安全专项检查,对容易出现安全隐患的机械设备进行重点排查,保证施工机械设备的安全使用。

6.2.3 建筑企业机械设备的保养与修理

1. 机械设备的损耗

机械设备的损耗是指机械设备在使用过程中,由于外界环境、使用磨损、社会劳动生产率提高和技术革新等原因,造成的机械设备价值降低、生产效率下降等问题。机械设备的损耗表现为有形损耗和无形损耗两种形式,如表6-3所示。

表6-3 有形损耗与无形损耗

损耗形式	描 述	损耗来源	描 述	应 对 措 施
有形损耗	由于使用和自然原因引起使用价值和价值的损失,是显而易见的损耗	使用损耗	机械设备在使用过程中慢性磨损和损伤	① 购买机械设备时慎重决策,全面考虑机械性能 ② 提高机械设备的利用率,尽量避免闲置不用而产生的自然损耗 ③ 合理安排生产任务,避免因超负荷运转或使用不当造成的损失 ④ 提高劳动者的技术熟练程度 ⑤ 建立严格的设备操作和维修保养制度,及时排除隐患,降低损耗程度
		自然损耗	自然力作用造成的锈蚀、腐烂引起的损耗	
无形损耗	固定资产由于科学技术进步而引起的价值上的损失	部门劳动生产率提高	使具有同样技术结构和性能的机械设备的再生产费用降低,而使原有的机械设备贬值	① 预测技术进步趋势,正确估计其对机械设备使用年限的影响 ② 促进企业内部技术创新和施工工艺的改进 ③ 按技术经济上的可用年限来规定折旧率,有利于正确计提折旧
		新产品问世	使原有机器设备继续使用的经济性降低,缩短使用年限,提前报废而贬值	

2. 机械设备的保养

在建设项目施工过程中,机械设备能否按计划完成任务将会对工程进度产生影响。机械设备的养护作为一项预防性工作,能够保证机械设备在工作中处于良好状态。因此,应该高度注重机械设备的保养工作,以便使机械设备保持良好的技术状况,提高机械设备的完好率,避免事故的发生,并有效地延长设备的使用寿命。

机械设备的保养主要包括例行保养和强制保养。

1) 例行保养,是指每日(班)开机前、使用间歇中和停机后由操作人员负责进行的日常保养工作。例行保养需要对操作中发生的故障进行及时排除,并保持设备的润滑、清洁状态。

2) 强制保养,又称定期保养,是指每台设备运转到规定的时间,不管其运行状况好坏,施工任务多少,都必须按规定的范围和要求进行的保养作业。强制保养的周期应根据各类机械设备的说明书规定、磨损规律、作业条件、操作维修水平以及经济性五个主要因素确定。为避免施工生产发生中断，强制保养的期限可以根据施工要求适当提前。

强制保养一般分为一、二、三级保养，保养等级划分是根据保养的工作内容和程度区分的。通常来说，一级保养包括进行全面的紧固、清洁、润滑，更换部分部件等内容；二级保养是以定期检查为主，维护性检修为辅的一种保养形式，主要内容是设备内部彻底的清洁、润滑，以及局部解体检查和调整；三级保养是以维持设备的技术状况为主的检修形式，要对设备主体部分进行解体检查和调整，更换已经磨损的零件，还应对主要零部件的磨损情况进行测量和鉴定，记录技术数据，以便安排修理计划。

3. 机械设备的修理

机械设备的修理是指对由各种原因导致的机械设备损坏进行修复，通过修复和更换已经磨损、腐蚀的零件和部件，恢复机械设备的原有性能，以达到延长其使用寿命的目的的过程。

根据修理内容、技术要求及工作量大小，建筑机械设备的修理可分为小修、中修、大修。

1）小修，主要针对日常抽检和定期检查发现的问题，消除操作人员无力排除的故障，以恢复机械设备的正常功能。小修用于解决日常点检、定期检查和状态监测诊断发现的问题，通过拆卸有关部件、进行检查、调整、更换或修复失效的零件，恢复设备的正常功能。

2）中修，又称为项目修理，是指在两次大修周期间为解决主要总成的不平衡磨损而采取的修理措施，使机械设备能运转到大修时间。中修应当根据机械设备的实际技术状态，对状态劣化已达不到生产工艺要求的项目，按实际需要进行有针对性的修理。

3）大修，最终达到全面消除修前存在的缺陷，恢复机械设备的规定精度和性能的要求。大修时需要对设备进行彻底的检查，对所有零部件进行清洗检查，修理或更换主要零部件，配齐安全装置和必要附件，并按设备出厂时要求进行验收。

6.3 建筑企业技术管理

6.3.1 建筑企业技术管理概述

1. 建筑企业技术管理的任务

建筑企业的技术管理是对建筑企业的各项技术活动和施工技术工作的各要素进行决策、计划、组织、指挥、控制、协调的总称。建筑企业技术管理的基本任务是研发技术以及应用技术，将先进技术转化为生产力，使企业在保证工程质量、进度按计划实现的同时，尽可能节省施工成本，为建筑企业顺利完成工程项目提供技术保障。

建筑企业技术管理活动的基本任务可以从以下四个方面理解：①在国家政策指导下，严格遵守相关技术标准以及规范；②制订合理有效的进度、质量计划，并在执行过程中根据实际情况进行优化，进而保证工程项目顺利进行；③研发、引进并应用先进技术，使企业技术水平不断提升；④在保证工程项目质量以及进度不受影响的情况下，使成本最小化，进而提高企业的技术经济成果。

2. 建筑企业技术管理的内容

建筑企业技术管理的内容如图6-6所示，通常分为技术管理基本工作和技术管理基础工作两部分。技术管理基本工作包括施工准备技术工作、施工过程技术工作、技术开发与革新三大部分。技术管理基础工作包括建立施工技术日志、建立健全技术责任制、执行技术标准、规程、技术档案管理、技术情报管理和计量工作。其中,技术责任制在建筑企业技术管理活动中占据核心地位,它能有效明确各级技术人员的职责,对保证工程质量至关重要。

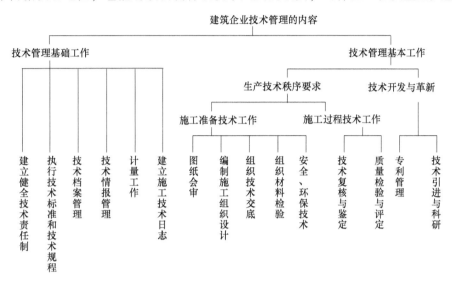

图6-6 建筑企业技术管理的内容

（1）技术管理基础工作

1）建立健全技术责任制。建筑企业技术管理活动的核心是技术责任制,技术责任制就是将技术责任落实到以总工程师为首的各级技术人员上。项目总工程师应当负责编制施工组织总设计、进度计划等内容,并在项目实施过程中发生重大技术问题时,能够及时解决问题,比如对重大设计变更的审核批准。技术责任制应具体、详实地对各个层级技术人员应完成的工作内容做出划分,并制定合理的责任评价标准。一旦事故发生,相应技术人员应按技术责任制所确定的内容承担责任、接受处罚。

利用技术责任制,建筑企业能够明确各技术人员所对应的工作内容以及出现差错时技术人员应负的责任,使工程项目进行过程中不会出现无人监管、无人负责的情况。

2）执行技术标准和技术规程。技术标准是对标准化领域中需要协调统一的技术事项所制定的标准。建筑施工中应用的技术标准一般是指建筑安装工程技术标准,该标准可分为国家、行业以及企业三种层面。国家以及行业所规定的技术标准具有强制力,由企业制定的技术标准水平应高于国家及行业层面。目前,国家现行的建筑安装工程技术标准以《建筑安装工程施工及验收规范》和《建筑安装工程质量检验评定标准》作为依据。技术标准能够反映当前时期的技术水平,随着技术水平的提高,技术标准也要相应地进行修订、更新。

为保证建筑安装工程技术标准能被有效落实,需要采用建筑施工生产技术规程对施工过程中的各项流程、工艺操作等内容进行详细说明。国家颁布的建筑安装工程技术规程包括《建筑安装工程施工技术操作规程》和《建筑安装工程安全技术操作规程》。因各地区施工条件有较大差异,一般所采用的技术规程以地区或企业自行制定的版本为主。地区以及企业所制定的建筑安装工程技术标准不得低于国家技术标准。

3）技术档案管理。技术档案是建设过程所形成的具有保存价值的设计施工图、照片、报表、文字材料等，按归档制度集中保管起来的有关技术经济文件材料。建设工程技术档案是工程项目实施中所保留的极为重要的技术经济资料，不仅是工程验收、维护、改建及扩建等活动的重要依据，同时也是企业总结技术经验、分析质量安全事故的有效手段。建设工程技术档案的主要资料内容如图6-7所示。

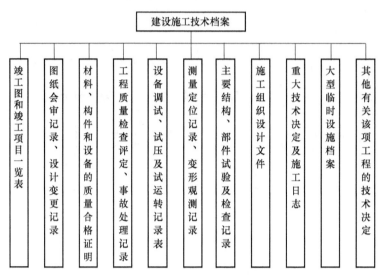

图6-7　建设工程技术档案的主要资料内容

4）技术情报管理。技术情报管理是对国内外建筑生产技术发展动态和建筑生产经营活动中的有关信息进行收集、加工、传输、存储、检索等工作的总称。随着科学技术不断进步、施工技术水平不断升级，建筑企业应时刻关注材料、设备以及技术的发展动态，对收集到的情报进行整理、保存并应用于实际生产活动中。建筑企业通过对技术情报的有效管理，能够节省成本、提高效率，进而保持企业在建筑行业内的竞争力。

5）计量工作。建筑工程项目的计量工作是技术管理工作中的一个重要环节，做好计量工作对合理使用建设资金、保证工程质量安全以及减少工程纠纷等方面具有重大意义。建筑企业计量工作的主要内容如图6-8所示。

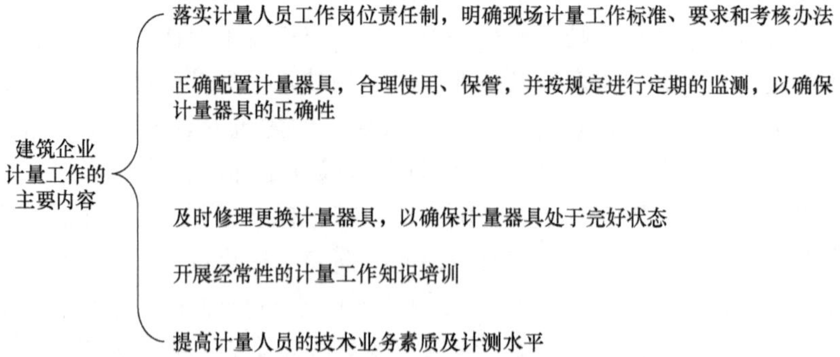

建筑企业计量工作的主要内容：
- 落实计量人员工作岗位责任制，明确现场计量工作标准、要求和考核办法
- 正确配置计量器具，合理使用、保管，并按规定进行定期的监测，以确保计量器具的正确性
- 及时修理更换计量器具，以确保计量器具处于完好状态
- 开展经常性的计量工作知识培训
- 提高计量人员的技术业务素质及计测水平

图6-8　建筑企业计量工作的主要内容

6）建立施工技术日志。施工技术日志也称施工日记，是在建筑工程整个施工阶段的施工组织管理、施工技术等有关施工活动和现场情况变化的真实的综合性记录。施工技术日志应以天为单位进行记录，其质量直接影响着施工进度分析、判断的准确性。除作为施工进度分析的参考外，施工技术日志还能够为工程项目成本核算、设计变更以及技术交底提供依据。

（2）生产技术秩序要求

1）图纸会审。图纸会审是指工程各参建单位（建设单位、监理单位、施工单位等相关单位）在收到施工图审查机构审查合格的施工图设计文件后，在设计交底后进行全面细致的熟悉和审查施工图的活动。图纸会审应在工程项目施工前完成，重点对施工图是否规范、结构设计是否安全以及施工是否可行进行审核。

2）编制施工组织设计。施工组织设计是指用以指导施工组织与管理、施工准备与实施、施工控制与协调、资源的配置与使用等全面性的技术、经济文件。施工组织设计可分为施工组织总设计、单位工程施工组织设计和施工方案三种，三者的区别如表6-4所示。

表6-4 施工组织设计分类及其区别

分类	项目		
	对象	阶段	详细程度
施工组织总设计	建设项目工程	初步设计被批准后	粗略
单位工程施工组织设计	单位工程	施工图设计完成后	一般
施工方案	分部分项工程	施工前	详细

3）组织技术交底。技术交底是指在施工每一阶段进行前由相关技术人员将施工图、施工技术、安全技术等内容对施工参与人员进行说明，以确保施工参与人员充分了解该工程项目状况、实际操作要求以及注意事项等。

4）组织材料检验。施工所使用的材料对建筑工程项目质量有直接影响。为保证工程项目顺利进行，在施工材料进入现场前应采取手段对其质量、数量进行检验。建筑施工过程中所用到的材料种类很多，全部需要按照有关规定进行检测。

5）安全、环保技术。建设工程项目的安全技术能够有效控制施工过程中的不安全操作，排除施工现场存在的危险状态。在建设过程中，为减少生产安全事故发生的风险，建筑企业应对施工脚手架、起重机械、高空作业、消防等技术加强管理。建筑企业的环保技术包括对使用环保型建筑材料、对建筑的节能设计以及减少对建设施工场地的破坏。

6）技术复核与鉴定。技术复核与鉴定是施工前或施工过程中，对工程的施工质量进行检查、复核的一项重要工作。技术复核与鉴定工作贯穿建设施工项目从开始至完成的整个过程中，是技术质量管理的重要内容。具体包括对测量工程、钢筋工程、混凝土工程、模板工程、脚手架工程及地下防水工程等的复查和核验。

7）质量检验与评定。在各分部分项工程、单位工程结束后、项目竣工验收前，均应按照有关规定对其质量进行检验与评定。质量检验所得到的评定结果分为不合格、合格和优良三类，凡是经检验发现不合格的，不得验收或继续下一工序。

（3）技术开发与革新

1）专利管理。在施工过程中常会遇到各种各样的问题，很多可通过技术人员的技术创新得以解决。为将这些技术创新变为建筑企业自身的研究成果，可采取专利申请的方式。建筑企业进行专利申请应依照《工程建设标准涉及专利管理办法》，所申请专利应具有前沿性并经过实际工程检验，证明合理、可行。

2）技术引进与科研。随着建筑行业竞争越来越激烈，仅靠建筑企业自主研发科学技术无法满足建筑市场日益增长的对施工技术的要求。因此，除了企业自主科研外，很多施工技术是从外部引进企业的，在技术引进时应当注意引进成本、技术适应性等问题。

6.3.2 建筑企业技术管理制度

1. 图纸会审制度

建筑工程图是用于表示建筑物的内部布置情况，外部形状，以及装修、构造、施工要求等内容的工程图。图纸会审的目的：一是使各方（图6-9）充分熟悉工程项目；二是检查施工图是否有错误以及设计是否符合规范要求。因此，在图纸会审前，应当安排参与施工的各方人员学习施工图，在经由设计院、建筑师及结构工程师确认后的施工图到位后，按照先细节后整体、先粗略后详细的顺序熟悉施工图。施工方有关人员还应在学习施工图的基础上完成自审。

图纸会审的程序依次为组织图纸会审会议、工程状况介绍、设计技术交底、提出问题、各方协商、解决问题以及各方最终签字确认，形成正式文件（表6-5）。施工中

图6-9 图纸会审参与单位

需要严格按图施工，施工人员不熟悉施工图及施工图自身的错误将造成返工、预算超支等问题，对工程项目顺利完成产生极大阻碍。因此，建设单位应做好图纸会审工作，尽可能减少工程成本的浪费，保证工程按进度、按质量计划完成。

表6-5 图纸会审程序以及各参与方职责

序号	程序	负责单位
1	组织图纸会审会议	建设单位
2	介绍工程建设情况	建设单位
3	设计技术交底	设计单位
4	提出自审过程中发现的问题	施工单位
5	签字确认，形成正式文件	所有参与单位

为保证效率，进行图纸会审时，应重点核查以下内容：

1）施工图的完整性。
2）不同专业间是否有设计冲突。
3）不同专业施工图之间尺寸、标高是否一致。
4）设计是否符合现行技术标准。
5）是否满足抗震、消防要求。
6）建筑材料及设备获得有无困难。
7）能否保证施工安全。

8）设计在经济上是否合理。
9）设计在施工技术是否可行等。

图纸会审会议通常安排在分发施工图后的 14 个工作日内，会议前 3 天内建设参与各方应将熟悉施工图过程中所发现的问题及修改建议发送至设计单位，由设计单位整合。在图纸会审时，建设参与各方对所提出的问题进行讨论，并得出结论。整个过程当中应由设计单位进行记录，图纸会审记录表如表 6-6 所示。

表 6-6 图纸会审记录表

工程名称：　　　　　　　　　　　　　　　　　　　　　　　　　　　时间：　年　月　日

参加单位		施工单位 设计单位	
序　号	图纸名称	存在问题	会审结论

施工单位：　　　　　设计单位：　　　　　建设单位：　　　　　记录人：

图纸会审还为施工单位同建设单位、设计单位、监理单位进行沟通提供了条件，施工单位应把握好这一机会，在后续施工过程中很好地完成工作，令建设单位满意，同时也为同其他各方的协调打好基础。

2. 施工组织设计管理制度

科学的施工组织设计能有效指导建筑企业在工程建设过程中合理安排资源、把控进度，并减少浪费、返工等问题。施工组织设计的编制应遵循国家有关建设的各项政策文件、法律法规，严格按照施工技术标准、规程等，在建设工程自身特点及要求的基础上对施工工艺及顺序进行合理安排。施工组织设计的编制依据如图 6-10 所示。

施工组织设计的编制依据：
- 与建筑工程有关的法律、法规和相关文件
- 国家现行有关标准、规范和技术经济指标
- 工程所在地的行政主管部门的管理要求
- 建筑施工行业相关的质量、环境、职业健康安全管理体系管理规范的规范
- 工程施工合同及招标投标文件
- 工程设计文件
- 项目周边环境、现场条件、工程地质和水文、气象等自然条件
- 与工程项目施工有关的资源供应、生产要素配置情况
- 施工单位的生产能力、机具设备状况、技术水平等

图 6-10 施工组织设计的编制依据

在施工过程中,应根据实际情况对施工组织设计采取动态管理。当发生如表 6-7 所示情况时,施工单位应及时调整施工组织设计,以便实现施工作业的科学管理。

表 6-7 需要进行施工组织设计修改的原因

原　因	解释说明
重大设计变更	当工程设计图发生重大修改时,如地基基础或主体结构的形式发生变化、装修材料或做法发生重大变化、机电设备系统发生大的调整等,需要对施工组织设计进行修改;对工程设计图的一般性修改,视情况对施工组织设计进行补充;对工程设计图的细微修改或更正,施工组织设计则无须调整
有关法律、法规、规范和标准实施、修订和废止	当有关法律、法规、规范和标准开始实施或发生变更,并涉及工程的实施、检查或验收时,施工组织设计需要进行修改或补充
主要施工方法有重大调整	由于主客观条件的变化,施工方法有重大变更,原来的施工组织设计已不能正确地指导施工,需要对施工组织设计进行修改或补充
主要施工资源配置有重大调整	当施工资源的配置有重大变更,并且影响到施工方法的变化或对施工进度、质量、安全、环境、造价等造成潜在的重大影响,需要对施工组织设计进行修改或补充
施工环境有重大改变	当施工环境发生重大改变,如施工延期造成季节性施工方法变化,施工场地变化造成现场布置和施工方式改变等,致使原来的施工组织设计已不能正确地指导施工时,需要对施工组织设计进行修改或补充

3. 技术交底制度

技术交底是指建筑企业在工程开工前,由各级技术负责人将有关工程施工的各项要求向下贯彻,直到基层,其意义在于使施工参与人员掌握施工技术要求、验收标准以及明确施工流程、施工工艺,有利于施工活动顺利完成。

(1) 施工技术交底

施工技术交底是指在某一单位工程开工前或一个分项工程施工前,由相关专业技术人员向参与施工的人员进行的技术性交代。施工技术交底可分为施工图交底、施工组织设计交底以及分项工程施工技术交底(图 6-11)。

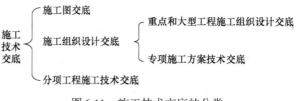

图 6-11 施工技术交底的分类

1) 施工图交底。施工图交底是指由设计单位人员向施工人员就工程项目设计特点、注意事项等进行交底。其目的是使施工人员能够更好地按图施工。

2) 施工组织设计交底。施工组织设计交底的内容主要包括工程特点、施工部署、任务划分、施工方法、施工进度、各项管理措施、平面布置等。

3) 分项工程施工技术交底。分项工程施工技术交底的内容主要包括施工工艺、技术安全措施、规范要求、操作规程和质量标准要求等。针对不同分项工程,技术交底的重点内容如表 6-8 所示。

表 6-8　建筑分项工程施工技术交底的重点内容

土方工程	地基土的性质与特点；各种标桩的位置与保护办法；挖填土的范围和深度，放边坡的要求，回填土与灰土等夯实方法及容重等指标要求；地下水或地表水排除与处理方法
砖石砌筑工程	砌筑部位；轴线位置；各层水平标高；门窗洞口位置；墙身厚度及墙厚变化情况；砂浆强度等级，砂浆配合比及砂浆试块组数与养护；各预留洞口和各专业预埋件位置与数量、规格、尺寸；各不同部位和标高砖、石等原材料的质量要求；砌体组砌方法和质量标准
模板工程	各种钢筋混凝土构件的轴线和水平位置，标局，截面形式和几何尺寸；支模方案和技术要求；支撑系统的强度、稳定性具体技术要求；拆模时间；预埋件、预留洞的位置、标高、尺寸、数量及预防其移位的方法；特殊部位的技术要求及处理方法
钢筋工程	所有构件中钢筋的种类、型号、直径、根数、接头方法和技术要求；预防钢筋位移和保证钢筋保护层厚度技术措施；钢筋代换的方法与手续办理；特殊部位的技术处理；有关操作，特别是高空作业注意事项
混凝土工程	水泥、砂、石、外加剂、水等原材料的品种、技术规程和质量标准；不同部位、不同标高混凝土种类和强度等级；其配合比、水灰比、坍落度的控制及相应技术措施；搅拌、运输、振捣有关技术规定和要求；混凝土浇灌方法和顺序，混凝土养护方法；施工缝的留设部位、数量及其相应采取技术措施、规范的具体要求；大体积混凝土施工温度控制的技术措施；防渗混凝土施工具体技术细节和技术措施实施办法；混凝土试块留置部位和数量与养护
脚手架工程	所用的材料种类、型号、数量、规格及其质量标准；脚手架搭设方式、强度和稳定性技术要求；脚手架逐层升高技术措施和要求；脚手架立杆垂直度和沉降变形要求；脚手架与建筑物连接方式与要求；脚手架拆除方法和顺序及其注意事项
结构吊装工程	建筑物各部位需要吊装构件的型号、重量、数量、吊点位置；吊装设备的技术性能；有关绳索规格、吊装设备运行路线、吊装顺序和吊装方法；吊装联络信号、劳动组织、指挥与协作配合；吊装节点连接方式；吊装构件支撑系统连接顺序与连接方法；吊装构件（如预应力钢筋混凝土屋架）吊装期间的整体稳定性技术措施；吊装操作注意事项；吊装构件误差标准和质量通病预防措施；吊装构件安全技术措施
钢结构工程	钢结构的型号、重量、数量、几何尺寸、平面位置和标高，各种钢材的品种、类型、规格，连接方法与技术措施；焊接设备规格与操作注意事项，焊接工艺及其技术标准、技术措施、焊缝型式、位置及质量标准；构件下料直至拼装整套工艺流水作业顺序
楼地面工程	各部位的楼地面种类、工程做法与技术要求、施工顺序、质量标准
屋面与防水工程	屋面和防水工程的构造、型式、种类，防水材料型号、种类、技术性能、特点、质量标准及注意事项；保温层与防水材料的种类和配合比、表观密度、厚度、操作工艺；基层的做法和基本技术要求，铺贴或涂刷的方法和操作要求；各种节点处理方法；防渗混凝土工程止水技术处理与要求
装修工程	各部位装修的种类、等级、做法和要求，质量标准、成品保护技术措施；新型装修材料和有特殊工艺装修要求的施工工艺和操作步骤，与有关工序联系交叉作业互相配合协作

（2）安全技术交底

《建设工程安全生产管理条例》第二十七条规定，建设工程施工前，施工单位负责项目管理的技术人员应当对有关安全施工的技术要求向施工作业班组、作业人员做出详细说明，并由双方签字确认。

4. 技术检验制度

施工过程中所使用的建筑材料、机具设备等直接关系着建设项目的质量。为确保建设工程能够符合国家质量标准，施工单位应建立健全检验制度，达到对技术检验部门和施工技术人员以及对原材料、构件、设备检验的要求（表6-9）。

表6-9 技术检验要求

技术检验部门和施工技术人员要求	遵守国家有关技术标准、规范和设计要求，按照试验、检验规程进行操作，提出准确可靠的数据，确保试验、检验工作的质量
	试验检验机构按规定对材料进行抽样检查，提供数据并存入工程档案；对检验设备要做好检修和检验工作
	施工技术人员在施工中应经常检查各种材料、半成品、成品的质量和使用情况，对不符合质量要求的进行处理
原材料、构件、设备检验要求	施工的原材料、半成品、成品和设备等，必须由供应部门提出合格证明文件，对没有证明文件或虽有证明文件但质量管理部门认为必要时，在使用前必须进行抽查、复验，证明合格后才能使用
	钢材、水泥、沥青等结构用的材料，除应有出厂证明或检验单位外，还要根据规范和设计要求进行检验
	混凝土、砂浆等材料经试配试验合格后才能使用
	钢筋混凝土构件及预应力钢筋混凝土构件，均应按规定方法进行抽样检验
	新材料、新产品、新构件，要在对其做出技术鉴定、制定出质量标准及操作规程后，才能在工程上使用
	设备运到现场后，安装前必须进行检查验收，并做好记录

5. 工程质量检查和验收制度

工程质量检查和验收工作可分为隐蔽工程检查验收、分项工程的预先检查验收和交工验收三种。

隐蔽工程是指建筑物、构筑物、在施工期间将建筑材料或构配件埋于物体之中后被覆盖，外表看不见的实物。隐蔽工程在正常情况下无法复查，因此，在进行隐蔽工程的下一道工序前必须进行检查验收工作。只有验收合格后，下一道工序才可以开始。隐蔽工程的检查验收工作应由施工单位、建设单位以及设计单位共同完成，并及时办理验收手续。

分项工程是分部工程的细分，是构成分部工程的基本项目，是通过较为简单的施工过程就可以生产出来并可用适当计量单位进行计算的建筑工程或安装工程。分项工程完成后，应由施工单位提出申请验收，建设单位、设计单位、监理单位以及质监站等共同验收。

交工验收是施工过程的最后环节。当合同约定的各工作内容均已完成后，首先应由施工单位自行检查、验收，在自检基础上再由建设单位组织设计单位、监理单位以及施工单位进行验收。交工验收应满足工程合同、设计文件、国家有关的施工技术验收规范等要求，经检验合格后应及时完成相关手续的办理。

6. 工程技术档案制度

工程技术档案是指在工程项目的建设过程中，应当归档保存的各种工程图、表格、文字、音像材料等技术文件材料的总称。它是项目建设及竣工验收交付使用的必备文件，并为后续使用、维护、改造、扩建工作提供可靠依据。工程技术资料具有专业性、规范性、及时性、完整性与真实性。

建立工程技术档案制度是一项非常重要的措施，对项目管理和企业发展具有积极影响。其具体内容如下：①保障技术资料的安全性，帮助企业保守商业机密；②为项目竣工后的维护、修缮等工作提供依据,避免盲目工作;③有助于及时了解施工技术问题,发现问题及时调整,确保工程质量;④工程技术资料作为一种企业财富,可以为未来的工程项目提供经验和教训。

加强工程技术档案管理应当采取以下措施:

1) 完善管理体系。应当建立完整的技术资料管理体系,由项目负责人对资料管理负责;明确员工的责任范围,逐步培养员工的责任感,确保管理工作有据可循,并定期对资料管理的情况进行监督。

2) 建立信息化管理模式。将信息技术用于工程项目管理是一种可靠高效的途径,不仅提升了管理工作的效率,还增强了信息的安全性,避免了传统管理过程中损坏和丢失等现象。因此,建筑企业应当积极推进工程技术档案的信息化进程。

3) 加强施工现场管理。应当保证现场施工与设计资料保持一致,避免私自更改设计的现象发生;确保机械设备、材料、施工工艺满足规范要求,对施工过程进行有效的监督和纠正。

7. 技术复核制度

技术复核要求对施工过程中重要的技术工作、依据设计文件和有关的技术标准进行复查和核验。其具体要求为:现场施工人员首先进行自复,之后由单位工程施工负责人同监理共同进行复核;属于技术复核范畴而未经复核的,不得进入下一道施工工序;复核过程中及时对不符合要求之处进行纠正;完成技术复核后,应立即填写技术复核记录并签复核意见,最终将文件进行归档整理。技术复核制度是控制施工质量的基础,通过预检预查,保证了技术基准的正确性,避免了因技术工作的疏忽引起的工程质量问题和生产安全事故。

8. 其他技术管理制度

项目管理者可根据需要,制定其他技术管理制度,保证有关技术工作正常运行,如土建与水电专业施工协作技术规定、工程测量管理办法、技术革新和合理化建议管理办法、计量管理办法、环境保护工作办法、工程质量奖惩办法、技术发明奖励办法等。

6.3.3 建筑企业技术开发

1. 建筑企业技术开发概述

建筑企业技术开发是指建筑企业将科学技术研究成果用于生产实践的开拓过程。这个过程是建筑企业以知识创新与科技创新为前提,通过开发新产品,提供新服务,提高产品质量,运用新的管理方式等手段,使科研成果具有市场价值,促使企业获得长期稳定的发展。上述整个过程中的要素如图6-12所示。

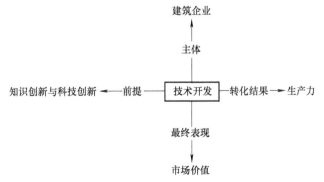

图6-12 建筑企业技术开发的要素

技术开发对建筑企业具有重要的战略意义，加强技术开发是企业主动适应激烈行业竞争的重要手段。只有通过技术开发，才能从根本上获得高质量产品，增强企业核心竞争力。

2. 建筑企业技术开发的特点

建筑产品的特性决定了建筑行业技术开发的特点与工业制造相比，具有更大的不确定性。这是由于建筑活动是一项大规模、一次性、现场施工、临时组织、周期较长的生产活动，建筑企业技术开发受生产规模、生产环境、产品寿命、生产组织背景、社会与政治背景的影响。建筑企业技术开发通常源于工程项目生产的过程，大多数创新活动在项目层进行。而作为临时成立的组织，项目部往往会在项目竣工之后被解散，不具有延续性，并且其研究水平有限，往往不利于建筑企业技术开发。

3. 建筑企业技术开发的依据和方式

（1）技术开发的依据

1）国家的技术政策，包括科学技术成果的专利政策、技术成果有偿转让政策等。

2）未来建筑产品的发展需求，是指未来对建筑产品的种类、规模、质量及功能等的需要。

3）企业的实际情况，是指企业的人力、物力和财力及外部的协作条件等。

4）相关技术发展，是指最新的施工工艺、建筑材料、施工机械的研究进展等。

（2）技术开发的方式

1）独创型技术开发。独创型技术开发是指从基础研究、应用研究层面开始的，通过科学研究取得技术上的重大突破，应用于生产实践的技术开发过程。它是以科学技术为先导，在企业独立地进行科学研究的基础上创造发明的新技术。这些技术的产生都是从基础研究开始，经过应用研究，并在应用研究取得重大突破后，再通过发展研究进行广泛的技术开发，使技术得到推广和应用。

2）引进型技术开发。引进型技术开发是指从企业外部引进新技术，经过融会贯通，移植到企业中，并通过继续开发使之融入本企业技术体系。从企业外部引进技术是一种资源整合的过程，通过利用较为成熟的技术，可以减小承担的风险，加快企业进步的步伐。

3）综合型技术开发。综合型技术开发是指对现有技术进行综合，即把两项或多项现有技术组合起来，由此创造和开发新技术或新产品。

4）延伸型技术开发。延伸型技术开发是指对现有技术向技术的深度、强度、规模等方向的开发。通过延伸型开发，可以使产品实现更高的作业要求，提升作业速度、强度与精度。

5）总结提高型技术开发。总结提高型技术开发是指在生产实践经验总结基础上完成的开发新技术。这类开发往往是科学指导与实践经验相结合得到的，每个企业员工均可参与其中，有利于激发广大员工的积极性和创造性。

复习思考题

1. 简述建筑企业选择机械设备时应当考虑的影响因素。
2. 简述 ABC 库存控制法的基本原理以及不同分类下的管理要求。
3. 简述技术交底的内容，并简单说明其组织。
4. 为什么建筑企业需要库存？如何控制库存？
5. 简述图纸会审制度的主要内容及其意义。
6. 简述机械设备的损耗类型。

第7章 建筑企业人力资源管理

7.1 建筑企业人力资源管理概述

7.1.1 人力资源管理

1. 人力资源管理的概念

人力资源管理是为了实现既定的目标（取得经济效益、资产增值）对人力资源的取得、开发、保持和利用等方面所进行的计划、组织、控制、监督、激励等一系列活动的总称。人力资源管理的目的在于吸引、保留人力资源并使其潜在能力得以充分开发，进而提高企业的组织效率，最大化地实现企业战略目标。人力资源管理的主要内容如图7-1所示。

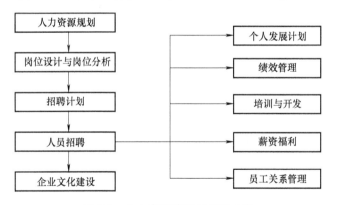

图7-1 人力资源管理的主要内容

2. 人力资源管理的作用

人力资源管理是现代企业管理核心内容之一，通过对人力资源的合理安排，能够充分调动员工对工作的积极性，合理配置企业各项资源，进而增强企业自身竞争力，保证企业生产经营顺利进行。人力资源管理的作用如下：

1）能够充分调动员工对工作的积极性，提高其工作效率。人力资源管理的对象是员工，因此，人力资源管理在实现企业利益最大化的同时也应满足员工的物质及精神需求。通过有效合理的绩效考核机制、奖惩激励机制以及企业文化理念建设等手段，能够使员工保持工作热情，主动积极地认真对待工作、完成工作，为企业创造更多价值。

2) 有助于合理配置企业的各项资源。企业具备三大资源，分别是人力资源、物资资源以及信息资源。在企业的各项资源中，人力资源最为活跃。只有结合人力资源，物资资源和信息资源的使用才能够起到其自身作用。因此，只有通过科学有效地配置人力资源，不断进行人力资源之间、人力资源与物资资源和信息资源之间的合理配置，才能够最大化地利用、发挥企业的各项资源。

3) 可有效削减人力成本，增加企业效益。经济效益是指通过商品和劳动的对外交换所取得的社会劳动节约，即以尽量少的劳动耗费取得尽量多的经营成果，或者以同等的劳动耗费取得更多的经营成果。人力成本主要包括招聘成本、培训成本以及离职成本（表7-1）。科学的人力资源管理能够有效削减人力成本，而削减人力成本的同时也就是在增加企业效益。因此，企业科学合理地安排、配置人力资源，能够同时实现人力成本最小化以及企业经济利益最大化的目标，加强对人力资源的管理可显著增加企业效益。

表7-1 人力成本的组成

招聘成本	招募成本	招聘洽谈会议费、差旅费、代理费、广告费、宣传材料费、办公费、水电费、行政管理费、临时场地及设备使用费等
	选拔成本	初试、面试、心理测试、评论、体检等过程发生的费用
	录用成本	录取手续费、调动补偿费、搬迁费和旅途补助费等
	安置成本	企业将被录取的员工安排在确定工作岗位上的各种行政管理费用
培训成本	岗位培训成本	上岗培训成本、岗位再培训成本
离职成本	离职补偿成本	至离职时间为止应付离职员工的工资、一次性离职金、安置费
	空职成本	员工离职后职位空缺的损失费用

7.1.2 建筑企业人力资源的特点

作为一种特殊的资源形式，人力资源同其他企业资源相比，具有以下特点：

1. 人力资源具有制约性

人力资源会受到个体差异以及社会环境的影响。首先，人力资源管理的对象是人，人作为一个生物实体，在体能、智力等方面的个体差异性较大；其次，因所处社会环境不同，人力资源也存在显著差异。

2. 人力资源具有能动性

能动性是人力资源不同于物资及信息资源的最根本特点。物资及信息资源在企业管理的过程中一直处于被动的地位，而人力资源则处于主动的、核心的地位，并且是所有资源中最为活跃的。具有能动性的人力资源是企业核心竞争力的集中体现，是企业发展的根本保证，也是企业实现增值的源泉。

3. 人力资源具有时效性

作为人力资源管理的对象，人在不同的生命阶段中所表现出的智力及体力不同，一般可用于从事工作、实现财富创造的时间被限定为 18～60 岁。在此期间外，鉴于人的自身能力、法律以及社会等因素的限制，人力资源利用的成本大大增加。由于人力资源具有时效性，社会、单位与个人有必要在有效期内对人力资源进行有效的开发、利用，尽最大可能利用人力资源，使其潜能充分发挥，达到最佳状态。

4. 人力资源具有增值性

人力资源的增值性可从两个层次来看待：①从人力资源的总体数量来看，劳动者数量会随人口数量的增长而增长，因此社会人力资源总量具有增值性；②从劳动者个体来看，随着劳动者自身技能以及工作经验的累积、进步，其自身的工作技能会随时间而增加，即人力资源产生了增值。

5. 人力资源具有稀缺性

所谓资源的稀缺性，主要是指由于资源分布的非均衡性导致的资源相对有限性。人力资源的稀缺性包括显性稀缺和隐性稀缺两类。前者是指一定时期内人才市场上具有某种特定知识和技能的人才供给数量不足，特别是企业所需要的管理和技术人才往往表现为相对不足；后者则是指由于人力资源的某种特性呈非均衡分布状态，而导致企业人力资源出现结构性失衡。

7.1.3 建筑企业人力资源的构成

建筑企业的人力资源由管理人员与工人构成。其中，管理人员按层次划分可分为高层员工、中层员工以及基层员工；按岗位划分可分为管理岗位员工、技术岗位员工以及销售岗位员工。工人可分为班组长、技术工人与特种作业人员。

建筑企业人力资源的构成有两个明显特点。

1. 建筑企业人力资源的构成较为复杂

在目前大多数建筑企业中，员工来源主要有三种，分别是高校毕业生、资深技术人员以及企业引进的复合型人才。资深技术人员往往学历不高但具有丰富经验；与之相反，高校毕业生具有高学历但缺少经验。三类员工各方面水平的参差不齐使得建筑企业人力资源的构成具有复杂性。

2. 建筑企业人力资源的流动性较大

相比其他行业，建筑行业是以工程项目为依托，随着项目的进行，在不同阶段需要不断调整人力资源配置，直至项目完成，所有人力资源需要做出调整，以便进入新的项目中。这些都造成了建筑企业人力资源具有流动性。

7.2 建筑企业员工招聘、录用、培训与考核

7.2.1 建筑企业员工招聘

1. 建筑企业员工招聘的含义

员工招聘是指组织通过采用一切科学的方法去寻找、吸引那些有能力又有兴趣到本组织来任职的人员，并从中选择适宜人员予以聘用的过程。员工招聘可有效地获取人力资源。员工招聘属于人力资源管理的基础性工作，对后续的培训、绩效考核、薪资福利等内容影响较

大。员工招聘这一工作不仅影响企业人力资源的数量以及结构,还很大限度地影响着人力资源管理的质量。

通过招聘工作,企业可达到以下目的:获得企业需要的人员,减少不必要的人员流失,以及树立企业形象等。由于企业中人员具有流动性,当有员工离职、退休以及调动时,就需要进行新的员工招聘工作,因此,招聘工作也是企业人力资源管理中的经常性工作。尤其在建筑相关的企业中,人员流动率相比其他类型企业更高,更需要做好员工招聘工作。除人员流失外,通常企业进行员工招聘还有以下原因:组建组织;业务范围扩大,人手不足;员工队伍结构不合理,在裁减多余人员的同时招聘短缺人才;晋升等造成的职位空缺等。

2. 建筑企业员工招聘的原则

建筑企业在员工招聘中应该遵循以下四项原则:

(1) 公开原则

员工招聘应当依照国家法律、法规和政策,在招聘前面向社会公开说明本次招聘细节,包括招聘单位、职位、人员数量,报考的资格、条件,考试的科目、方法、时间和地点。在招聘中,企业应对所有应聘者做出全面评定,并在招聘工作结束后对外公开评定结果并择优录取。公开原则可使招聘工作透明化,进而确保企业招募到合适的高素质员工。

(2) 公平原则

员工招聘中的公平原则是指企业应同等对待所有应聘者,不因应聘者的年龄、性别及种族等对其有歧视。然而,在建筑相关企业中,由于某些岗位具有特殊性(如需露天作业、高空作业等),在选择员工时往往会在年龄以及性别等方面做出区别对待。

(3) 全面原则

企业对应聘者的考核不能盲目追求学历以及业务水平,而是需要综合考虑应聘者的思想品质、性格等因素,做到全面考量。同时,企业招聘时应根据工作岗位的不同,认真考虑应聘者的实际情况,包括性格、专长等特质,做到"人尽其职,用其所长,职得其人"。

(4) 竞争原则

企业的员工招聘工作应当依据具体、系统的办法进行,从考核到录用均应有科学的标准程序。企业招聘人员对应聘者个人的主观判断往往会产生很大的偏差。在招聘过程中应引入竞争机制,全面考核每个应聘者的思想品质、工作能力等各方面条件,并择优录用。引入竞争机制的招聘工作能够极大地提高企业录取优秀人才的机会,对企业发展至关重要。

3. 建筑企业员工招聘的程序

建筑企业员工招聘的程序由组织招聘小组,制订招聘计划,确定招聘渠道并发布招聘信息,查阅简历进行筛选,测试,对拟录用的候选人进行背景调查和体检,录用决策,签订合同,招聘评估与总结等环节组成,如图7-2所示。制定招聘程序的目的在于使建筑企业员工招聘工作能够规范,进而优化企业人力资源管理。

4. 建筑企业员工招聘的渠道

确定员工招聘渠道是企业进行招聘工作的流程之一。选择以何种渠道进行招聘,应考虑其是否能够达到招聘目的,是否具有可操作性,以及采用该渠道的招聘成本问题。具体应考虑以下几方面:

(1) 招聘渠道应能达到招聘目的

采用该招聘渠道能够达到招聘的要求。在招聘中,企业选择招聘渠道的首要原则应是在招聘中能够获得企业所需人才,包括招聘到的员工能够符合企业对人才的学历、专业的要求,以及招聘规模能够达到企业岗位需求。

(2) 招聘渠道的经济性

这是指在招聘到合适人员情况下所花费的成本最小。企业招聘过程中必然会产生一定的支出,而招聘渠道的选择直接影响着企业的招聘成本。因此,在保障所招聘人才的质量符合企业要求的同时,应科学选择招聘渠道,合理支出招聘成本。

(3) 招聘渠道的可行性

这是指选择的招聘渠道应符合现实情况,具有可操作性。企业应根据未来发展战略规划、当前行业内知名度、所需人力资源的素质和规模以及企业的地理位置等条件,合理选择招聘渠道。例如,当企业需要具备丰富工作经验的技术人才时,首先应排除校园招聘这一渠道。

建筑企业员工招聘渠道可分为内部渠道与外部渠道,二者各有优缺点(表7-2)。

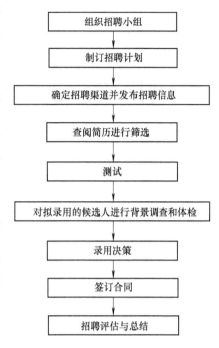

图 7-2 建筑企业员工招聘的程序

表 7-2 建筑企业员工招聘渠道及其优缺点

类型		优 点	缺 点
内部渠道	员工推荐	效率高、成本低、可靠性强	易违背招聘工作的公开、公平原则
	竞聘		
	内部储备人才库选聘		
外部渠道	现场招聘	招聘范围广,有助于企业吸收优秀人才;有利于扩大企业知名度	成本高;招聘周期长
	网络招聘		
	校园招聘		
	传统媒体广告		
	人才介绍机构		

1) 员工推荐。员工推荐的特点有招聘成本较小、招聘针对性强以及招聘结果可靠等。但在该方法下,员工来源具有局限性,企业以这种方式进行员工招聘的选择性较小。因此,该方法多用于中小型企业的员工招聘。

2) 竞聘。竞聘上岗是一种保证企业变革、企业文化重塑顺利进行的有效手段,同时能够鼓励员工不断实现自我提升。竞聘能够改善企业长期以来形成的论资排辈现状,进而鼓励所有员工不断提升自身能力,并能够在一定程度上增强员工的竞争意识。

3) 内部储备人才库选聘。人才库,即企业进行各类人才储备的场所,是企业组建团队、完成任务、选拔优秀人才的重要来源。人才库可供企业同人才进行交流,还可为企业提供人才解决方案以及为人才提供职业规划、指导,是企业和人才的共同财富。

4) 现场招聘。现场招聘是一种传统的招聘方式,招聘者与被招聘者直接面对面交流,效率较高。其局限性在于难以保证应聘者的数量及质量。

5）网络招聘。企业通常以两种方式进行网络招聘：①在企业自己的网站上发布招聘信息；②与专业招聘网站合作，在专业招聘网站上发布招聘信息。网络招聘不受地域限制，可在较短时间内得到大量信息；但这种方式产生的虚假信息及无用信息较多，要求企业对简历进行严格的筛选，企业所投入的招聘成本、时间较多。

6）校园招聘。校园招聘是许多大中型企业经常采用的一种招聘方式，企业到学校进行宣讲，举办招聘会，吸引高校毕业生前来应聘。校园招聘的优点在于可招到可塑性较强且充满干劲的高校毕业生；缺点则是毕业生缺乏实际工作经验，且流动性较大。

7）传统媒体广告。在报纸杂志、电视和电台等媒体上发布招聘信息，特点是受众面广、收效快、过程简单，同时还能起到宣传企业的效果，为企业节省宣传费用；但因其时效性，对需要在短期内获得人力资源的情况不太适用。

8）人才介绍机构。人才介绍机构包括针对中低端人才的职业介绍机构以及针对高端人才的猎头公司。以这种方式招聘更有效率，但费用也相对较高。

7.2.2 建筑企业人员录用

1. 建筑企业人才甄选

人才甄选是指组织通过一定的手段，对应聘者进行区分、评估，并最终选择哪些人将被允许加入组织，哪些将被淘汰的过程。人才甄选常用的方法如表7-3所示。

表7-3 人才甄选方法

面试	非结构化面试	没有固定的面谈程序，面谈者提问的内容以及顺序都取决于面谈者的兴趣和现场应试者的回答
	结构化面试	在工作分析的基础上，精心设计与工作有关的问题和各种可能的答案，并根据应试者回答的速度和内容对其做出等级评价
	小组面试	由一组应试者组成一个临时工作小组，讨论给定的问题，并做出决策
	压力面试	有意制造紧张气氛，以了解应试者将如何面对工作压力
笔试		基本知识、专业知识、管理知识及综合分析能力、文字表达能力等方面的考核
管理评价中心		无领导小组讨论、模拟公文处理、演讲、角色扮演
测试		身体能力测试、个性测试、智力测试、职业性向测试

2. 建筑企业人员录用的影响因素

对于企业而言，人员录用的有效性主要体现在以下几点：

1）企业能够及时招聘到满意的人员为企业服务。
2）被录用人员的数量、结构符合企业用人要求。
3）招聘成本最小化。
4）招募到的员工与岗位匹配。
5）能够留住员工。

因此，从应聘者个人角度来说，影响企业录用人才的因素通常包括应聘者的基本生理/社会特征、知识/技能特征以及心理特征（表7-4）。不同工作岗位对人力资源的要求不同，即以上因素对建筑企业人员录用的影响程度也有所区别。

一般情况下,企业对技术型岗位会更加看重应聘者的专业技能、工作经验等,而对于研究型岗位(如研发、金融分析)则更加注重应聘者的学历等因素。从企业角度来说,影响人才录用的因素除了应聘者的个人素质外,还应考虑人员同岗位的匹配程度、招聘成本、招聘规模以及员工离职率等。

表 7-4 建筑企业人员录用的影响因素

基本生理/社会特征	性别、年龄、户籍等
知识/技能特征	学历、专业、专业工作经历、其他工作经历、专业资格证书等
心理特征	各种素质：表达、观察、认知……
	人格
	兴趣偏好

7.2.3 建筑企业员工培训

1. 建筑企业员工培训的作用

员工培训是指在将组织发展目标和员工个人发展目标相结合的基础上,有计划、有系统地组织员工从事学习和训练,提升员工的知识水平,提高员工的工作技能,改善员工的工作态度,激发员工的创新意识,最大限度地使员工的个人素质与工作需求相匹配,使员工能胜任目前所承担的或将要承担的工作与任务的人力资源管理活动。培训是企业人力资源管理的一大重要内容,有效的培训能够教授员工知识和技能,使其更适应岗位,满足岗位需求,同时尽可能地减少员工所需的工作时间,进而减少人力成本,提高企业的生产力。

企业还可以通过培训的方式加强企业文化建设,如企业文化培训,能有效地增强员工对企业的认同感,激发员工的工作热情,使员工更具团队精神,从而为员工工作创造一个良好的环境,提升企业在行业中的竞争力。

2. 建筑企业员工培训的内容

(1) 管理人员培训

建筑企业中对管理人员的培训包括岗位培训、继续教育以及学历教育。

1) 岗位培训是指对从业人员进行以提高本岗位需要的工作能力或生产技能为重点的教育活动。岗位培训的针对性较强且便于操作,因此较为常见。

2) 继续教育主要是针对中专以上学历的建筑企业主要负责人、项目负责人和专职安全生产管理人员进行的教育活动。

3) 学历教育是指企业选派管理人员进入高等院校继续深造,待毕业后回到该企业继续工作的教育活动。

(2) 工人培训

对班组长,要求培训达到100%持证上岗;对技术工人,要求进行等级培训;对特种作业人员,尤其是从事电工以及高空作业有关工作的人员,按规定必须进行专业培训,并达到持证上岗的要求。

3. 建筑企业员工培训的方式

建筑企业对员工进行培训的方式有很多,常见的有以下几种:

(1) 讲授法/视听教育法

讲授法是一种传统的培训方式,其优点在于应用范围广且易操作。视听教育法是指应用投影仪、计算机、录像机等多媒体工具对员工进行培训。该方法的优点是将视觉与听觉两种感知方式相结合,相比讲授法更为直观;缺点是其内容无法随实际情况做出调整。因此,应在员工学习视听资料的同时,现场由指导老师根据实际情况做出讲解,以便克服其缺点。讲授法与视听教育法均可一次实现多人的学习,较适合理论知识的培训,在受培训员工人数较多的情况下优先选用。

(2) 讨论法

讨论法又分为普通小组讨论和研讨会两种形式,多以专题为主。在讨论过程中,员工同主持人可以进行沟通交流,其优点在于在此培训方式下,信息能够以员工-主持人、员工-员工的互动形式进行多向传播。因此,同讲授法与视听教育法相比,讨论法可使员工更好地参与到培训中,培训所得到的反馈结果更佳。其缺点是不适合较大规模的人员培训。

(3) 现场法

现场法以实际操作为主,培训地点通常在作业现场,接受培训的员工能够近距离地观摩实际工作如何进行。该方法需要注意的地方有:①接受培训的员工数量不宜过多,否则会影响培训的效果;②培训前需要提前做好培训场地及所需设施的准备工作;③现场演示前要考虑培训过程中有可能发生的突发状况以及发生突发状况时应如何解决,同时对受训员工在操作开始前应该进行必要的安全教育,以免发生危险。

(4) 自学法

自学法适合理论知识、技能的学习,通常由企业分发学习手册供员工参考。对学习内容较简单的,使用该方法能够有效节省企业用于培训的成本。但员工在自学过程中由于监管不严,较易出现消极、懈怠心理,因此在自学后应及时对员工所学内容进行考核。

(5) 网络培训法

网络培训法是指使用互联网、线上交流软件以及在线视频等对员工进行培训。因其使用方式灵活、不受员工所在地点的限制等优点,能够克服建筑企业员工工作地点不固定、分散的问题,因此在建筑企业中的应用越来越广泛。

7.2.4 建筑企业员工考核

1. 建筑企业员工考核的作用

员工考核是指企业或上级领导按照一定的标准,采用科学的方法,衡量与评定员工完成岗位职责任务的能力与效果的管理方法。建筑企业员工考核的作用主要有以下几点:

(1) 有利于激励员工进步

采取考核并将考核结果作为薪资、奖金分配依据的这一方式,能够促使员工积极提升自身的各方面素质，加强个人业务能力，认真对待工作。企业进行员工考核在促使员工自我进步的同时，还能够为员工清楚地认识自我提供条件，使其明确自身不足，努力补齐短板，以便全面发展。

（2）作为确定员工薪资待遇的依据

企业通过进行员工考核，能够全面掌握员工状况，进而更好地对员工薪资报酬、奖励做出判断，给予员工合适的待遇条件。

（3）有助于掌握员工情况

通过考核，企业管理者能够很快地了解员工并发现企业中的优秀人才，适当地将其选拔至更高的岗位，充分发挥其能力，从而有利于企业的发展；对不适合岗位的员工，通过考核也能够及时发现并对其岗位做出调整，将其安排至合适的岗位。员工考核的结果在很大程度上决定着员工后续的发展，因此，企业考核制度一定要完善、严格。

2. 建筑企业员工考核的程序

（1）考核计划的制订

考核计划作为员工考核工作的第一个环节，主要是由企业管理者制定考核内容以及考核评价指标。在考核计划制订阶段，企业管理者应同员工进行充分的沟通，明确员工考核期内应做什么以及做到何种程度才能达到何种标准。只有企业管理者和员工持续不断地进行沟通、交流，才能保证员工考核计划制订得完善。员工考核的内容及评价指标应根据企业实际情况制定，且应尽量选择可量化的考核指标。

（2）员工考核实施

在员工考核实施阶段，企业管理者需要根据制定好的考核内容以及评价标准对员工进行考核。针对不同的考核评价指标，所采取的考核办法会有所不同。

对于可量化的关键绩效指标（Key Performance Indicator，KPI），一般通过报表、数据的形式进行考核；对于工作目标设定（Goal Setting，GS）指标，则常以报告形式进行；而对于关键胜任能力指标（Key Competency Indicator，KCI），则通常应用关键事件法。KPI、GS、KCI 的区别如表 7-5 所示。

表 7-5　KPI、GS、KCI 的区别

指标名称	英文全称	中文全称	考核内容
KPI	Key Performance Indicator	关键绩效指标	基于结果的考核
GS	Goal Setting	工作目标设定	基于过程的考核
KCI	Key Competency Indicator	关键胜任能力指标	基于素质的考核

（3）考核反馈

考核反馈是员工考核工作中非常重要的一个环节。员工考核的目的在于不断提升员工的能力，该目的能否顺利实现，考核反馈起到重要作用。通过考核反馈，企业管理者和员工可以分析考核过程中员工所产生的问题并思考应当如何解决，进而帮助员工对自身工作做出改进。

（4）考核结果的运用

为使考核工作真正起到激励员工、督促员工、使其专长技能得到提升的作用，需要根据被考核员工的考核结果对该员工的薪资待遇、未来发展机会等方面做出调整。对经考核表现

良好的员工应适当提高薪酬水平或将其提升至更高的职位,以利益作为动力去促使达成员工考核工作的最终目的;同时也可采取评优等形式给予其表扬,进一步鼓励员工认真对待考核。

3. 建筑企业员工考核的内容

考虑到我国建筑企业的现状,企业进行员工考核应以关键绩效指标为主。按考核周期划分,员工考核可分为月度考核、季度考核以及年终考核。月度考核以及季度考核的重点在于员工个人的工作业绩,而年度考核在考察员工工作业绩的同时,也应注重被考核员工的工作态度以及工作能力。

(1)工作业绩

工作业绩是指员工在实际工作中所做出的成绩。工作业绩是企业员工考核的核心所在,也是考核的必备内容。常见的工作业绩评价指标如图7-3所示。

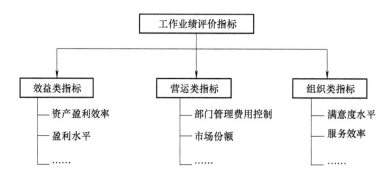

图7-3 常见的工作业绩评价指标

(2)工作态度

工作态度是指员工对其工作所持有的评价与行为倾向,包括对工作的热情程度、认真程度等。鉴于上述因素难以量化,因此,对工作态度的评定通常由企业管理者采取定性的评价方法进行评定。

(3)工作能力

工作能力,在人力资源管理学中是指对一个人担任一个职位的一组标准化的要求,用以判断其是否称职。工作能力能够直接影响员工做事的质量以及效率。员工的能力会受到工作环境、岗位限制等因素影响,在实际工作中可能无法展现出来,这就需要企业去发现员工的能力,而员工考核就是一种很有效的方式。

工作业绩、工作态度以及工作能力三者相互联系。一个员工必须既具备良好的工作态度,同时也有足够的能力胜任工作,才能够获得令人满意的工作业绩。工作态度和工作能力二者缺一不可。

4. 建筑企业员工考核的方法

(1)交替排序法

交替排序法是一种较为常见的考核方法,即将所有被考核员工的名单列出来,根据员工某一方面或整体的表现,选出最优秀的员工和最差的员工,然后再从剩余员工中选出最优秀的和最差的……如此直到所有被考核员工全部被选出。

(2) 对偶比较法

对偶比较法是指针对某一评价要素,将每一位员工均同其他员工分别做比较,进行两两比较时,给表现更佳的员工记"+",表现相对不佳的员工记"-",最后根据员工"+"的个数做高低排序。

例如,从表7-6中可以很明显看出,被考核的五位员工按考核结果优劣依次为B、C、A、E、D。

表7-6 对偶比较法应用例表

姓 名	对 比 人					"+"的个数
	A	B	C	D	E	
A		-	-	+	+	2
B	+		+	+	+	4
C	+	-		+	+	3
D	-	-	-		-	0
E	-	-	-	+		1

(资料来源:彭剑锋.人力资源管理概论.复旦大学出版社,2004.)

(3) 图表尺度考核法

图表尺度考核法也称等级评价法,是最简单和应用最普遍的工作绩效评价方法之一。该方法先是列举出某些企业所期望的绩效构成要素,再针对每个要素对员工进行评估打分,最后将所有要素得分汇总,即得到最终的员工个人考核评价结果。其优点是使用方便;缺点是准确性不高,常凭主观进行考评,同时也无法提供良好的反馈。评价等级说明例表如表7-7所示。

表7-7 评价等级说明例表

等 级	评价分数(分)	评价等级说明
杰出	90~100	所有方面都十分突出,并且明显比其他人优异
很好	80~90	大多方面明显超出职位的要求,工作是高质量的并且在考核期间一贯如此
好	70~80	称职的和可信赖的工作水平,达到了工作的标准要求
需要改进	60~70	在某一方面存在缺陷,需要改进
不令人满意	60分以下	工作水平无法让人接受,必须立即改进
不做评价		无可利用的标准或时间较短而无法得出结论

(资料来源:彭剑锋.人力资源管理概论.复旦大学出版社,2004.)

(4) 关键事件法

关键事件法是用于收集工作分析信息的方法之一。它是针对某一工作中重要的、能影响该工作成功与否的任务和职责要素,将能反映不同绩效水平的、可观察到的行为表现进行描述,作为等级评价的标准进行评定的方法,也可用于绩效评价。

关键事件法是通过员工的关键行为和行为结果来对其绩效水平进行绩效考核的方法,一般由主管人员将其下属员工在工作中表现出来的非常优秀或者非常糟糕的行为事件记录下来,然后在考核时点上(如每季度或者每半年)对其做出考核。关键事件法应用例表如表7-8所示。

表 7-8 关键事件法应用例表

工作责任	目标	关键事件
安排生产计划	充分利用人员及机器，及时发布各种指令	建立新的生产计划系统 上一月的指令延误率降低了10% 上一月的机器利用率提高了10%
监督原材料采购和机器控制	在保证充分的原材料供应的前提下，使原材料的库存成本降到最低	上一月的原材料库存成本上升了15% 某一部件的订购短缺
监督机器的维修保养	不出现因机器故障而造成的停产	及时发现机器部件故障而阻止了机器的损坏

（资料来源：彭剑锋．人力资源管理概论．复旦大学出版社，2004.）

7.3 建筑企业人力资源的优化配置与员工的能力开发

7.3.1 建筑企业人力资源的优化配置

1. 企业人力资源优化配置的含义

企业员工招募工作往往是在信息不完整的情况下进行的，因此，企业通常需要对其在员工招募阶段所得到的人力资源进行优化配置；而且，随着员工经验、技能的增长以及企业自身环境的变化，企业人力资源再配置这一过程也是必要的。而对于建筑企业，合理优化配置项目的人员更是占据举足轻重的地位。

（1）项目经理部人员的优化配置

施工单位的核心是项目经理部，其中项目经理又是项目经理部的核心。通常在一个项目从开始到结束的全过程中，项目经理不做变更。在项目进行过程中，项目经理有权根据现场情况对项目经理部的其他员工进行优化配置，直至整个项目结束，项目经理部解散，由企业人力资源部门集中安排进入新的项目。

（2）劳务人员的优化配置

对建筑企业劳务人员的优化配置应满足结构合理、协调一致、素质匹配、效益提高四项要求。项目上的劳务人员应当依照项目的进度不断进行调整，不同工种、不同阶段所需要的劳动力有很大差别，为尽可能减少劳务成本，避免人力资源的浪费，项目经理部应做好对劳务人员的统筹安排。

2. 建筑企业人力资源优化配置措施

根据优化配置的原因不同，建筑企业人力资源优化配置措施可分为以下几类，如表7-9所示。

表 7-9 人力资源优化配置措施

优化配置原因	措施
人事不匹配	升职、降职以及解聘
员工职业发展需要	工作轮换
由内部招聘解决职位空缺问题	竞聘上岗

(1) 升职、降职以及解聘

升职、降职以及解聘是企业进行人力资源优化配置最传统、最常见也是最重要的途径。公正的职位升降不仅可以优化配置企业内人力资源,还可以激励、督促员工自我提升。

(2) 工作轮换

工作轮换是企业内部有组织、有计划、定期进行的人员职位调整。工作轮换有助于提升员工的岗位适应率,并使其具备多样化的能力以及对工作保持新鲜感。

(3) 竞聘上岗

竞聘上岗通常用于企业选拔干部,是一种企业进行内部人力资源优化配置的手段,所有员工均可参与岗位的竞聘并得到平等对待。竞聘上岗与一般招聘的主要区别如表7-10所示。

表7-10 竞聘上岗与一般招聘的主要区别

	特 点	形 式	适用范围	考 核 者
竞聘上岗	以内部员工为主 考察综合素质以及领导能力	个人素质测评 竞聘会	主要选拔管理层人员	企业领导
一般招聘	更注重专业素质 招聘对象为企业外人员	个人素质测评 面试	招募各类员工	部门主管 人力资源部

(资料来源:彭剑锋. 人力资源管理概论. 复旦大学出版社, 2004.)

7.3.2 建筑企业员工的能力开发

1. 员工能力开发的含义

员工能力是指员工在工作中表现出来的履行职务的能力。员工能力不仅仅指其所已经具备的能力(图7-4),还包括其能力是否能得到充分发挥。因此,员工能力开发是指开发员工的潜能,使其能力得到充分利用。

相比员工培训,员工能力开发具有更为广泛的含义。使员工已具备的能力能够得到充分利用是企业员工能力开发中最基本的要求。在这一基础上,企业再通过培训等方式使员工不断学习,进而获取新的能力。引进新员工,吸收具备前沿技术的人才为企业注入新的活力,这种形成新的员工能力的方式也被看作是一种员工能力开发。

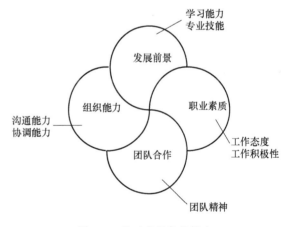

图7-4 员工应具备的能力

2. 员工能力开发的作用

员工能力开发对企业、员工个人以及完成工作任务均有积极的作用。

(1) 员工能力开发对企业的作用

首先,员工能力开发能够提升员工的各方面素质,进而提升生产效率,为企业增加盈利;其次,建筑行业市场竞争较激烈,企业对员工能力的开发也是为了保持企业自身的竞争优势；最后，企业对员工进行开发的过程同时也是对员工灌输企业文化的过程，在员工认可企业文化后，其敬业精神、团结合作精神相应地会有所增加，这对企业稳定发展具有显著作用。

（2）员工能力开发对个人的作用

企业对员工的能力开发可以被看作是企业给予员工的一项福利。通过专业的开发，员工自身水平大幅度提升，个人潜能被最大限度地挖掘出来，这对员工日后的职业生涯大有益处。

（3）员工能力开发对完成工作任务的作用

建筑企业员工的能力开发是工程项目能否顺利进行的一个重要因素。例如，一个合格的建筑管理人员应具备较高的知识素质、能力素质以及人格素质，而上述素质能力可在企业的培训、开发中获得。

3. 建筑企业员工能力开发的内容

建筑企业对员工能力进行开发应考虑到员工各方面的能力，通常包含知识开发、智力开发、体力开发、经验开发、诚信开发、适应能力开发以及工作热情开发（图7-5）。

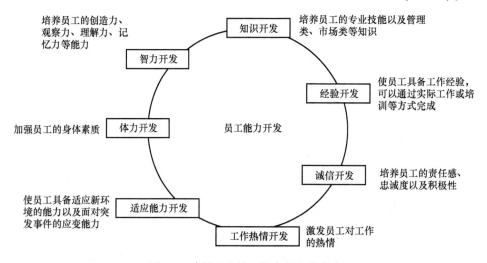

图7-5　建筑企业员工能力开发的内容

4. 建筑企业员工行为激励

企业应采取手段激励员工将已具备的能力应用到工作中去，充分调动员工对工作的积极性。根据马斯洛需求层次理论（图7-6），人的需求有五个层次，为满足不同层次的需求，应采取不同的激励方法。例如，为满足生理需求的激励措施有物质激励等；为满足社交需求的激励措施有沟通激励、情感激励等；为满足尊重需求及自我实现需求的激励措施有奖惩激励、目标激励、危机激励等。

（1）物质激励

物质激励是一种最普遍的用以激励员工的方式，主要包括工资、津贴、奖金等。其不仅是有效的奖励手段，也表达了对员工工作表现的认可，即产生了精神层面上的激励作用。

大量实例表明，合理的薪酬奖励制度能够直接影响员工对工作的积极性。建筑企业员工行为的物质激励如图7-7所示。

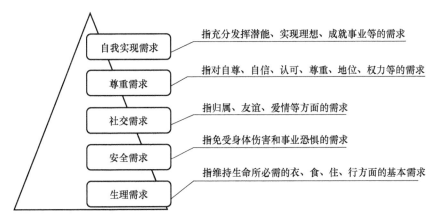

图 7-6　马斯洛需求层次理论

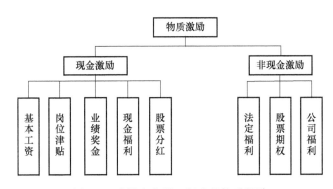

图 7-7　建筑企业员工行为的物质激励

（2）奖惩激励

奖惩激励是一种常用的激励方法，常见的奖惩行为有表扬、处分等。奖励的目的是鼓励员工的工作态度、工作成果等，能使员工在未来一段时间内以更好的状态投入工作；而惩罚则可以及时制止员工的不良行为，但应当注意惩罚措施应适当有度，以免员工产生消极怠工的情绪。

（3）目标激励

目标激励是以目标为导向、以人为中心、以成果为标准，而使组织和个人取得最佳业绩的现代管理方法。目标具有引导、激励的效果，当员工有了明确的目标且这一目标同企业总目标相一致时，其工作热情以及信心将会得到极大的提升。运用目标激励方法时，应注意目标设置的合理性、可行性，同时目标的内容应具体并有阶段性。

（4）沟通激励

企业管理者应不断通过与员工的交流、沟通去了解其需求，及时发现员工的意见和问题，并帮助解决问题；同时也应经常性地对员工进行人生观、价值观的教育，用理想去鼓励员工，激发其工作动力。

（5）行为激励

研究表明，人的行为会受到他人行为的影响。因此，通过表彰、宣传企业内的优秀员工可起到有效的示范作用，引起其他员工的共鸣，促使其他员工以此为学习榜样。

(6) 情感激励

管理者同员工之间应建立一种相互信任、相互体谅的和谐关系，使员工感受到被尊重、被重视，以此增强员工对企业的归属感。企业管理者应及时、主动地关心员工并考虑其需求。例如，适当地丰富员工的业余生活（如举办运动会），避免员工对单调、重复的工作感到厌烦。

(7) 危机激励

当今社会竞争日益激烈，不仅企业应具备危机感，员工个人也应意识到危机。可适当地向员工灌输"优胜劣汰"理念，唤醒员工的危机意识，进而激发员工的工作干劲，鞭策员工不断努力做好工作，为企业创造效益。

7.4 建筑企业员工绩效管理与薪酬管理

7.4.1 建筑企业员工绩效管理

1. 绩效管理的含义与作用

所谓绩效管理，是指各级管理者和员工为了达到组织目标共同参与的绩效计划制订、绩效辅导沟通、绩效考核评价、绩效结果应用、绩效目标提升的持续循环过程（图7-8）。绩效管理的目的是持续提升个人、部门和组织的绩效。

通过对员工进行合理的绩效评价，一方面，能够起到激励员工的作用；另一方面，分析绩效考核结果可发现员工工作中需改进的内容。随着员工个人绩效的提升，企业绩效也将会提升，进而达到员工、企业绩效互动螺旋式上升的效果。

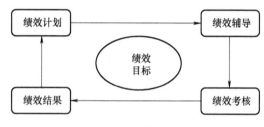

图7-8 绩效管理循环

2. 建筑企业员工绩效管理的基本流程

(1) 绩效计划的确定

绩效计划的确定包括准备阶段、沟通阶段和确认阶段。

1) 准备阶段。确定绩效计划的准备内容应包括了解企业、部门以及员工的信息。在制订绩效计划时，应与上一期的绩效计划内容相互衔接，使绩效管理能够连续进行。

2) 沟通阶段。沟通阶段是确定绩效计划的核心步骤，其目的是使企业管理者与员工能够就绩效计划达成一致。这一阶段的沟通是双向的，企业管理者和员工均应倾听对方的意见。常见的沟通方式有部门会议、小组会议等。

3) 确认阶段。在准备阶段和沟通阶段结束后所得到的绩效计划需要管理者同员工共同确认，确保绩效计划的目标同企业总目标一致。在管理者与员工对绩效计划内容均明确且无异议后，应在绩效计划文件上确认签字。

(2) 绩效辅导

所谓绩效辅导，是指管理者与员工讨论有关工作进展情况、员工取得的成绩和存在的问题、潜在的障碍和问题，以及管理者如何帮助员工解决问题的信息交流与反馈过程。一方面,员工向管理者汇报绩效考核过程中遇到的问题,寻求帮助;另一方面,管理者及时掌握员工的进展,并根据实际情况对绩效计划进行纠偏。

(3) 绩效考核

1) 确定考核评价者。绩效考核的评价形式有他人评价和自我评价两种。通常情况是由直接上级做出评价,同事评价以及自我评价等作为辅助参考。

2) 设计绩效考核指标体系。绩效评价是绩效管理工作中最核心的内容,绩效的评价是通过绩效考核指标做出的。绩效考核指标需要满足以下五项原则:①明确、具体;②可量化;③合理、可实现;④具有现实性;⑤具有时限性。常采用的绩效考核指标体系有关键绩效指标、平衡计分卡等。平衡计分卡是在企业战略的基础上将不同衡量方法整合到一起,从财务、顾客、业务、创新四个角度,将企业的战略转化为可应用的评价指标的一种绩效考核指标体系,如图7-9所示。

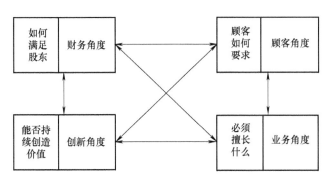

图7-9 平衡计分卡四个方面绩效考核指标的关系
(资料来源:彭剑锋. 人力资源管理概论. 复旦大学出版社,2004.)

(4) 考核结果应用

考核结果应用是指根据绩效考核结果,管理者和员工一起分析工作上的不足并讨论如何解决,同时应按考核结果对员工进行薪资调整、岗位调整等。

7.4.2 建筑企业员工薪酬管理

1. 薪酬的概念与构成

薪酬是指员工因向所在的组织提供劳务而获得的各种形式的报酬。薪酬包括:①货币和可转化为货币的报酬;②获得的除货币形式外的各种满足。前者属于经济性的报酬,后者则是非经济性的报酬。经济性的报酬包括直接报酬与间接报酬;非经济性的报酬包括由工作本身、工作环境以及组织特征所带来的满足,如图7-10所示。

2. 建筑企业员工薪酬管理原则

(1) 竞争性原则

建立具有竞争性的薪酬制度能有效地为企业吸引、保留员工。然而,竞争性的薪酬制度并不适合所有岗位。对某些岗位来说,相比好的薪资条件,员工可能更需要的是良好的发展前景以及晋升机会。因此,企业管理者应当根据实际情况来确定某一岗位是否需要具备竞争性的薪资水平。

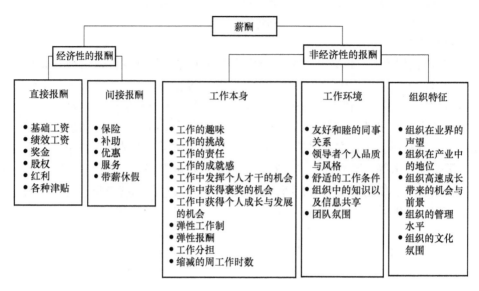

图 7-10　薪酬的构成

(资料来源：彭剑锋. 人力资源管理概论. 复旦大学出版社，2004.)

(2) 公平性原则

企业与企业之间的薪酬确定应具有竞争性，而在企业内部，不同部门、不同岗位之间的薪酬水平应具有公平性。应根据企业内部不同岗位的相对价值，即工作难易、职责大小、能力水平，来合理确定薪酬，使之尽量协调。

(3) 与绩效关联原则

绩效是企业实现经营目标的保障，在进行薪酬设计时就应将员工的工作业绩包含在内。只有与绩效关联的薪酬制度才是合理的，可在公平分配薪酬的同时，进一步激励员工，提升员工的工作积极性。

员工薪酬管理原则如图 7-11 所示。

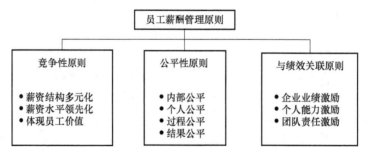

图 7-11　员工薪酬管理原则

3. 建筑企业员工薪酬管理的内容

薪酬管理是指在组织发展战略指导下，对员工薪酬支付原则、薪酬策略、薪酬水平、薪酬结构、薪酬构成进行确定、分配和调整的动态管理过程。

薪酬管理主要包括基础工资管理、绩效调薪管理、奖金管理以及福利管理。

(1) 基础工资管理

基础工资通常是按职位进行确定的,根据职位所承担的责任大小、工作内容难易程度以及完成工作所需能力的大小对职位价值做出判断,再以判断结果确定基础工资水平。除以职位为基础确定基础工资外,还可以以员工素质能力为基础确定基础工资。

(2) 绩效调薪管理

绩效工资又称绩效调薪,是指根据员工的考核结果来对其基础工资进行动态调整,并将调整的结果作为下一个考核周期内的工资水平。确定绩效调薪应考虑两方面因素,分别是员工绩效水平和该员工所得报酬在其工资范围内所处位置。

员工绩效越高,调薪幅度也应越大;而员工所得报酬在其工资范围内越靠前,为降低成本风险,其调薪幅度应比相同其绩效水平但在工资范围内靠后的员工小(表7-11)。

表7-11 不同绩效水平结合在工资范围内的位置决定的调薪幅度

在工资范围内的位置	远高于平均绩效水平	高于平均绩效水平	平均绩效水平	低于平均绩效水平	远低于平均绩效水平
处于前1/5	4%	0	0	-3%	-6%
处于前1/5~前2/5	4%	2%	0	-3%	-6%
处于前2/5~前3/5	6%	3%	0	-3%	-6%
处于前3/5~前4/5	9%	6%	3%	0	-3%
处于前4/5之后	12%	9%	6%	3%	0

(资料来源:彭剑锋.人力资源管理概论.复旦大学出版社,2004.)

(3) 奖金管理

奖金是指根据员工的工作绩效确定的可变薪酬,是薪酬中重要的一项内容。相比绩效调薪,奖金的数额较大,对员工具有更强的激励作用。根据业绩来源不同,奖金的发放方式可分为组织奖励、团队奖励和个人奖励。

(4) 福利管理

福利是指企业向员工提供的除工资、奖金之外的各种保障计划、补贴、服务以及实物报酬。福利的具体形式如表7-12所示。

表7-12 福利的具体形式

福利形式	具体内容
额外金钱收入	节假日加薪、分红、物价补贴、购物券
超时酬金	超时加班费、节假日值班费
住房福利	免费宿舍、廉价公租房、购房补贴
交通福利	班车服务、公交补贴、个人交通工具补贴、燃料补助
教育福利	公费进修、购书补贴
医疗保健福利	免费体检、药费补贴、职业病免费防护
离退休福利	退休金、公积金
文体旅游性福利	集体文体活动、旅游津贴

复习思考题

1. 简述人力资源和人力资源管理的概念。
2. 人力资源管理包括哪些内容？
3. 如何进行人员的招聘和录用？
4. 如何进行员工的绩效考核？
5. 建筑企业如何做好人力资源的优化配置？
6. 建筑企业员工能力开发包括哪些内容？
7. 如何激励员工？

第 8 章

建筑企业财务管理

8.1 建筑企业财务管理的内容

企业财务管理的目标是股东财富最大化。股东财富最大化的途径是提高报酬率和减少风险,而企业报酬率的高低和风险大小又取决于投资项目、资本结构和股利政策。因此,财务管理的主要内容是投资决策、筹资决策和股利分配决策等。

1. 投资决策

投资是指以收回现金并取得收益为目的而发生的现金流出。如购买公债、股票、债券,兴办工厂,购置设备等,企业都要发生货币性流出,并期望取得更多的现金流入。不论企业进行直接投资或间接投资,还是进行长期投资或短期投资,财务管理部门都要会同有关管理者共同参与资金的投放,做出投资结构和资产组合的合理决策,以便更好地协调投资风险与投资收益,取得较高的投资效益。

2. 筹资决策

筹资决策要解决的问题是如何取得企业所需要的资金,包括向谁、在什么时候、筹集多少资金。筹资决策和投资、股利分配有着密切的关系,筹资的数量多少要考虑投资需要,在利润分配时加大保留盈余,可以减少外部筹资。筹资决策的关键是决定各种资金来源在总资金中所占的比重,即确定资本结构,以使筹资风险和筹资成本相配合。

3. 股利分配决策

股利分配是指企业赚得的利润中,有多少作为股利发放给股东,有多少留存在企业作为再投资资金。企业进行股利分配体现了履行其承担的社会责任。股利分配决策的制定受诸多因素的影响,企业应根据自己的具体情况确定最佳的股利政策。

8.2 建筑企业筹资管理

8.2.1 发行股票筹资

发行股票筹资是股份有限公司筹集长期资金的基本方式,同时也是股份公司获取其他类型资金的基础。股票是股份公司为筹集自有资金而发行的有价证券,是股东按所持股份承担义务享有权利的书面凭证。

1. 股票的种类

股票按股东的权利和义务不同,可分为普通股和优先股;按其是否记名,可分为记名股和不记名股;按股票是否标明金额,可分为面值股票和无面值股票;按其投资主体不同,可分为国家股、法人股、个人股和外资股;按其发行对象和上市地区,可分为 A 股、B 股、H 股和 N 股。

2. 股票的价值和价格

1) 股票价值。股票价值主要有以下几种:①票面价值,即股票票面上所记载的金额;②设定价值,即发行无面值股票时,根据核定股本和发行股数为股票设定的价值;③账面价值,即每股所代表本公司账面资产净值;④清算价值,即公司破产清算时,每股所代表被清理资产的实际价值;⑤内在价值,即筹资者或投资者对某种股票分析得出的估计价值。

2) 股票价格。股票价格实际上就是股票的市场价值,也就是在证券市场上买卖股票的价格。股票价格的高低取决于股票所能带来收益的大小。

3. 股票的发行、上市、暂停与终止

(1) 股票发行

股份有限公司在设立时要发行股票筹资,公司设立之后,为了扩大经营,调整资本结构,仍需增资发行股票筹资。股票发行遵循公平、公开、公正的原则,必须同股同权、同股同利。发行股票应接受国务院证券监督管理机构的管理和监督。

1) 股票发行的条件。按照《公司法》规定,公司发行股票应具备下列条件:每一股份应当具有同等权利;同次发行的同种类股票,每股的发行条件和价格应当相同;股票发行价格可以按票面金额,也可以超过票面金额,但不得低于票面金额;股票应当载明公司名称、公司成立日期,股票种类、票面金额及代表的股份数,股票的编号等主要事项。

公司发行新股必须具备下列条件:前一次发行的股份已募足,并间隔一年以上;公司在最近三年内连续盈利,并可向股东支付股利;公司在三年内财务会计文件无虚假记载;公司预期利润率可达同期银行存款利率等。

2) 股票发行的程序。股份有限公司设立时发行股票与增资发行股票,在程序上有所不同:

① 设立时发行股票的程序:提出募捐股份申请;公告招股说明书,制作认股书,签订承销协议和代收股款协议;招认股份,缴纳股款;召开创立大会,选举董事会、监事会;办理设立登记,交割股票。

② 增资发行股票的程序:股东大会做出发行新股的决议;由董事会向国务院授权的部门或省级人民政府申请并经批准;公告招股说明书和财务会计报表及附属明细表,与证券经营机构签订承销合同,定向募集时向新股认购人发出认购公告或通知;招认股份,缴纳股款;改组董事会、监事会;办理变更登记,并向社会公告。

(2) 股票上市

股票上市是指股份有限公司公开发行的股票经批准在证券交易所进行挂牌交易。经批准在证券交易所上市交易的股票称为上市股票。具备股票上市条件的股份有限公司经申请由国务院或国务院授权的证券管理部门批准，其股票方可上市。我国《公司法》规定，股东转让其股份，以及股票进入流通，必须在依法设立的证券交易场所进行。股票上市公司必须公告其上市报告，将其申请文件存放在指定的地点供公众查阅，并定期公布其财务状况和经营情况。

（3）股票暂停与终止

股票上市公司若公司股本总额、股权分布等发生变化，不再具备股票上市条件，或者公司不按规定公开其财务状况，或对财务报告做虚假记载，或者公司有重大违法行为，或者公司最近三年连续亏损等，应由国务院证券管理部门决定暂停其股票上市，后果严重的终止其上市。另外，公司决定解散、被行政主管部门依法责令关闭或者宣告破产的，应由国务院证券管理部门决定中止其股票上市。

8.2.2 长期负债筹资

1. 长期借款筹资

长期借款是指企业向银行或其他非银行金融机构借入的，使用期限在一年或一年以上的各种借款，主要用于固定资产投资和流动资金的长期占用。

企业可以根据不同的借款用途向提供贷款的机构和单位，如政策性银行、商业银行、保险公司等，借入用于固定资产投资借款、更新改造借款、科技开发借款和新产品试制借款等。

借款合同是规定借贷双方权利和义务的契约。合同订立后，即产生法律效力，当事人在享受权利的同时，必须严格遵守合同条款，履行合同规定的义务。长期借款除根据借款合同的规定按期支付利息外，银行还会向借款企业收取其他费用。

长期借款筹资具有筹资速度快、筹资成本低、筹资弹性大及发挥财务杠杆的作用等优点；但同时，长期借款筹资也具有财务风险高、限制条款多、筹资数量有限等缺点。

2. 发行债券筹资

债券是债务人为筹集资金而发行的，向债权人承诺在未来一定时期支付利息和偿还本金的一种有价证券。债券的基本要素主要有债券的面值、债券的期限、债券的利率、债券的价格等。

长期债券按照不同的依据可分为不同的类别：按照债券上是否标记有持券人的姓名或名称，分为记名债券和无记名债券；按其有无指定的财产作为担保，分为抵押债券和信用债券；按照利率的不同，可分为固定利率债券和浮动利率债券；按照债券偿还方式的不同，可分为一次到期债券和分次到期债券；按其能否上市，债券可分为上市债券和非上市债券；按照债券的附加条件，分为优惠债券、收益债券、附有认股证债券和转换债券等。

债券可分为溢价发行、平价发行和折价发行。债券的发行价格计算公式为

$$债券的发行价格 = \frac{票面金额}{(1+市场利率)^n} + \sum_{t=1}^{n} \frac{票面金额 \times 票面利率}{(1+市场利率)^t} \tag{8-1}$$

式中　n——债券期限；

　　　t——付息期数。

【例 8-1】 某公司发行每张面值为 100 元、每年付息两次、票面利率为 9% 的 4 年期公司债券,发行时市场利率为 10%,则该债券的发行价格为

$$债券的发行价格 = \frac{100 元}{(1+5\%)^8} + \sum_{t=1}^{8} \frac{100 元 \times 9\% \times \frac{6}{12}}{(1+5\%)^t}$$

$$= 100 元 \times 0.6768 + 4.5 元 \times 6.463 = 96.76 元$$

公司发行的债券通常需要由债券评定机构评定等级。按国际通行的惯例,债券的等级分为三等九级,即 A、B、C 三等。长期债券筹资具有资金成本较低、保障普通股的控制权、发挥财务杠杆的作用、筹资对象广、市场大等优点;但债券筹资的财务风险高,限制条件十分严格。

3. 租赁筹资

租赁是指出租人在议定的期间内有偿向承租人出租资产使用权的一种经济行为。

(1) 融资租赁

融资租赁是指租赁公司(出租人)用资金购买企业(承租人)选定的设备,并按协议将其租给承租企业长期使用的一种融通资金方式,又称为现代融资租赁。融资租赁的特点是融资与融物相结合:①涉及三方当事人,至少有两个以上合同;②租赁公司按用户的选择购入设备,交予承租人使用;③租期较长;④租赁合同较稳定,不能因一方的需要而随意撤销;⑤设备所有权与使用权相分离;⑥合同期满后,根据合同规定处理设备:续租、留购、退还。

融资租赁根据出租人购买设备的资金来源和付款对象,可分为直接租赁、转租赁和售后回租;根据出租人对设备的出资比例,可分为单一投资租赁和杠杆租赁。

(2) 租金的计算

融资租赁的租金包括租赁手续费、利息及构成固定资产价值的设备价款、运输费、途中保险费和安装调试费等。

租金的支付方式可分为后付租金和先付租金。

1) 后付租金。在我国,筹资企业与租赁公司商定的租金支付方式,大多是租金于每年年末支付一次,且各期数额相等。后付租金的计算公式为

$$A = \frac{PVA_n}{PVIFA_{i,n}} \tag{8-2}$$

式中 A——后付年金;
PVA_n——年金现值;
$PVIFA_{i,n}$——年金现值系数;
n——年金期数;
i——贴现率。

2) 先付租金。筹资企业有时可能会与租赁公司商定,等额租金于每年年初支付,即采用先付租金形式。先付租金的计算公式为

$$A = \frac{PVA_n}{PVIFA_{i,n-1}+1} \tag{8-3}$$

式中 PVA_n——年金现值;

PVIFA$_{i,n-1}$——年金现值系数。

4. 短期负债融资

短期负债融资是公司筹措资金的主要方式,是企业为获得资金,解决临时性或短期资金流转困难而做出的举债承诺。短期负债融资的主要方式有以下几种:

(1) 商业信用

商业信用是指在商品交易中由于延期付款或预支贷款所造成的企业间的信贷关系,是企业间的一种直接信用行为。商业信用是由商品交易中,钱与货在时间上分离而产生的,属于自然性融资。

1) 应付账款。应付账款是指企业购买货物暂未付款而对卖方的欠账,即卖方允许买方滞后一段时间支付货款的形式。应付账款按其付款期限、折扣信用条件的不同,可分为免费信用、有代价信用和展期信用三种。

2) 应付票据。应付票据是指企业进行延期付款进行交易时,所开具的反映债权债务关系的带息或不带息票据。它一般由销货者或购买者签发,由承兑人(付款方或代理银行)承兑,期限一般为 1~6 个月,最长不超过 9 个月。根据承兑人不同,应付票据可分为商业承兑汇票和银行承兑汇票两种。

3) 预收账款。预收账款是指企业在交付货物之前向买方预先收取部分或全部货款的一种信用形式。它相当于向买方借用资金,然后用货物清偿,可以缓解资金占用过多的矛盾。

(2) 短期借款

短期借款又称银行短期贷款,是指企业向银行或其他非银行金融机构借入的期限在一年以内的借款。短期借款是企业筹集短期资金的重要方式,按照目的和用途可分为生产周转借款、临时借款、结算借款等。

8.3 建筑企业财务风险评价

8.3.1 杠杆利益

企业以举债、租赁和优先股方式筹集资金时,债务利息等固定费用不变。当投资利润增大时,每 1 元利润所负担的固定费用就会相对减少,从而提高自有资金利润率。企业可以利用资金成本固定型的筹资方式筹集债务资金,进行负债经营,充分发挥财务杠杆的作用。

杠杆利益是企业资本结构决策中的一个重要因素。企业进行资本结构决策时,应在杠杆利益与其相关的经营风险和财务风险之间进行合理的权衡。

1. 经营杠杆

经营杠杆又称营业杠杆或营运杠杆,是指企业在进行经营决策时对经营成本中固定成本的利用。运用营业杠杆,企业可以获得一定的杠杆利益,同时也承担着营业风险。

当企业的产销规模一定时,由于固定成本总额并不随着产品销量的增减变动而变动,而单位固定成本却随着产销量的增加而降低,从而给企业带来利润的增长,则称为营业杠杆利益。相应地,当销售下降时,企业的息税前利润下降,从而给企业带来经营风险。

经营杠杆系数也称营业杠杆程度,是指息税前利润的变动率相当于销售额变动率的倍

数。其计算公式为

$$\mathrm{DOL} = \frac{\Delta \mathrm{EBIT}/\mathrm{EBIT}}{\Delta Q/Q} \tag{8-4}$$

式中　DOL——经营杠杆系数；
　　　EBIT——变动前息税前利润；
　　　ΔEBIT——息税前利润变动额；
　　　Q——变动前销售额；
　　　ΔQ——销售额变动量。

若企业经营单一产品时，可以用下式计算：

$$\mathrm{DOL}_Q = \frac{Q(P-V)}{Q(P-V)-F} \tag{8-5}$$

式中　DOL_Q——销售量为 Q 时的经营杠杆系数；
　　　P——单位产品销售价格；
　　　V——单位变动成本；
　　　F——全期固定成本总额。

若企业经营多种产品时，可用下式计算：

$$\mathrm{DOL}_S = \frac{S - \mathrm{VC}}{S - \mathrm{VC} - F} \tag{8-6}$$

式中　DOL_S——销售额为 S 时的经营杠杆系数；
　　　VC——变动成本总额。

【例 8-2】 某企业生产单一产品，固定成本总额为 50 万元，变动成本率为 60%，则测算销售额为 500 万元时的经营杠杆系数计算如下：

$$\mathrm{DOL}_{500} = \frac{500 \text{ 万元} \times (1 - 60\%)}{500 \text{ 万元} \times (1 - 60\%) - 50 \text{ 万元}} = 1.33$$

影响企业经营风险的因素主要有产品需求的变动、产品售价的变动、产品成本的变动、产品成本结构的变动等。

2. 财务杠杆

财务杠杆又称融资杠杆，是指企业在进行资本结构决策时债务利息的利用。在企业资本结构一定的条件下，企业从息税前利润中支付的债务利息是相对固定的，当息税前利润增多时，每 1 元息税前利润所负担的利息就会相应地减少，从而增加企业的税后利润，为所有者带来额外的收益；但当息税前利润减少时，每 1 元息税前利润所负担的债务利息就会相应地增加，从而使税后利润下降得更快，给企业带来财务风险。

财务杠杆系数又称财务杠杆程度，是指普通股每股税后利润变动率相当于息税前利润变动率的倍数。其计算公式如下：

$$\mathrm{DFL} = \frac{\Delta \mathrm{EPS}/\mathrm{EPS}}{\Delta \mathrm{EBIT}/\mathrm{EBIT}} \tag{8-7}$$

式中　DFL——财务杠杆系数；
　　　EPS——普通股每股净利润；
　　　ΔEPS——普通股每股净利润变动额。

或表示如下：

$$DFL = \frac{EBIT}{EBIT - I - \dfrac{P_D}{(1-T)}} \tag{8-8}$$

式中　I——债务利息；

　　　P_D——优先股股利；

　　　T——企业适用的所得税税率。

若无优先股时，则

$$DFL = \frac{EBIT}{EBIT - I} \tag{8-9}$$

【例8-3】　某企业全部资金为100万元，债务比率为40%，债务利息率为10%，所得税税率为25%。当销售额为500万元时，其息税前利润为150万元，则财务杠杆系数计算如下：

$$DFL_{500} = \frac{150\ 万元}{150\ 万元 - 100\ 万元 \times 40\% \times 10\%} = 1.03$$

一般地，当企业资本总额和息税前利润相同时，企业资本结构中债务的比重越大，财务杠杆系数就越大，企业面临的财务风险也就越大，但预期的普通股每股股利也就越高；相反，企业负债比率越小，则财务杠杆系数就越小，企业面临的财务风险就越小，同时普通股每股股利也越低。

3. 复合杠杆

复合杠杆又称总杠杆或联合杠杆，是指对经营杠杆和财务杠杆的综合运用。

复合杠杆系数（Degree of Combined Leverage，DCL）又称总杠杆系数（Degree of Total Leverage，DTL），是指普通股每股利润变动率相当于销售量变动率的倍数，也可以用经营杠杆系数与财务杠杆系数的乘积表示。其计算公式如下：

$$DCL = DOL \times DFL$$

$$= \frac{\Delta EPS/EPS}{\Delta S/S} = \frac{\Delta EPS/EPS}{\Delta Q/Q} \tag{8-10}$$

【例8-4】　若上述企业经营杠杆系数为1.33，财务杠杆系数为1.03，则复合杠杆系数计算如下：

$$DCL = 1.33 \times 1.03 = 1.37$$

复合杠杆系数的作用体现在：运用复合杠杆能够估计由于销售变动对普通股每股利润的影响程度，同时能够了解经营杠杆和财务杠杆之间的关系，选择经营杠杆和财务杠杆的最优组合。

8.3.2　财务风险的测量

财务风险是指由于利用财务杠杆而给企业带来的破产风险或使普通股每股利润发生大幅度变动的风险。财务风险可以通过期望自有资金利润率及其标准差来测量。期望自有资金利润率的计算公式如下：

$$期望自有资金利润率 = \left[期望全部资金利润率 + \frac{借入资金}{自有资金} \times (期望全部资金利润率 - 借入资金利息率)\right] \times (1-T)$$

(8-11)

式（8-11）表明，当企业经营状况良好，即期望全部资金利润率大于借入资金利息率时，企业资本结构中负债比率越大，期望自有资金利润率就越高，企业面临风险适当；当企业经营状况较差，即期望全部资金利润率低于借入资金利息率时，负债比率越大，财务风险越大，期望自有资金利润率就越低。

8.4 资金成本与资本结构决策

8.4.1 资金成本

1. 资金成本的概念及其意义

资金成本是指企业为筹集和使用资金而付出的代价，包括资金筹资费用和资金使用费用。资金筹集费用是指企业为筹集长期资金而付出的各种费用，包括委托金融机构代理发行的股票、债券的注册费、代办费、印刷费、发行手续费、公证费、担保费、资信评估费、广告费等，以及向银行借款支付的手续费；资金使用费是指企业为使用长期资金而付出的各种费用，包括银行借款、发行债券的利息、发行股票的股利、股息等。

资金成本是企业财务管理中的一个重要概念，国际上将其列为一项"财务标准"。资金成本是比较筹资方式、选择筹资方案、进行资本结构决策的依据。个别资金成本用于选择某种资金来源方式；综合资金成本用于资本结构决策；边际资金成本用于追加资本结构决策。资金成本是评价企业投资项目可行性的主要经济标准，是评价企业经营业绩的基本标准。

资金成本率是指资金占用费与企业筹资总额扣除资本筹集费后的净额的比率。其计算公式为

$$资金成本率 = \frac{资金占用费}{筹资总额 \times (1-筹资费率)} \times 100\%$$

(8-12)

2. 个别资金成本

不同的资金来源方式，其个别资金成本的计算有所不同，如表8-1所示。

表8-1 个别资金成本计算

个别资金成本	计算公式
（1）长期借款的资金成本	银行借款成本 = $\dfrac{银行借款年利息 \times (1-所得税税率)}{银行借款总额 \times (1-借款手续费率)}$
（2）长期债券的资金成本	债券成本 = $\dfrac{债券年利息 \times (1-所得税税率)}{债券发行总额 \times (1-筹资费率)}$
（3）优先股的资金成本	优先股成本 = $\dfrac{优先股年股息}{优先股发行总额 \times (1-筹资费率)}$
（4）普通股的资金成本	普通股成本 = $\dfrac{预计第一年年股利}{普通股发行总额 \times (1-筹资费率)}$ + 股利年增长率 普通股成本 = $\dfrac{预计第一年每股股利}{普通股每股价格 \times (1-筹资费率)}$ + 股利年增长率

(续)

个别资金成本	计算公式
(5) 留用利润的资金成本	留存收益成本 = $\dfrac{\text{预计第一年年股利}}{\text{普通股发行总额}}$ + 股利年增长率
(6) 商业信用成本	商业信用成本 = $\dfrac{\text{现金折扣}}{\text{票面金额} - \text{现金折扣}} \times \dfrac{360}{\text{延期付款天数}} \times 100\%$ 商业信用成本 = $\dfrac{\text{现金折扣率}}{1 - \text{现金折扣率}} \times \dfrac{360}{\text{延期付款天数}} \times 100\%$

表 8-1 中,商业信用成本即应付账款的成本。若销售方提供了信用条件,一般表示为 "1/10, n/30",如果买方在规定的付款期内付款,就可以享受免费信用,否则就承担机会成本。

【例 8-5】 某企业按 "2/10, n/30" 的条件购入货物,货款 5 万元。按信用条件,如果企业在 10 天内付款,就享受 10 天的免费信用,并得到折扣 0.1 万元(5 万元×2%),免费信用额为 4.9 万元。如果企业决定享受折扣并在第 10 天付款,那么它就从销货企业取得了 10 天期的 4.9 万元的信用资金;如果企业放弃折扣,在 10 天后付款(但不超过 30 天),就要承受因放弃折扣而造成的隐含利息成本为

$$\text{商业信用成本} = \frac{2\%}{1-2\%} \times \frac{360 \text{ 天}}{(30-10) \text{ 天}} = 36.7\%$$

3. 综合资金成本

综合资金成本以各种资本占全部资本的比重为权数,对各种来源资本的个别成本进行加权平均计算而得,它是由个别资本成本和加权平均权数两个因素所决定的。综合资金成本的计算公式如下:

$$\text{综合资金成本} = \sum \left(\frac{\text{某种资金来源}}{\text{资金比重}} \times \frac{\text{该资金来源的}}{\text{个别资金成本}} \right) \tag{8-13}$$

【例 8-6】 某企业的资金总额为 10000 万元,目前的资金来源为银行借款 500 万元,借款成本率为 3.35%;债券 1500 万元,债券成本率为 4.16%;发行优先股 1000 万元,优先股成本率为 7.73%;发行普通股 5000 万元,普通股成本率为 10.81%;利润留存 2000 万元,留存收益成本率为 10.67%。则计算目前资本结构的综合资金成本率为

$$\begin{aligned}
\text{综合资金成本率} &= \frac{500 \text{ 万元}}{10000 \text{ 万元}} \times 3.35\% + \frac{1500 \text{ 万元}}{10000 \text{ 万元}} \times 4.16\% + \frac{1000 \text{ 万元}}{10000 \text{ 万元}} \times 7.73\% \\
&\quad + \frac{5000 \text{ 万元}}{10000 \text{ 万元}} \times 10.81\% + \frac{2000 \text{ 万元}}{10000 \text{ 万元}} \times 10.67\% \\
&= 9.1035\%
\end{aligned}$$

8.4.2 资本结构

企业筹集的资金可以归结为自有资金和借入资金两大类。自有资金和借入资金的比例关系,称为资金来源结构,简称资本结构。

为了协调资金成本与财务风险的矛盾,在筹资决策中,需要对借入资本和自有资本的比

例进行合理安排。资金成本的高低是衡量资本结构是否合理的主要标准；资本结构的变化影响企业综合资金成本的高低。

为了进行筹资决策，确定最优资本结构，应计算各种长期资金来源的综合资金成本，选择综合资金成本最低的资本结构。企业综合资金成本最低时的资本结构与企业价值最大时的资本结构是一致的。因此，企业以加权平均计算的综合资金成本的高低作为确定最佳资本结构的衡量标准。

8.4.3 筹资的每股盈余分析法

筹资的每股盈余分析法是指利用每股盈余（利润）无差别点来进行资本结构决策的方法。每股盈余无差别点是指企业筹资时，每股盈余不受融资方式影响的销售水平，或是各种筹资方案下每股盈余等同时的息税前利润点，又称筹资无差别点。根据每股盈余无差别点可以分析判断在何种情况下运用举债筹资，或采用股权筹资，采用何种资本结构。

1. 每股盈余（EPS）的计算

企业各筹资方案的每股盈余的计算公式如下：

$$EPS = \frac{(S - VC - F - I)(1 - T) - DP}{N}$$

或

$$EPS = \frac{(EBIT - I)(1 - T) - DP}{N} \tag{8-14}$$

式中　EPS——普通股每股盈余；
　　　S——销售额；
　　　VC——变动成本总额；
　　　F——固定成本总额；
　　　I——利息费用；
　　　T——所得税税率；
　　　N——发行在外的普通股股数；
　　　DP——优先股股利；
　　　EBIT——息税前利润总额。

2. 每股盈余无差别点的确定

计算出不同筹资方案的每股盈余 EPS_1、EPS_2，若令 $EPS_1 = EPS_2$，从中解出两个不同筹资方案的每股盈余无差别点的销售额（或息税前利润），确定各筹资方案的有利区域，以选择最优的筹资方案，进行筹资决策。

【例8-7】 某企业原有资本800万元，其中债务资本200万元，年利率12%；优先股资本150万元，年股利率15%；普通股资本450万元，每股面值100元。现拟追加筹资200万元扩大业务。有两种筹资方式可供选择：①发行普通股，每股面值100元，计2万股；②举借长期债务200万元，年利息率13%。企业现有成本结构为变动成本率60%，固定成本总额150万元，适用所得税税率25%。运用每股盈余无差别点分析企业应如何选择筹资方式，确定资本结构。

解： 计算两种筹资方案的每股盈余无差别点的销售额 S_0：

$$\frac{(S_0 - 60\%S_0 - 150\,\text{万元} - 200\,\text{万元} \times 12\%) \times (1 - 25\%) - 150\,\text{万元} \times 15\%}{4.5 + 2}$$

$$= \frac{(S_0 - 60\%S_0 - 150\,\text{万元} - 200\,\text{万元} \times 12\% - 200\,\text{万元} \times 13\%) \times (1 - 25\%) - 150\,\text{万元} \times 15\%}{4.5}$$

求得 $S_0 = 2037.50$ 万元，此时，EPS = 9.75 元。

若计算两筹资方案的每股盈余无差别点的息税前利润 EBIT_0

$$\frac{(\text{EBIT}_0 - 200\,\text{万元} \times 12\%) \times (1 - 25\%) - 150\,\text{万元} \times 15\%}{4.5 + 2}$$

$$= \frac{(\text{EBIT}_0 - 200\,\text{万元} \times 12\% - 200\,\text{万元} \times 13\%) \times (1 - 25\%) - 150\,\text{万元} \times 15\%}{4.5}$$

求得 $\text{EBIT}_0 = 665$ 万元，此时，EPS = 9.75 元。

两种筹资方案的每股盈余无差别点分析如图 8-1 所示。

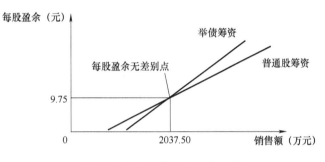

图 8-1 每股盈余无差别点分析

8.5 建筑企业资产管理

资产是指过去的交易或事项形成，并由企业拥有的或者控制的资源，该资源会给企业带来经济效益，包括各种财产、债券和其他权利。资产可以按照不同的标准分类，主要分为流动资产、长期投资、固定资产、无形资产及其他资产等。本节着重讲解流动资产、固定资产、无形资产等的分类和管理。

8.5.1 流动资产管理

1. 流动资产的概念及其特点

流动资产是指可以在一年或超过一年的一个营业周期内变现或耗用的资产，主要包括现金、有价证券、应收账款、存货等。合理的流动资产投资可以降低企业风险，提高企业收益。投资于流动资产方面的资金也称为经营性投资，一般具有变现能力强、数量波动大、资金占用形态易变、资金占用时间短等特点。

建筑企业的流动资产按占用形态的不同，可以分为货币资产、短期投资、债券资产和存货等。企业应权衡风险和收益，根据各部分内容的具体特点加强管理，以便降低企业的风险，提高企业收益。

2. 现金及有价证券管理

现金是指可以直接用来购买商品或用来偿还债务的交换媒介或支付手段，即货币资金，包括库存现金、银行存款、各种银行票证，如银行本票、银行汇票等。有价证券是企业现金的一种转换形式，变现能力强，可以随时兑换成现金。企业有多余现金时，可将现金转换为有价证券，因此，可将有价证券视为现金的替代品，是现金的一部分。

建筑企业在施工生产经营过程中，应按照国家《现金管理暂行条例》和《银行结算办法》中有关货币资金的使用规定处理现金收支，完善企业现金收支的内部管理，做好现金收支凭证的保管、现金收支的职责分工与内部控制工作，预测现金最佳持有量，制定现金预算，并按照预算安排现金收支。企业应及时清理现金，做到日清月结，确保账实相符，保证现金的安全完整。企业在现金管理中，应进行现金日常控制：①力争现金流量同步；②充分利用现金浮游量；③加速催收货款；④延迟付款。

3. 应收账款管理

应收账款是指建筑企业因对外承揽建筑任务、对外销售产品、提供劳务或其他服务而应向发包方、购货方或接受劳务单位及其他单位收取的各种款项。随着市场经济的发展，商品交易中商业信用广泛推行，建筑企业的应收账款也逐渐增多，因此对应收账款进行管理更为重要。

（1）应收账款管理的目的

企业在日常经营中，由于商业竞争或商品销售和款项收回的时间差距等原因而发生大量的应收账款。进行应收账款管理，主要目的是扩大销售额，增强企业竞争能力，降低应收账款投资成本，使企业提供商业信用、扩大销售所增加的收益大于因此而增加的各种费用，取得较多的利润。

（2）信用政策的制定

企业的信用政策又称为应收账款政策，是建筑企业财务政策的一个重要组成部分。企业进行应收账款管理，必须制定合理的信用政策。企业的信用政策主要包括信用标准、信用条件和收款政策。

1）信用标准。信用标准是指客户获得企业的交易信用所应具备的条件。企业在设定某一客户的信用标准时，通常要评价其信用品质。可以通过"5C"系统来评价客户的信用品质，即品质（Character）、能力（Capacity）、资产（Capital）、抵押（Collateral）和条件（Conditions）。

对于建筑企业来说，信用标准是企业同意向发包建设单位等客户提供商业信用而提出的基本要求，通常以预期的坏账损失率作为判别标准。企业在确定信用标准时，既要考虑企业承担违约风险的能力，又要考虑同行业竞争对手所定的信用标准，使企业在扩大工程承包和产品销售的同时，尽可能地降低违约风险，提高市场竞争能力。

2）信用条件。信用条件是指企业要求客户支付赊销货款的条件，主要包括信用期限、折扣期限及现金折扣。

例如，企业规定的货款支付条件为"2/10，$n/30$"，说明企业规定的信用期限为30天，折扣期限为10天，现金折扣率为2%。

对于建筑企业来说，信用条件主要是信用期限，即企业为发包建设单位等客户规定的最长付款时间。为客户提供比较优惠的信用条件能增加工程承包和产品销售量，增加企业收益，但同时也会带来额外的费用负担，如应收账款占用资金的利息或机会成本、管理费用、坏账损失和现金折扣成本等。因此，企业需要比较分析因调整信用期限而增加的收益与成本，选择较好的信用条件。

【例 8-8】 某企业目前采用按发票金额 30 天内付款的信用政策，销售量预计为 200000 件，市场单位产品价格为 10 元/件；企业单位变动成本为 8 元/件，固定成本总额为 80000 元；企业可能发生的收账费用为 6000 元，坏账损失为 8000 元。企业拟将信用期限延长至 60 天，则预计销售量将增加 20%，预计收账费用将增加 30%，预计坏账损失将增加 35%，企业仍按发票金额收款。假定该企业最低报酬率为 15%。要求：做出是否延长信用期限的决策。

解： 计算延长信用期前后的机会成本分别为

$$应收账款机会成本 = \frac{年赊销额}{360} \times 平均收账天数 \times \frac{变动成本}{销售收入} \times 资金成本率$$

$$60 \text{ 天赊销期的机会成本} = \left(\frac{2400000}{360} \times 60 \times \frac{1920000}{2400000} \times 15\%\right) 元 = 48000 \text{ 元}$$

$$30 \text{ 天赊销期的机会成本} = \left(\frac{2000000}{360} \times 30 \times \frac{1600000}{2000000} \times 15\%\right) 元 = 20000 \text{ 元}$$

计算延长信用期前后的净收益及其差额如表 8-2 所示。

表 8-2 延长信用期前后的净收益及其差额　　　　　　　　（单位：元）

项　目	信用期 60 天	信用期 30 天	差　额
1. 收益			
销售收入	2400000	2000000	400000
销售成本	1920000	1600000	320000
收益增加	480000	400000	80000
2. 费用			
应收账款的机会成本	48000	20000	28000
收账费用	7800	6000	1800
坏账损失	10800	8000	2800
费用增加	66600	34000	32600
3. 净损益增加	413400	366000	47400

由表 8-2 可以看出，延长信用期会带来 47400 元的差额收益，因此，应延长信用期为 60 天。

（3）收账管理

发生应收账款后，企业应采取各种措施，尽力争取按期收回款项，避免因拖欠时间过长而发生坏账损失。因此，收账是应收账款管理的一项重要的工作。

企业应分析客户拖欠工程款的原因。需要分析使工程项目竣工前拖欠，还是竣工后拖欠，即分析客户拖欠工程款的原因是由于投资缺口发生的拖欠，还是由于项目投产后经济效益的好坏，有无还款能力发生的拖欠。应区别不同的原因和期限，采取不同的收账政策。

4. 存货管理

在企业的流动资产中，存货所占比重较大，存货利用程度的高低直接影响着企业的财务状况。因此，为了使存货水平达到最优，对存货进行正确的规划和有效的控制，成为建筑企业财务管理的一项重要内容。

（1）存货管理的目标

存货是指建筑企业在施工生产经营过程中为销售或者耗用而储备的物资，包括主要材料、结构件、机械配件、周转材料、燃料、低值易耗品、在建工程、在产品、半成品、产成品、协作件、商品等。存货管理的主要目的是既要控制存货水平，又要在充分发挥各项存货功能的基础上，降低存货成本，即要在各种存货成本与存货效益之间做出权衡，达到两者的最佳结合。

（2）存货成本

企业在购入及储存货物的过程中要发生各种成本，与存货有关的成本主要有以下三种：

1）取得成本。取得成本是指为取得某种存货而支付的成本，通常由两部分组成，即材料的订货成本和购置成本。

① 订货成本。订货成本是指为取得订单而发生的成本，如办公费、差旅费、邮费、电报电话费等支出。如果存货是从外部购入的，订货成本是指订货费用，如采购材料所花费的文件处理费、差旅费等；如果存货是企业内部自制的，则订货成本是指安排生产各种存货的生产准备成本。

订货成本中有一部分与订货次数无关，称为订货的固定成本，如常设采购机构的基本开支等，用 F_1 表示；另一部分与订货次数有关，称为订货的变动成本，如差旅费、邮资等，每次的变动订货成本用 K 表示，订货次数等于存货年需要量 D 与每次进货量 Q 之商。订货成本的计算公式如下：

$$订货成本 = F_1 + \frac{D}{Q}K \tag{8-15}$$

② 购置成本。材料的购置成本是存货本身的价值，购置成本的大小是由存货采购数量的多少与采购单价的高低决定的。一定时期内的采购数量是根据企业自身的生产规模和生产计划确定的一个较为固定的量，所以，采购成本的变动主要受采购单价的影响。而采购单价除了受市场供求、供应商、产品质量等因素影响外，还受一次采购批量大小的影响。一般情况下，采购批量越大，企业可能享受到的价格折扣就越高，单价就越低；但是，采购批量越大，储存成本就越高。所以，一次采购批量应有一个经济合理的限额。存货的年需要量用 D 表示，单价用 U 表示，则存货购置成本的计算公式如下：

$$购置成本 = DU \tag{8-16}$$

2）储存成本。储存成本是指保持存货而发生的成本，包括存货占用资金应支付的利息、仓库存储费、保险费、仓库建筑物和机械设备的折旧费、仓库工作人员的工资和办公费等。储存成本可分为固定成本和变动成本两部分。前者在一定期间的发生额基本是固定的，它与存货数量的多少无关，通常用 F_2 表示；后者则以存货的储存量为转移，储存量越大，这部分成本也越高。储存成本中的单位存货变动成本可用 K_c 表示，储存成本的计算公式如下：

$$储存成本 = F_2 + \frac{Q}{2}K_c \tag{8-17}$$

3）缺货成本。缺货成本是指由于存货供应中断而造成的各种损失，包括材料供货中断而造成的停工损失、产成品库存短缺造成的拖欠发货而发生的额外成本支出、丧失销售机会的损失及企业信誉因此受到的负面影响等。缺货成本的计量具有较大的估计性，一般用 TC_s 来表示。

如果用 TC 表示存货总成本，用 TC_a 表示取得成本，用 TC_c 表示储存成本，则企业的存货总成本的计算公式如下：

$$TC = TC_a + TC_c + TC_s$$
$$= F_1 + \frac{D}{Q}K + DU + F_2 + \frac{Q}{2}K_c + TC_s \quad (8\text{-}18)$$

（3）存货控制

存货控制是指企业在日常生产经营过程中，按照存货计划的要求，对存货的使用和周转情况进行组织、协调和监督。企业进行存货日常管理的有效方法主要有经济批量控制、再订货点控制、巴雷特分析法（又称 ABC 分析法）等。

在日常生产经营过程中，企业应按照存货计划的要求，对存货的使用和周转情况进行组织、协调和监督，实行分级归口管理，各归口的管理部门要根据具体情况将资金计划指标进行分解，分配给所属单位或个人。在经理领导下，由财务部门对存货资金实行统一管理，企业必须加强对存货资金的集中统一管理，促进供、产、销相互协调，实现资金使用的综合管理，加速资金周转。

8.5.2 固定资产管理

1. 固定资产的概念及其特点

固定资产是指使用期限在一年以上，单位价值在规定的价值标准以上，并且在使用过程中保持原有实物形态的资产。建筑企业的固定资产是从事建筑安装工程建筑的重要物资条件，包括建筑企业的主要劳动资料和非施工生产经营用房屋设备等。企业用于固定资产方面的资金具有以下的特点：

1）固定资产投资数额大、回收期长。固定资产投资的数额取决于企业生产规模的大小，其投资回收期取决于固定资产使用年限的长短。一般地，企业固定资产投资数额越大，其资金回收期越长。

2）固定资产投资是一次性投入的，其回收是逐次进行的。企业用于购建和更新固定资产的资金是一次性集中投放的，而且投放量很大；但其资金回收是逐次通过销售过程实现的。

3）固定资产投资的价值补偿与实物更新在时间上可以分离。固定资产的价值是随着其使用发生磨损，逐期计提折旧，计入当期成本费用，通过实现收入得以补偿；而固定资产的实物更新则是在固定资产报废或不宜继续使用时进行的。这就形成了固定资产投资价值补偿与其实物更新在时间上的不同步。

2. 固定资产分类与管理的要求

企业的固定资产管理根据不同的管理需要和核算要求以及不同的分类标准，可以进行不同的分类。按照固定资产的经济用途和使用情况，综合地将固定资产分为生产经营固定资产、非生产经营用固定资产、经营性租出固定资产、不需用固定资产、未使用固定资产、土地、融资租入固定资产等类别。企业可以根据各自的具体情况和经营管理、会计核算的需要进行必要的分类。

建筑企业的固定资产管理应根据固定资产的经济性质来组织，应满足以下几方面的要求：

1）维持固定资产的再生产能力。企业必须建立、健全完善的固定资产管理制度，加强资金投放和使用的计划管理，包括竣工验收、调拨转移、定期清查和报废清理等；编制固定资产折旧计划，及时调配固定资产所需资金，保证固定资产的生产能力得以维持，保持企业的长久发展能力。

2）正确预测固定资产的需要量。企业应对固定资产的需要量及其占用资金情况进行准确的核定，取得资产配置权，对企业一定时期的固定资产短缺或闲置进行及时的补充和适当的调整，有效地利用固定资产。

3）提高固定资产的利用效果。企业应充分利用现有的固定资产，注重内部的挖潜革新，提高固定资产在单位时间内创造的生产成果；加强固定资产投资的回收，提高固定资产的完好率、利润率和生产效率等。

3. 固定资产折旧的计提方法

建筑企业的固定资产由于受到有形损耗和无形损耗两个因素的影响，会发生价值损耗。这部分损耗价值，通过计提折旧费用，将计入工程和产品的成本中，由当期取得的工程结算收入或产品销售收入予以补偿。正确计提固定资产折旧，是正确计算工程成本和产品成本、保证固定资产简单再生产的前提。

建筑企业的固定资产中，应按使用中的固定资产计提折旧，未使用、不需用的固定资产则不提折旧。具体情况如表 8-3 所示。

表 8-3　计提固定资产折旧情况对照表

允许折旧的固定资产	不允许折旧的固定资产
1. 房屋和建筑物 2. 在用的机器设备、仪器仪表、运输车辆、工具器具 3. 季节性停用和大修理停用的设备 4. 经营租出的固定资产 5. 融资租入的固定资产	1. 未使用、不需用的除房屋建筑物以外的固定资产 2. 经营租入的固定资产 3. 已提足折旧继续使用的固定资产 4. 单独估价入账的土地 5. 破产、关停并转企业的固定资产 6. 连续停工一个月以上的固定资产 7. 提前报废的固定资产

另外，由于生产任务不足，处于半停工状态企业的固定资产，除另有规定外，可减半提取折旧。固定资产折旧一般按月计提，月内投入使用的固定资产，当月不计提折旧，从次月起计提折旧；月内减少或者停止使用的固定资产，当月应计提折旧，从次月起停止计提折旧。

按照财务制度规定，建筑企业固定资产计提折旧一般应采用平均年限法和工作量法。技术进步较快或使用寿命受工作环境影响较大的建筑机械和运输设备，经财政部批准，可采用双倍余额递减法或年数总和法计提折旧。固定资产计提折旧方法如表 8-4 所示。

表8-4 固定资产计提折旧方法

折旧方法	定 义	折旧额及折旧率计算公式	说 明
平均年限法	平均年限法又称使用年限法，是指按照固定资产的预计使用年限平均分摊固定资产折旧额的方法。平均年限法计算的折旧额在各个使用年（月）份均相等，累计折旧额呈直线趋势，故称为直线折旧法	年折旧额 = $\dfrac{固定资产原值 \times (1-预计净残值率)}{预计使用年限}$ 年折旧率 = $\dfrac{(1-预计净残值率)}{预计使用年限} \times 100\%$ 月折旧率 = 年折旧率 ÷ 12 月折旧额 = 固定资产原值 × 月折旧率	预计净残值率应按照固定资产原值的3%~5%确定，净残值率低于3%或者高于5%时，由企业自主确定，并报主管财政机关备案
工作量法	工作量法是指按照固定资产建筑生产过程中所完成的工作量计提折旧的一种方法。这种方法可以弥补平均年限法的重使用时间、不考虑使用强度的缺点	每一工作量折旧额 = $\dfrac{固定资产原值 \times (1-预计净残值率)}{预计总工作量}$ 某项固定资产月折旧额 = 该项固定资产当月工作量 × 每一工作量折旧额	对运输设备计提折旧时，按照行驶里程计算应提折旧额；对建筑机械设备计提折旧时，按照台班数计算应提折旧额
双倍余额递减法（加速折旧法）	双倍余额递减法是在不考虑固定资产残值的情况下，根据每期期初固定资产账面余额和双倍的直线法折旧率计算固定资产折旧的一种方法	年折旧率 = $\dfrac{2}{预计使用年限} \times 100\%$ 年折旧额 = 固定资产账面净值 × 年折旧率	实行双倍余额递减法计提折旧的固定资产，应当在其固定资产到期前两年内，将固定资产净值扣除预计净残值后的余额平均摊销
年数总和法（加速折旧法）	年数总和法又称合计年限法，是将固定资产的原值减去净残值后的净额乘以一个逐年递减的年折旧率，计算每年的折旧额	某年折旧率 = $\dfrac{预计使用年数-已使用年限}{预计使用年限的年限总和} \times 100\%$ 某年折旧额 = (固定资产原值 - 预计净残值) × 该年折旧率 月折旧率 = 年折旧率 ÷ 12 月折旧额 = (固定资产原值 - 预计净残值) × 月折旧率	其特点是在固定资产有效使用年限的前期多提折旧，后期则少提折旧，从而相对加快折旧计提的速度，以使固定资产转移成本在其有效使用年限中加快得到补偿

8.5.3 无形资产及其他资产管理

1. 无形资产管理

无形资产是指企业为生产商品或者提供劳务、出租给他人，或因管理目的而持有的、没有实物形态的非货币性长期资产。无形资产分为可辨认无形资产和不可辨认无形资产。可辨认无形资产是指具有专门的名称、可以个别辨认的无形资产，包括专利权、非专利技术、商标权、土地使用权等；不可辨认无形资产是指那些不能个别辨认的、存在于整个企业之中的无形资产，如商誉等。

(1) 无形资产的计价

企业的无形资产在取得时，应按取得时的实际成本计价。

1) 购入的无形资产，按实际支付的价款作为实际成本；投资者投入的无形资产，按投资各方确定的价值作为实际成本。

2) 企业接受的债务人以非现金资产抵债方式取得的无形资产，按应收债券的账面价值加上应支付相关税费作为实际成本。

3) 以非货币性交易换入的无形资产，按换出资产的账面价值加上应支付的相关税费作为实际成本。

4) 接受捐赠的无形资产，应按捐赠方提供的凭据上标明的金额加上应支付的相关税费作为实际成本，或者以其同类无形资产的市价作为实际成本。

5) 自行开发并按法律程序申请取得的无形资产，按依法取得时发生的注册费、聘请律师费等费用作为无形资产的实际成本。

(2) 无形资产的摊销

无形资产的成本应当自取得当月起在预计的有效使用年限内分期平均摊销，计入当期管理费用或其他业务支出等项目。无形资产的有效使用年限应依照如下原则确定：

1) 合同规定了受益年限，但法律没有规定有效年限的，摊销期不应超过合同规定的受益年限。

2) 合同没有规定受益年限，但法律规定了有效年限的，摊销期不应超过法律规定的有效年限。

3) 合同规定了受益年限，法律也规定了有效年限的，摊销期不应超过受益年限和有效年限二者之中较短者。

4) 如果合同没有规定受益年限，法律也没有规定有效年限的，摊销期不应超过 10 年。

无形资产采用直线法平均计算每年的摊销额，无残值和清理费用。其年摊销额的计算公式如下：

$$某项无形资产年摊销额 = \frac{无形资产的账面价值}{预计的有效使用年限} \tag{8-19}$$

$$月摊销额 = 年摊销额 \div 12 \tag{8-20}$$

2. 其他资产管理

其他资产是指不能被包括在流动资产、长期资产、固定资产、无形资产等项目之内的资产，主要包括长期待摊费用和其他长期资产。

(1) 长期待摊费用

长期待摊费用是指企业已经支出，但摊销期限在 1 年以上（不含 1 年）的各项费用。长期待摊费用应单独核算，在费用项目的受益期限内分期平均摊销。

除购置和建造固定资产以外，所有筹建期间发生的费用，应先在长期待摊费用中归集，待企业开始生产经营起一次计入开始生产经营当期的损益。长期待摊费用项目不能使以后会计期间受益的，应当将尚未摊销的该项目的摊余价值全部计入当期损益。

(2) 其他长期资产

其他长期资产一般包括国家批准储备的特准物资、银行冻结存款以及临时设施和涉及诉讼中的财产等。其他长期资产可以根据资产的性质及特点单独核算和管理。

8.6 盈余管理

8.6.1 企业利润分配的原则

一般来说,企业取得的利润总额可在扣除应纳所得税后进行利润分配。分配利润时应遵循以下原则:

1. 遵守国家各项财经法规的原则

这要求企业在进行利润分配时应严格遵循国家各项财经法规,依法纳税,确保国家利益不受侵犯。合法性原则主要表现在两方面:首先,应将企业税前会计利润总额按规定调整后计算应税所得额,并依法纳税后才可进行税后利润的分配;其次,企业应按财经法规的要求,合理确定税后利润分配的项目、顺序及比例,尤其必须按规定提取最低法定比例的盈余公积金。若企业亏损,一般不应向投资者分配利润。

2. 盈利确认原则

这项原则要求企业想要进行利润分配,当年必须有可以确认的利润,或有累计未分配利润及留存收益。若企业当年无账面利润或没有留存收益,则不能进行利润分配。

3. 资本金保全原则

因为利润分配应是投资者投入资本增值部分的分配,而并非投资者资本金的返还,在分配利润时,企业不得在亏损的情况下用资本金向投资者分配利润。若出现此情况,应视为自动清算而非真正的利润分配,这与上述盈利确认原则是一致的。资本金保全原则从根本上保证了企业未来生存发展的资金,为企业的经营起保护作用。

4. 保护债权人原则

保护债权人原则要求企业分配利润前应先清偿所有到期债务,而不能故意拖欠债权人债务进行利润分配,损害债权人权益。此外,企业进行利润分配时应使自身保持一定的偿债能力,以免日后资金周转困难时损害债权人利益。在企业与债权人签订某些有限制性条款的债务契约时,其利润分配政策必须征得债权人的同意。

5. 利润分配应兼顾企业所有者、经营者和职工的利益

利润分配政策合理与否,直接关系到企业所有者、经营者和职工的利益,所以,利润分配既要考虑上述几方面的共同利益,同时也应考虑各方面的局部利益,以协调好各方面的近期利益与企业发展之间的关系,合理确定提取盈余公积金、公益金和分配给投资者利润的金额。此外,在向投资者分配利润时应做到股权平等、公平利益、同股同利等。

6. 利润分配要有利于增强企业发展能力,并处理好企业内部积累与消费之间的关系

企业的利润分配政策应有利于增强企业的发展能力。这要求企业利润分配要贯彻积累优先原则,合理确定提取盈余公积金、公益金和分配给投资者利润的比例,以促进企业健康发展。企业分配利润时提取的公益金主要用于集体福利,若提取比例过大,有可能使企业财力缺乏,降低企业应对各种风险的能力,最终影响企业发展,并影响到投资者和职工的利益。但若提取比例过小,职工的生活条件得不到改善,会挫伤职工的积极性,也会影响到企业发展。因此，企业利润分配中应处理好积累与消费之间的关系，调动职工的积极性，促进企业持续健康发展。

8.6.2 企业利润分配的顺序

企业实现的利润总额在依法缴纳所得税后成为可供分配的利润。根据《企业财务通则》规定，除国家另有规定外，可按下列顺序分配利润：

1）用于抵补被没收财物损失、支付违反税法规定的各项滞纳金和罚款。
2）弥补超过用税前利润抵补期限，按规定须用税后利润弥补的亏损。
3）提取法定盈余公积金，用于发展企业生产经营、弥补亏损或按国家规定转增资本金。若法定盈余公积金超过注册资本的50%，可不再提取。
4）按规定提取公益金，用于企业职工集体福利方面的支出。
5）支付优先股股利。
6）提取任意盈余公积金，可用于派发股东股利。
7）支付普通股利。企业以前年度未分配的利润可以并入本年度向投资者分配。

下面分别说明利润分配各项目的意义：

1）对于企业因违反有关法规而没收的财物损失或支付各项税收的滞纳金和罚款，必须在税后利润中支付，以免抵减应税所得额，损害国家利益，失去处罚的意义。
2）超过五年弥补期仍未弥补足的亏损应从税后利润中弥补，以体现现代企业作为自主经营、自负盈亏的经济实体应承担的经济责任。
3）盈余公积金是企业按税后利润一定比例提取的积累资金，是企业用于防范风险、补充资本的重要资金来源。它既是保全企业资本、防止因企业乱分利润而损害债权人利益的手段，也是企业为生产发展积累资金的重要手段。法定盈余公积的提取比例为10%，当法定盈余公积已达到注册资本的50%时，可不再提取。法定盈余公积可用于弥补亏损或转增资本公积金，但企业用盈余公积金转增资本后，法定盈余公积的金额不得低于注册资本的25%。
4）公益金是企业从税后利润中提取的用于企业职工集体福利的资金，其提取比例由各企业自行决定。企业提取的公益金性质上属于所有者权益，但由企业安排用于职工集体福利设施，如用于建造职工住宅、食堂、幼儿园、卫生所等。但职工对这些福利设施只有使用权，而所有权属于企业的投资者。
5）向投资者分配利润应遵循纳税优先、企业积累优先、无盈余不分利的原则，其分配顺序在利润分配的最终阶段。应指明的是，向投资者分配的利润并不限于当年利润，如企业存在以前年度的未分配利润，可并入当年利润一同分配。

8.6.3 常见的股利政策

股利政策的制定受诸多因素的影响，而各公司的股利政策又受管理者的经营思想的影响，因此存在多种股利政策。各种股利政策各有所长，各公司在分配股利时应充分考虑各种影响因素，制定最符合公司具体情况和未来发展的股利政策。常见的股利政策如表8-5所示。

表 8-5 常见的股利政策

种类	股利分配方案内容	采用缘由	缺　　点
剩余股利政策	在公司有良好投资机会时，根据一定的最佳资本结构，测算出投资所需的权益资本，先从盈余当中留用，然后将剩余的盈余用作股利分配 1）确定最佳资本结构，即确定权益资本与债务资本的比率。在这个资本结构下，综合资金成本将达到最低水平 2）确定目标资本结构下投资所需权益资金数额 3）最大限度地使用留存盈余来满足投资方案所需权益资金数额 4）现有留存盈余在满足资本预算后仍有余额，才能将其作为股利发放给股东	剩余股利政策意味着公司只将剩余的盈余发放股利，这样做的根本原因在于保持最佳资本结构，使综合资金成本最低	如果完全遵照执行剩余股利政策，股利发放额就会每年随投资机会和盈利水平的波动而波动。即使在盈利水平不变的情况下，股利也将与投资机会的多寡呈反方向变动：投资机会越多，股利越少；反之，投资机会越少，股利发放越多。而在投资机会维持不变的情况下，则股利发放额将因公司每年盈利的波动而同方向波动。剩余股利政策不利于投资者安排收入与支出，也不利于公司树立良好的形象
固定或持续增长的股利政策	长期的稳定性股利政策表现为每股股利固定在某一水平，且不论经济情况如何，也不论公司经营好坏，绝对不降低年底股利的发放额。只有公司管理当局认为公司盈利确已增加，且未来盈利足以保证支付更多的股利时，才会提高每股股利支付额。不过，在通货膨胀情况下，大多数公司的盈余会随之提高。此时，大多数投资者也希望公司能提供足以抵消通货膨胀不利影响的股利。因此，通货膨胀时期应提高股利发放额。固定或持续增长的股利政策的主要目的是避免出现由于经营不善而削减股利的情况	一般而言，这种股利政策会吸引投资者，在其他因素相同时，采用这种股利政策，公司的股票价格会更高些。这是因为： 1）稳定的股利向市场传递公司正常发展的信息，可以消除股东内心的不确定性。当盈余下降时，公司并不削减股利，会使市场对这种股票更有信心。因此，公司管理当局可通过股利信息影响投资者。当然，若公司管理当局不能保证公司盈利持续稳定增长，稳定的股利政策也不会使投资者增持该公司股票 2）许多需要和依靠固定股利收入满足其现金收入需要的股东更喜欢稳定的股利支付方式。尽管股东们在股利不足以满足其现金需要时，可出售部分股票以获得收入，但许多股东又常因需要支付交易成本而不愿意卖出股票；而且，当公司削减股利时，往往意味着盈利已下滑，股价也会随之下跌。因此，投资者更喜欢稳定的股利 3）固定或持续增长型股利政策，可以消除投资者对未来股利的不安全感。此外，具有稳定股利的股票会吸引机构投资者购买 4）稳定的股利政策可能同剩余股利理论相持。但考虑到股票市场会受多种因素的影响，其中包括股东心理状态和其他要求，因此，为将股利维持在稳定水平，即使暂时偏离目标资本结构，也可能比降低股利或降低股利增长率更有利	这种股利政策的缺点在于股利的支付与盈余脱节，当盈余较低时仍需支付固定股利，这可能导致资金短缺、财务状况恶化；同时，不可能保持最低的综合资金成本

(续)

种类	股利分配方案内容	采用缘由	缺点
固定股利支付率政策	固定股利支付率政策,是股份公司确定一个股利占盈余的百分比,每年按这固定的比率向股东分配股利。这一政策,各年股利因公司经营好坏的变动而变动,盈利较多的年份股利支付额较高;盈利较少的年份股利额较低	主张采用固定股利支付率的公司认为,这样能使股利与公司盈余紧密结合,从而体现多盈多分、少盈少分、无盈不分的原则,只有这样才算真正公平地对待每位股东。但因为股利常常被认为是公司未来发展的信息来源,这样做将会对公司股价的稳定产生不利影响 但对某些内部职工持股比例较高的公司而言,采用这种股利政策,可使职工个人利益与公司利益紧密结合,使职工意识到他们的切身利益与公司利益紧密结合,从而充分调动职工的积极性和创造性,增强企业活力。这样有利于企业经济效益的提高,从而为企业盈利逐年递增创造条件。若企业经济效益持续稳定增长,则每股股利也随之增长,这样,一方面公司内部职工股东财富增加;同时,企业外部股东股利也不断增加,进而吸引更多投资者购买公司股票,使得公司股价上涨,从而实现股东财富最大化	这一政策的问题在于,如果公司盈利各年波动较大,其股利也将上下波动
低正常加额外股利的政策	采用该种股利政策的公司,一般先将每年支付的股利固定在一个较低水平,这个较低水平的股利称为正常股利。然后,根据公司的盈利状况,在盈余较多的年份向股东发放额外股利,但额外股利并不固定化,不意味着公司永久提高规定股利率	1)使公司在支付股利方面有较大的弹性。当公司盈余较少或投资需用较多资金时,可以少付甚至不付额外股利,而只维持设定的较低的正常股利,以减轻公司负担;而公司盈余较多且资金很充实时,可向股东多付额外股利,使股东分享公司盈余增长的好处 2)这种政策可使那些依靠股利度日的股东每年至少可得到虽然较低但较稳定的股利,从而留住这些投资者。此外,即使公司盈利状况不佳,公司因不得已而支付正常股利,但此种正常股利在预先确定时,就已考虑到公司财务安排上各种不利因素,从而将股利水平定得较低,因此不会由于支付正常股利而使公司无法负担	这种股利政策存在一定的缺陷。当公司盈余极少或需要投入资金时,这种股利政策使公司仍须支付股利。尽管所付正常股利可能不致使公司陷入财务困境,但毕竟股利支付会导致公司资金的流出,这对资金本已较紧张的公司来说,无疑会产生不利影响;若公司盈余稳定增长,使其持续支付额外股利,定将会提高股东对派发股利的期望值,股东会把额外股利视为正常股利,一旦公司盈余减少而降低甚至不发放额外股利,将会引起股东不满,不利于公司股价的稳定

8.7 财务报表分析

8.7.1 财务报表分析的目的和方法

财务报表分析是指以财务报表和其他资料为依据和起点,采用专门方法,系统分析和评价企业过去和现在的经营成果、财务状况,为改进企业的财务管理工作和优化经济决策提供重要的财务信息。

8.7.2 财务报表及其结构

1. 资产负债表

资产负债表是反映企业在某一特定日期全部资产、负债和所有者权益等财务状况的报表。它表明企业在某一特定日期所拥有或控制的经济资源、所承担的现有义务和所有者对净资产的要求权。

资产负债表可以反映企业所拥有和控制的资源及其分布情况,以及企业的生产经营能力(资产);反映企业所负担的债务及其偿债能力(负债);反映企业所有者所拥有的权益,以及所有者权益在总资产中所占的份额及其构成情况(所有者权益)。资产负债表能够提供进行财务分析的基本资料,表明企业未来财务状况的变动及其变化趋势等。资产负债表的基本格式如表 8-6 所示。

表 8-6 资产负债表

编制单位:　　　　　　　　　　年　　　月　　　日　　　　　　　　　　(单位:元)

资产	行次	年初数	年末数	负债及所有者权益	行次	年初数	年末数
一、流动资产				一、流动负债			
货币资金	1			短期借款	42		
短期投资	2			应付票据	43		
应收票据	3			应付账款	44		
应收股利	4			预收账款	45		
应收利息	5			应付工资	47		
应收账款	6			应付福利费	48		
减:坏账准备				应付股利	49		
应收账款净额				应交税金	50		
其他应收款	11			其他应交款	51		
预付账款	12			其他应付款	52		
应收补贴款	13			预提费用	53		
存货	16			预计负债	54		
待摊费用	17			一年内到期的长期负债	55		
一年内到期的长期债权投资	19			其他流动负债	56		
其他流动资产	20			流动负债合计	57		
流动资产合计	21			二、长期负债			
二、长期投资				长期借款	58		
长期股权投资	22			应付债券	59		
长期债权投资	23			长期应付款	60		
长期投资合计	24			其他长期负债	61		
三、固定资产				长期负债合计	62		
固定资产原值	27			三、递延税项			
减:累计折旧	28			递延税项贷项	63		

(续)

资产	行次	年初数	年末数	负债及所有者权益	行次	年初数	年末数
固定资产净值	29			负债合计	64		
减：固定资产减值准备				四、所有者（股东）权益			
固定资产净额				实收资本（股本）	65		
工程物资	30			资本公积	66		
四、在建工程（专项工程支出）	31			盈余公积	67		
固定资产清理	32			未分配利润	69		
固定资产合计	34			所有者（股东）权益合计	70		
五、无形资产及其他资产							
无形资产	35						
长期待摊费用	37						
其他长期资产	38						
无形资产及其他资产合计	39						
六、递延税项							
递延税项借项	40						
资产总计	41			负债和所有者（股东）权益总计	75		

2. 利润表和利润分配表

(1) 利润表

利润表是反映企业在一定期间的经营成果及分配情况的会计报表。利润表将一定期间的营业收入与同一会计期间相关的营业费用进行对比，以计算企业一定时期的净利润（或亏损）。

通过利润表反映的收入、成本费用、投资净收益等财务信息，可以分析企业盈利能力的强弱、投资收益率的高低、经营管理水平的高低和未来经营成果的变化趋势，了解企业投资者投入资本的完整性。

我国利润表以"收入-成本费用=利润"为平衡基础，采用多步式编制格式，反映企业的经营成果。利润表的基本格式如表 8-7 所示。

表 8-7 利润表

编制单位：　　　　　　　　　　　　　　年度　　　　　　　　　　　　　（单位：元）

项目	本月数（上年实际数）	本年累计数
一、工程结算收入		
减：工程结算成本		
工程结算税金及附加		
二、工程结算利润		
加：其他业务利润		
减：财务费用		
管理费用		

(续)

项　　目	本月数（上年实际数）	本年累计数
三、营业利润		
加：投资收益		
营业外收入		
减：营业外支出		
四、利润总额		
减：所得税		
五、净利润		

（2）利润分配表

利润分配表是反映企业一定期间对实现利润的分配或亏损弥补情况的会计报表，是利润表的附表，说明利润表反映的净利润的分配去向。通过利润分配表，可以了解企业实现净利润的分配情况或亏损的弥补情况，了解利润分配的构成，以及年末未分配利润的数额。利润分配表的基本格式如表8-8所示。

表8-8　利润分配表

编制单位：　　　　　　　　　　　　　　年度　　　　　　　　　　　　　　（单位：元）

项　　目	行　次	本年实际	上年实际
一、净利润	1		
加：年初未分配利润	2		
其他转入	4		
二、可供分配的利润	8		
减：提取法定盈余公积	9		
提取法定公益金	10		
提取职工奖励及福利基金	11		
提取储备基金	12		
提取企业发展基金	13		
利润归还投资	14		
三、可供投资者分配的利润	16		
减：应付优先股股利	17		
提取任意盈余公积	18		
应付普通股股利	19		
转作资本（或股本）的普通股股利	20		
四、未分配利润	25		

3. 现金流量表

现金流量表是以现金为基础编制的财务状况变动表，反映企业一定期间内现金流入和流出及其增减变动情况，说明企业的偿债能力和支付能力，分析企业未来获取现金的能力，以及企业投资和理财活动对经营成果和财务状况的影响。这里的现金是指广义的现金，即包括现金及现金等价物。现金流量表的基本格式如表 8-9 所示。

表 8-9　现金流量表

编制单位：　　　　　　　　　　　　年度　　　　　　　　　　　　　　（单位：元）

项　　目	行　次	金　额
一、经营活动产生的现金流量		
销售商品、提供劳务收到的现金	1	
收到的税费返还	3	
收到的其他与经营活动有关的现金	8	
现金流入小计	9	
购买商品、接受劳务支付的现金	10	
支付给职工以及为职工支付的现金	12	
支付的各项税费	13	
支付的其他与经营活动有关的现金	18	
现金流出小计	20	
经营活动产生的现金流量净额	21	
二、投资活动产生的现金流量		
收回投资所收到的现金	22	
取得投资收益所收到的现金	23	
处置固定资产、无形资产和其他长期资产所收回的现金净额	25	
收到的其他与投资活动有关的现金	28	
现金流入小计	29	
购建固定资产、无形资产和其他长期资产所支付的现金	30	
投资所支付的现金	31	
支付的其他与投资活动有关的现金	35	
现金流出小计	36	
投资活动产生的现金流量净额	37	
三、筹资活动产生的现金流量		
吸收投资所收到的现金	38	
借款所收到的现金	40	
收到的其他与筹资活动有关的现金	43	
现金流入小计	44	
偿还债务所支付的现金	45	
分配股利、利润和偿付利息所支付的现金	46	
支付的其他与筹资活动有关的现金	52	
现金流出小计	53	
筹资活动产生的现金流量净额	54	
四、汇率变动对现金的影响	55	
五、现金及现金等价物净增加额	56	

(续)

项　　目	行　次	金　额
1. 将净利润调解为经营活动现金流量		
净利润	57	
加：计提的资产减值准备	58	
固定资产折旧	59	
无形资产摊销	60	
长期待摊费用摊销	61	
待摊费用减少（减：增加）	64	
预提费用增加（减：减少）	65	
处置固定资产、无形资产和其他长期资产的损失（减：收益）	66	
固定资产报废损失	67	
财务费用	68	
投资损失（减：收益）	69	
递延税款贷项（减：借项）	70	
存货的减少（减：增加）	71	
经营性应收项目的减少（减：增加）	72	
经营性应付项目的增加（减：减少）	73	
其他	74	
经营活动产生的现金流量净额	75	
2. 不涉及现金收支的投资和筹资活动		
债务转为资本	76	
一年内到期的可转换公司债券	77	
融资租入固定资产	78	
3. 现金及现金等价物净增加情况		
现金的期末余额	79	
减：现金的期初余额	80	
加：现金等价物的期末余额	81	
减：现金等价物的期初余额	82	
现金及现金等价物净增加额	83	

　　资产负债表、利润表和现金流量表这三张表分别从不同角度反映企业的财务状况、经营成果和现金流量。资产负债表反映企业在一定日期所拥有的资产、需偿还的债务，以及投资者所拥有的净资产等情况；利润表反映企业在一定期间内的经营成果，即利润或亏损的情况，表明企业运用所拥有资产的获利能力；现金流量表反映企业在一定期间内现金的流入和流出，表明企业获得现金和现金等价物的能力。

8.7.3 财务比率分析

评价和总结企业财务状况与经营成果的分析指标主要包括偿债能力、营运能力和盈利能力这三类指标。

1. 偿债能力分析

偿债能力是指企业对债务清偿的承受能力和保证程度。对企业债务清偿能力的分析主要包括短期偿债能力分析和长期偿债能力分析。

（1）短期偿债能力分析

1）流动比率，是用于反映短期偿债能力的比率。一般情况下，流动比率越高，说明企业短期偿债能力越强，债权人的权益越有保证。流动比率的计算公式如下：

$$流动比率 = \frac{流动资产}{流动负债} \tag{8-21}$$

一般认为，企业的流动比率为2∶1较为适宜。一般情况下，影响流动比率最主要的因素是营业周期、应收账款数额和存货的周转速度。

2）速动比率，是从流动资产中扣除存货部分，再除以流动负债的比值。其计算公式如下：

$$速动比率 = \frac{速动资产}{流动负债} \tag{8-22}$$

式中

速动资产 = 货币资金 + 交易性金融资产 + 应收票据 + 应收账款 + 其他应收款

或　速动资产 = 流动资产 − 存货 − 预付账款 − 待摊费用 − 待处理流动资产损失 − 一年内到期的长期投资等

一般而言，速动比率为1是安全标准。因为如果速动比率小于1，必使企业面临很大的偿债风险；如果速动比率大于1，则企业因现金和应收账款资金占用过多而大大增加了企业的机会成本。影响速动比率可信性的重要因素是应收账款的变现能力。

3）现金流动负债比率，主要从动态角度对企业实际偿债能力进行考察。其计算公式如下：

$$现金流动负债比率 = \frac{年经营现金净流量}{年末流动负债} \times 100\% \tag{8-23}$$

该指标越大，表明企业经营活动产生的现金净流量越多，越能保障企业按时偿还到期债务；但该指标过大则表示企业流动资金利用不充分，收益能力不强。

（2）长期偿债能力分析

1）资产负债率，表明在企业资产总额中，债权人提供资金所占的比重，以及企业资产对债权人权益的保障程度。资产负债率越小，表明企业的长期偿债能力越强。其计算公式如下：

$$资产负债率 = \frac{负债总额}{资产总额} \tag{8-24}$$

2）产权比率，是衡量长期偿债能力的指标之一，也称为债务股权比率。产权比率越小，表明企业的长期偿债能力越强，债权人权益的保障程度越高，承担的风险越小，但企业不能充分地发挥负债的财务杠杆效应。其计算公式如下：

$$产权比率 = \frac{负债总额}{所有者权益} \tag{8-25}$$

资产负债率侧重于分析债务偿付安全性的物质保障程度；产权比率则侧重于揭示财务结构的稳健程度以及自有资金对偿债风险的承受能力。

3）有形净值债务率，是企业负债总额与有形净值的百分比。有形净值是股东权益减去无形资产净值后的净值，即股东具有所有权的有形资产的净值。其计算公式如下：

$$有形净值债务率 = \frac{负债总额}{股东权益 - 无形资产净值} \tag{8-26}$$

有形净值债务率指标实质上是产权比率的延伸，它更为谨慎、保守地反映在企业清算使债权人投入的资本受到股东权益保障的程度。从长期偿债能力来看，该比率越小越好。

4）已获利息倍数，又称为利息保障倍数，是用于衡量企业偿付借款利息的能力。其计算公式如下：

$$已获利息倍数 = \frac{息税前利润}{利息支出} \tag{8-27}$$

企业若要维持正常的偿债能力，从长期看，已获利息倍数至少应当大于1，且比值越大，企业长期偿债能力一般也就越强；已获利息倍数若较小，则说明企业承担的偿债的安全性小，风险加大。

2. 营运能力分析

运营能力是指在外部建筑市场环境下，通过企业内部人力资源和生产资料的合理配置，对财务目标产生作用的能力。

（1）人力资源营运能力分析

通常采用劳动效率对人力资源营运能力进行标评和分析。劳动效率是指企业主营业务收入净额（或净产值）与平均职工人数之间的比率。其计算公式如下：

$$劳动效率 = \frac{主营业务收入净额或净产值}{平均职工人数} \tag{8-28}$$

（2）生产资料营运能力分析

生产资料的营运能力，实际上就是企业总资产及其各个构成要素的营运能力。生产资料营运能力分析主要包括以下指标：

1）营业周期，是指从取得存货开始到销售存货并收回现金为止的这段时间。其长短取决于存货周转天数和应收账款周转天数。其计算公式如下：

$$营业周期 = 存货周转天数 + 应收账款周转天数 \tag{8-29}$$

2）存货周转率，是用于衡量和评价企业购入存货、投入生产、销售收回等各环节管理状况的综合性指标。其计算公式如下：

$$存货周转率(次数) = \frac{营业成本}{平均存货} \tag{8-30}$$

用时间表示的存货周转速度的指标是存货周转天数。其计算公式如下：

$$存货周转天数 = \frac{平均存货 \times 360}{营业成本} \tag{8-31}$$

上述公式中的"平均存货"项目是由资产负债表中的存货项目的期初数与期末数之和除以2计算所得，以下相同。

3）应收账款周转率，是用于反映应收账款周转速度的指标。即为年度内应收账款转为现金的平均次数，它说明应收账款的流动速度。其计算公式如下：

$$应收账款周转率（次）= \frac{营业收入净额}{平均应收账款余额} \qquad (8-32)$$

用时间表示的应收账款周转速度的指标是应收账款周转天数，也称为平均应收账款回收期或平均收现期。它表示企业从取得应收账款的权利到收回款项、转换为现金所需要的时间。其计算公式如下：

$$应收账款周转天数 = \frac{平均应收账款余额 \times 360}{营业收入净额} \qquad (8-33)$$

一般来说，应收账款周转速度越高，平均收现期越短，说明应收账款的收回越快。

4）流动资产周转率，是用于反映流动资产周转速度的指标。其计算公式如下：

$$流动资产周转率（次）= \frac{营业收入净额}{平均流动资产总额} \qquad (8-34)$$

$$流动资产周转天数 = \frac{平均流动资产总额 \times 360}{营业收入净额} \qquad (8-35)$$

在一定时期内，流动资产周转次数越多，周转天数就越短，表明以相同的流动资产完成的周转额越多，流动资产利用效果越好。

5）固定资产周转率，是用于反映固定资产周转速度的指标。其计算公式如下：

$$固定资产周转率 = \frac{营业收入净额}{固定资产平均净值} \qquad (8-36)$$

固定资产周转率越高，说明企业固定资产利用充分，能充分发挥效率；反之，若固定资产周转率越低，说明固定资产使用效率不高，企业的营运能力不强。

6）总资产周转率，是用于反映资产总额周转速度的指标。其计算公式如下：

$$总资产周转率 = \frac{营业收入净额}{平均资产总额} \qquad (8-37)$$

总资产周转率越高，表明企业全部资产的使用效率越高；如果该比率越低，说明全部资产的使用效率越差，从而影响企业的盈利能力。

3. 盈利能力分析

盈利能力是指企业的资金增值能力，通常表现为企业利润数额的大小和盈利水平的高低。对企业盈利能力的分析一般可从以下几方面进行：

（1）收入盈利能力分析

1）主营业务净利率，是用于反映每1元主营业务收入（工程结算收入）所带来净利润多少的指标。其计算公式如下：

$$主营业务净利率 = \frac{净利润}{工程结算收入} \qquad (8-38)$$

2）主营业务毛利率，是用于反映每1元主营业务收入（工程结算收入）扣除主营业务成本（工程结算成本）后，有多少可以用于各项期间费用和形成盈利的指标。其计算公式如下：

$$主营业务毛利率 = \frac{工程结算收入 - 工程结算成本}{工程结算收入} \qquad (8-39)$$

3）成本费用利润率，是用于反映净利润与为取得净利润所发生的各种费用比率的指标。其计算公式如下：

$$成本费用利润率 = \frac{净利润}{工程结算成本 + 工程结算税金及附加 + 管理费用 + 财务费用} \tag{8-40}$$

4) 资产净利率，是建筑企业一定期间的净利润与企业的平均资产总额相比较，用于反映企业资产利用综合效果的指标。其计算公式如下：

$$资产净利率 = \frac{净利润}{平均资产总额} \times 100\% \tag{8-41}$$

5) 净资产收益率，是用于反映企业所有者权益的投资报酬率，又称为净值报酬率或权益报酬率。其计算公式如下：

$$净资产收益率 = \frac{净利润}{平均净资产} \times 100\% \tag{8-42}$$

一般认为，企业净资产收益率越高，企业自有资本获取收益的能力越强，运营效益越好，对企业投资人、债权人的保证程度越高。净资产收益率是最具综合性与代表性的指标，它反映了企业资本运营的综合效益。

6) 资本保值增值率，是用于反映企业所有者投入资本的保值增值情况的指标。其计算公式如下：

$$资本保值增值率 = \frac{扣除客观因素后的年末所有者权益}{年初所有者权益} \times 100\% \tag{8-43}$$

(2) 社会贡献能力分析

1) 社会贡献率，是用于反映企业对社会贡献的大小的指标。其计算公式如下：

$$社会贡献率 = \frac{企业社会贡献总额}{平均资产总额} \tag{8-44}$$

2) 社会积累率，是用于反映企业上缴国家财政总额相对于企业社会贡献总额的比率。其计算公式如下：

$$社会积累率 = \frac{上交国家财政总额}{企业社会贡献总额} \tag{8-45}$$

8.7.4 财务综合分析

财务综合分析是指将营运能力、偿债能力、盈利能力和发展能力等诸方面的分析纳入一个有机的整体之中，全面地对企业经营状况、财务状况进行解剖和分析，从而对企业经济效益的优劣做出准确的评价与判断。财务综合分析方法主要由杜邦账务分析体系和沃尔比重评分法。

1. 杜邦财务分析体系

杜邦财务分析体系是利用财务指标之间的内在联系，对企业施工生产经营活动及其经济效益进行综合分析评价的方法。杜邦财务分析体系如图 8-2 所示。

2. 沃尔比重评分法

沃尔比重评分法是指把选定的财务比率用线性关系结合起来，并分别给定各自的分数比重，然后通过与标准比率进行比较，确定各项指标的得分及总体指标的累计分数，从而对企业的信用水平做出评价。沃尔比重评分法如表 8-10 所示。

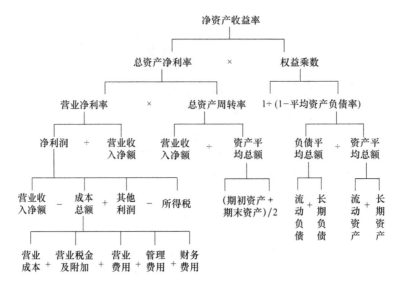

图 8-2 杜邦财务分析体系

表 8-10 沃尔比重评分法

财务评价指标	标准值	实际值	关系比率	权数	得分
销售利润率	15%	21%	1.4	15	21
总资产报酬率	10%	20.9%	2.09	15	31.35
资本收益率	12%	21%	1.75	15	26.25
资本保值增值率	108%	113%	1.046	10	10.46
资产负债率	50%	28.3%	0.566	5	2.83
流动比率	2	2.013	1.007	5	5.04
应收账款周转率	4	4.8	1.2	5	6
存货周转率	2	2.08	1.54	5	7.7
社会贡献率	20%	26%	1.30	10	13
社会积累率	40%	75.1%	1.8775	15	28.16
合　计	—	—	—	100	151.79

复习思考题

1. 什么是财务管理？企业财务管理的目标是什么？概述企业财务管理的内容。
2. 什么是资本金制度？企业可以采取什么方式筹集资本金？
3. 什么是资金成本？如何计算各种来源资金的资金成本？
4. 什么是资本结构？如何进行资本结构决策？
5. 什么是财务杠杆？什么是筹资风险？在企业财务管理中如何发挥财务杠杆的作用？
6. 什么是流动资产？简述流动资产的内容，并说明各类流动资产应如何进行管理。
7. 什么是固定资产？具有哪些特点？固定资产管理有何要求？
8. 按现行制度规定，企业实现的利润应如何进行分配？企业在分配股利时应采取何种股利政策？
9. 什么是资产负债表？什么是利润表？根据财务会计报表可以了解到哪些财务信息？
10. 企业应如何进行财务比率分析？反映企业营运能力、盈利能力、偿债能力等的财务比率有哪些？

第9章 建筑企业信息管理

9.1 建筑企业信息管理概述

9.1.1 建筑企业信息的概念与特征

1. 数据和信息

什么是信息？汉语词典的解释是音信消息。通俗地讲，就是消息。用数据解释信息，可以说，信息是数据和数据之间的联系。例如，19491001这个数据，对某个人来说可以是他的生日，而对我们的国家来说，19491001就是中华人民共和国成立的日子。因此，某个数据与其他方面数据进行了交叉和结合，就产生了新的意义。

数据在特定背景下就成了信息。或者说，信息是从客观事物的运动状态和运行方式中提取出来的，为决策提供帮助的特定形式的数据。信息是数据按一定的规则，运用科学方法实施逻辑操作后形成的数据集合，如图9-1所示。

图9-1 信息形成过程

信息可以反映一切事物属性及动态的消息、指令、数据和信号中包含的内容，具有传递性、共享性、依附性、存储型、时效性、价值性和可处理性等特征。信息既是对客观事物的真实反映，又是对自然界和社会的现象、本质及规律的描述。

2. 建筑企业信息的特征

建筑企业信息主要是文字图形信息、语言信息和新技术信息。文字图形信息包括设计施工图、说明书、资质证书、合同、工作制度、施工组织设计、项目报告、信函和统计报告等信息；语言信息包括口头任务分配、工作指示、检查、汇报和研究会议等信息；新技术信息包括通过网络、电话、传真、扫描、录像、电视和广播等现代化技术和手段收集及处理得到的信息。

建筑企业信息除了具有一般信息的特征外，还有其自身独有的特性。

(1) 大规模性

建筑企业的产品是建设工程项目,建设工程项目一般具有规模大、施工周期长的特点,项目整个生命周期内各阶段、各环节的信息复杂,有项目自身的信息,如施工资质、合同、进度计划、质量监督和项目竣工报告等,还有外部环境信息,如国家政策法规、招标投标单位、投标方案、客户/供应商信息、原材料价格状况以及竞争对手实力评估等。

(2) 可变性

建筑企业的变动性大,一方面体现在重大项目阶段的变动,如合同签证变更和进度计划调整等;另一方面体现在生产过程中的波动,如原材料价格浮动、施工队伍人员调动等。

(3) 多层次性

建筑企业信息错综复杂,涉及多个学科和门类,如组织类信息、经济类信息、技术类信息、管理类信息和政策类信息等。

9.1.2 建筑企业信息化建设的问题及发展现状

1. 建筑企业信息化建设的难点及其原因

企业信息化是基于信息技术,结合企业发展战略与先进管理理念,将企业经营活动全面数字化,并整合为有利于管理、分析、决策的新资源,从而提高企业经济效益、获取核心竞争力的过程。

建筑企业信息化实质上是将建筑企业产品的生产过程、物料移动、事务处理、产品交互与服务等业务过程数字化。

随着建筑企业的投入日益增加,在建筑企业中,对信息化已经积累了一定的基础和经验,但总体发展较为缓慢,遇到了较多的难点和困境。

(1) 企业对信息化的认识不足

国内一些特级建筑企业相对比较重视企业信息化建设,积极推动项目管理信息化和财务管理信息化,但绝大多数中小型施工企业忽视了内部信息化的建设。很多企业对信息化投入非常"吝啬",而对市场营销非常"慷慨";有些企业因为信息化投入大、收效慢,认为信息化建设有风险。种种现象表明,企业对信息化的认识不足。

(2) 企业信息化建设水平不高

企业信息化建设水平的关键特征是数据集成与共享,从而提高工作管理效率,最终实现企业经营效益的提高。然而,很多企业信息化投入很大,但实际取得成效甚微,并没有达到预期的效果。究其原因,是企业制度标准化、数据标准化工作滞后,使数据、信息集成与共享难以实现,管理效率也就无法提高。

(3) 企业缺乏信息化人才

信息化人才匮乏是建筑企业的普遍现象。企业的信息化建设既需要熟悉企业战略、精通企业业务发展和擅长信息化需求规划的高级人才,也需要熟悉计算机系统、硬件软件维护和信息化系统实施服务,深知信息技术如何为业务服务的专业人才。目前这两方面的人才都较为匮缺,复合型人才更为欠缺。

2. 当前建筑企业信息化的水平及演进情况

目前国内建筑企业信息化水平参差不齐,具体表现就是高资质、大规模型企业信息化水平显著高于低资质、小规模型的企业。业内领先的大多数建筑企业,通过计算机软件和通信技术的成熟应用，基本实现了网站主页建设、协同办公系统、项目管理系统、财务管理系统和人力资源系统的引进和应用。但大部分低资质、小规模型的建筑企业，信息化程度比较低，未能实现信息资源的共享和内部工作流程的线上流动，业务管理水平低下，影响了企业的综合竞争力。

建筑企业虽然属于传统行业，但在信息时代，信息化就是生产力，利用好这一具有时代特征的生产工具，是企业发展、赢得市场竞争、增强综合实力的有力保障。建筑企业的领导应当转变观念，加快企业信息化建设的步伐，建立协同办公自动化，推进项目管理的信息化实施。促进工程质量、进度、资源、成本管理一体化是建筑企业信息化管理与发展的方向。

9.1.3 建筑企业信息管理概述

1. 建筑企业信息管理的概念及特征

建筑企业信息管理是指建筑企业通过计算机技术、通信技术、系统集成技术和信息安全技术等，提升建筑技术手段，改造生产组织方式，优化企业内部流程，达到提高企业生产效率、控制企业成本、降低项目运行风险和增强企业综合竞争力的目的。

建筑企业信息管理具有两个重要特征：

（1）企业信息管理多层次化

建筑企业的基本特点是生产地点不固定，企业组织形式一般是由集团、分公司和项目三层架构组成。这就决定了建筑企业信息管理的多层次化。项目是建筑企业生产和运营最基本的单元，是企业信息化应用的基础载体。集团总部想要进行正确的决策和总体数据的分析，不同的层次之间实现信息的即时连接、对称、共享、唯一是关键。

（2）企业信息管理系统异构化

建筑企业产值规模大、项目建造周期长、形成的信息横跨部门多，包括对内对外，因此涉及多个不同的异构专业信息系统是常事。企业信息化一般包括办公协同信息化、人力资源信息化、项目管理信息化、财务管理信息化和决策系统信息化等。打通异构系统之间的信息互享是目前建筑企业信息化建设的一项重要工作。

2. 建筑企业信息管理的基础工作

建筑企业信息管理需要企业将传统的思维模式和运作模式加以转换，建立健全企业信息管理制度和信息化运作机制，这是建筑企业信息管理的一项基础工作。招聘和培育高素质的信息化人才是建筑企业全面推进企业信息化进程的保障。

企业领导和管理层应当率先转变观念，从思想上高度重视企业的信息化建设，清醒地认识到信息化是一个漫长的过程，不可能一蹴而就。信息化建设初期会遇到很多困难和阻力，包括工作方式和思维方式转变导致的工作上的不习惯，从而导致工作量加大，也包括某些部门因局部利益受影响而出现消极懈怠、厌烦甚至抵触情绪。这些都需要在思想上有所准备。

企业信息管理过程中的企业标准化工作是信息化建设的必要支撑条件；企业信息化系统建成后的运维及应用考核是企业信息管理持续应用并取得成效的重要保证。

3. 建筑企业信息管理的组织

业界都称企业信息化建设是"一把手工程"，建筑企业也是如此。"一把手"重视对于建筑企业信息化建设的成功至关重要。但"一把手工程"不是"一次性工程"，建筑企业信息化建设需要包括各类管理体系、标准化体系和企业研发体系在内的各种支撑体系，并形成与信息化进程相适应的长效机制。

另外,"一把手工程"也不是"一把手负责"。鉴于信息化的基础是标准化,而标准化的宗旨是应用、改进与提高,因此,建筑企业还必须具有管理层次清晰、专业分工明确、保证信息化长期有效实施的管理机构。

目前,各行业一般都会设立企业标准与信息化管理的组织结构,如图9-2所示。

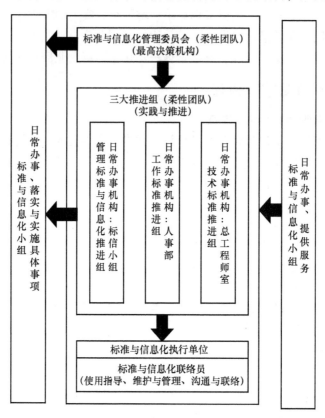

图9-2 企业标准与信息化管理的组织结构

在组织结构的建设过程中,应根据企业实际,从主要领导带头入手,授权日常办事机构,完善常态化工作计划、执行、落实、检查、评比、改进机制,不断总结,逐步完善。

9.2 建筑企业信息管理体系

9.2.1 建筑企业信息管理体系的概念

建筑企业信息管理体系是指在建筑企业管理的范围内,将企业信息管理所涉及的事项按照一定的秩序和内在的联系组合而成的整体。从纵向贯穿层面看,一般有战略管理层面、实施管理层面、运维管理三个层面;从横向实施推进看,一般有信息化规划与计划(P)、实施(D)、检查(C)和改进(A),如图9-3所示。

战略管理层面主要关注IT如何服务于企业的中长期规划和事业方针,如何保障企业健康发展,如何提高企业竞争力及利用IT的手段改善企业流程;实施管理层面主要关注规划

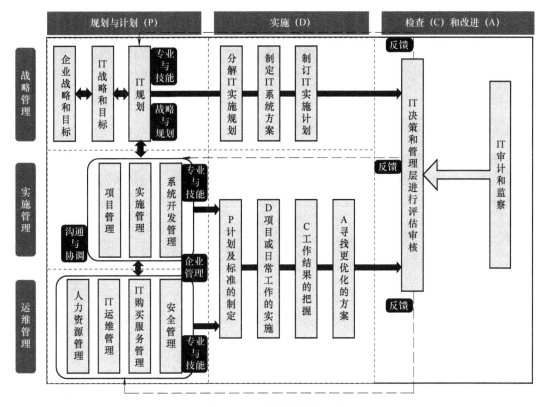

图 9-3 企业信息管理体系

的 IT 项目如何进行管理，保障软件开发项目、系统集成项目得以顺利实施；运维管理层面主要关注如何保障已有的 IT 系统稳定、高效、安全地运行，保障企业业务顺利进行。在各管理层面的实施过程中都需要遵循 PDCA 循环的科学方法，不断地进行优化、改进和提高。

9.2.2 建筑企业信息管理体系建设的重要性

建筑企业信息管理体系是建筑企业信息管理功能各要素的集合，包括各项目管理组织体系、各类项目管理、项目管理的流程规范、项目考核、项目管理信息平台、项目负责人队伍建设等方面的内容。它是企业为确保信息化项目成功实施，运用项目管理知识在项目决策、组织、激励、支持、监控和评估等方面建立的一整套全方位的制度与管理保障体系。其重要性包括以下方面：

（1）项目负责人需要

项目负责人需要掌握项目管理理论和技能，需要企业内部的支持，包括资源和资金、同类项目的经验、项目实施的方法等。

（2）企业高层需要

当组织结构庞大、项目数量众多时，领导很难深入了解项目情况。只有建立一套项目管理的组织和流程，保证项目组织执行项目管理的"规定动作"，才能确保项目处于受控状态。

（3）项目干系人和客户需要

项目干系人或客户不仅仅需要能干的项目负责人和项目团队，更希望背后有强大的企业体系保障。若没有体系保障，项目实施过程中的不确定性因素极易导致项目风险和不稳定性，结果很难预料。

建筑企业信息管理体系能够为企业提供高效协作功能、明确的工作流程、完整的过程记录，既能充分体现各岗位的工作状态，又能层次分明地向领导传递工作难点与责任者的工作能力。

9.2.3 建筑企业信息管理体系矩阵及应用

1. 建筑企业信息管理体系矩阵

矩阵图是从多维问题的事件中找出成对的因素，排列成矩阵，通过多因素综合思考、探索问题的一种好方法。矩阵方法也适用于建筑企业信息管理，如图9-4所示。

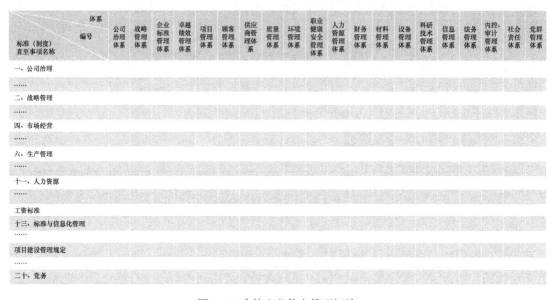

图9-4　建筑企业信息管理矩阵

图9-4左边的纵坐标归纳了企业所有的标准（或制度）目录（细化到做事的事项名称），其形态是"编号+文件（事项）名称"；格式包括大类/分类/子类/……事项单元，内容包括企业成立/经营运作/过程管理/……风险控制/直至企业注销。

图9-4中的顶端横坐标，是各专业管理体系（做事视角），包括公司治理体系、战略管理体系、企业标准管理体系、卓越绩效管理体系、项目管理体系、顾客管理体系、供应商管理体系、质量管理体系、环境管理体系、职业健康安全管理体系、人力资源管理体系、财务管理体系、材料管理体系、设备管理体系、科研技术管理体系、信息管理体系、法务管理体系、内控、审计管理体系、社会责任体系、党群管理体系等。

图9-4的中间，在其纵、横交叉点处，按照各专业管理体系标准规定的编码要求填写各自独立编码，并在左侧的标准（或制度）目录中能找到与其内容相一致的共享标准（即形成做好事情的唯一标准）。

2. 建筑企业信息管理体系矩阵的应用

把企业运行管理所需事项全部梳理完成后，通过变换，可以把图9-4顶端的体系改成工作机构（做事的组织视角），中间识别各事项与各部门的关系，那么任一个事项从左到右所涉及的部门，彼此之间就是流程关系。该部门从上到下所涉及的事项，就是该部门的职能，如图 9-5 所示。

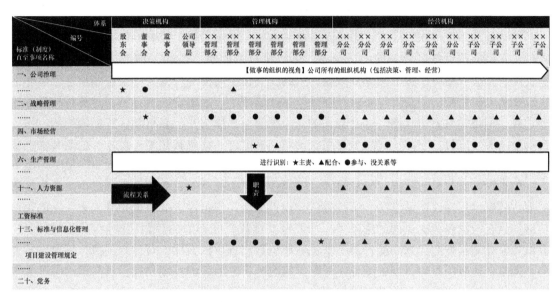

图 9-5　建筑企业工作关系与职能识别矩阵

同理，将图 9-5 顶端的部门具体到岗位，某一岗位从上到下所涉及的事项，就是该岗位的职责。在当今事态多变的情况下，不管企业内部的机构如何调整，管理的条线如何划分，只要企业管理覆盖面不发生大的变化，用好这种矩阵就可以很快对事项最小单元进行重新识别，适应企业的变革，如图 9-6 所示。

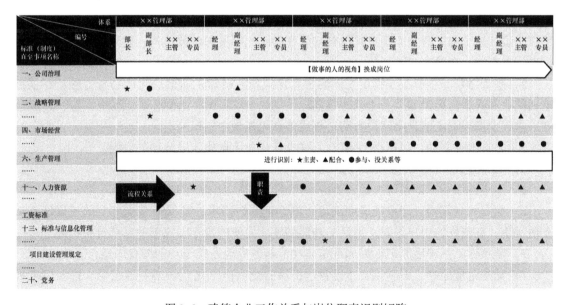

图 9-6　建筑企业工作关系与岗位职责识别矩阵

9.3 建筑企业信息管理系统

9.3.1 建筑企业信息管理系统的概念

信息管理系统（Information Management System，IMS）是以人为主导，利用计算机硬件、软件、网络通信设备以及其他办公设备，进行信息的收集、传输、加工、储存、更新和维护，围绕企业战略，以提高效率和效益为目的，支持企业高层决策、中层控制、基层运作的集成化的人机系统。信息管理系统涉及经济学、管理学、运筹学、统计学、计算机科学等很多学科，是各学科紧密相连、综合交叉的一门新学科。作为一门新科学，它的理论和方法正在不断发展与完善。它除了具备信息系统的基本功能外，还具备预测、计划、控制和辅助决策等特有功能。

信息管理系统具有数据收集和输入、数据传输、数据存储、数据加工和输出的数据处理功能；具有运用现代数学方法、统计方法和模拟方法，根据过去的数据预测未来情况的预测功能；具有根据企业提供的约束条件，合理地安排各职能部门的计划，按照不同的管理层，提供相应计划报告的计划功能；具有根据各职能部门提供的数据，对计划的执行情况进行监测、检查，比较执行与计划的差异，对差异情况分析其原因的控制功能；具有采用各种数学模型和所存储的大量数据，及时推导出有关问题的最优解或满意解，辅助各级管理人员进行决策，以期合理利用人、财、物和信息资源，取得较大经济效益的辅助决策功能。

9.3.2 建筑企业信息管理系统建设的基本方法

鉴于建筑企业信息管理系统的技术手段复杂且目标多样，投资密度和效益难以计算，以及环境多变和信息管理系统建设需要过程等特点，系统建设的方法很重要。

建筑企业信息管理系统建设的基本方法有以下方面：

1）组织落实。健全和完善企业信息化建设的柔性团队——企业信息化建设领导小组、工作小组，健全和完善企业信息化运营与管理的刚性制度和常设机构，做到工作有计划、有标准、有布置、有检查、有考核。

2）想大做小。企业应先制定总体的信息化规划，明确企业信息化的目标；然后，从最迫切的业务入手，把最紧要的业务管起来，一步一个脚印，不断积累、逐步实施、完成规划。做到少走或不走信息化建设弯路，规避信息化建设中的风险。

3）坚持业务驱动，而不是IT驱动。这也是企业信息化建设成功的关键。

另外，注意建设中要坚持以下几个原则：

1）适应性原则，即系统要适应企业管理要求，适应企业管理模式文化。

2）面向用户原则，即系统必须满足用户管理上的要求，既保证系统功能的正确性，又方便实用，有友好的用户界面、灵活的功能调度、简便的操作和完善的系统维护措施。

3）整体性、系统性原则，即保证整体功能与各专业系统子功能的有序组合。

4）动态适应原则，即满足逐步完善、扩展的企业信息化建设必要链接口，以防信息孤岛出现。

5）规范化、标准化原则，让集成与共享充分体现，给用户带去效率、带去价值。

建筑企业信息管理系统建设拟采取的几种策略如表 9-1 所示。

表 9-1 建筑企业信息管理系统建设拟采取的策略

序号	系统开发策略	主要内容与做法	适 合 对 象
1	接受式开发策略	对用户信息的需求是明确的、完全的、标准的和固定的，以此作为开发依据	小企业，高度结构化，用户需求明确且开发者具有充足经验
2	直线式开发策略	从需求说明开始到最后开发直线的进行，每完成一步都要进行评审，以验证是否与需求一致	用户对需求有较好的定义，且后续不需要进一步修改或者只需要稍做修改，系统规模较大但结构化程度高，用户任务的综合性强，以及开发者具有熟练技术与丰富经验
3	迭代式开发策略	建设过程伴随着研制，不断验证和修改需求说明，如此重复进行，直至所开发的系统满足需求为止 在开发需求的不确定性比较大时，直线式开发策略不能保证用户真正的信息需求，因而需要对传统直线式过程加以改进，使其按迭代方式重复进行	大型多用户系统、对用户或者开发者是新的应用领域
4	试验式开发策略	采用原型法或者应用的模拟，通过试验的方法逐次近似并减少不确定信息需求，同时找出原型的缺点，直到用户对需求完全理解和需求得到保证为止	信息需求不确定性很大，则可通过一个实际的工作系统来验证需求是否得到保证，如高层管理决策支持系统、交互预测模型及多用户的非结构化系统等
5	规划式开发策略（综合）	从系统的战略目标、信息需求分析、资源分配和项目计划等方面进行规划，合理地设计系统的总体结构。各个子系统的开发，则可根据其信息需求的不确定性程度，选择不同的开发策略	企业信息管理的规模特别大，复杂程度特别高，有跨地区、跨部门的全国性大系统，其信息需求的不确定性程度特别大，必须做好企业信息管理系统建设的总体规划

9.3.3 建筑企业信息管理系统建设的规划

按照"想大做小"的基本方法，建筑企业建设信息管理系统必须规划先行。规划不仅要决定未来企业信息化建设的目标、方向、策略、步骤，而且还影响和关系到企业的业务创新和发展。建筑企业信息化管理系统建设的规划一般包含以下几项内容：

1. 企业信息化的定位（目标）

企业信息化应成为企业管理辅助手段，辅助企业实现战略目标。所以，企业信息化的定位是服务于企业战略，信息化规划要服务于企业战略规划。具体可归纳为如图 9-7 所示的关系。

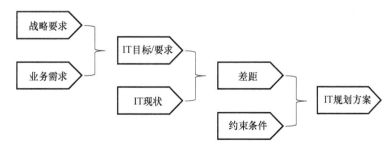

图 9-7 规划制定关系图

2. 信息化规划的依据

信息化规划服务于企业战略规划，信息化规划编制的依据需要在企业战略规划的指导下进行，应该与企业战略规划同步，服从于企业战略规划，同步于企业战略规划，不能与企业战略规划冲突；要以企业战略规划中的重点来确定同期的信息化建设规划重点，如图9-8所示。

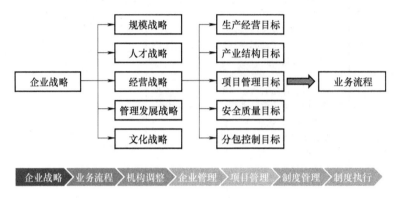

图9-8　信息化规划的依据

3. 信息化规划编制的核心工作

信息化规划的依据确定后，需要仔细分析企业的战略，根据战略确定哪些规划内容可以通过信息化手段来优化，从而确定企业信息化建设的框架。

信息化规划编制的具体工作就是详细分析企业战略规划对当前企业管理的流程、组织结构、部门及岗位责、权、利等内容是否需要调整，并围绕战略目标进行业务流程的优化，确定企业新战略周期内的新的业务流程；以工作更简单、直接、有效为原则，防止管理真空与管理重叠，以业务流程为基础，对组织机构进行优化，配置总部、子分公司在新战略规划周期内管理范围与职责；重新确立公司决策层、管理层的管理职责与范围，重新确立公司内部部门间的工作界面与公司内部部门级的管理范围与职责，以优化后的部门级的组织机构为基础，重新确定部门内部的管理流程及管理体系，重新确定部门各岗位的管理职责与范围，如图9-9所示。

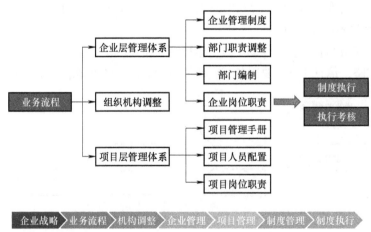

图9-9　信息化规划编制的核心工作

4. 信息化规划的核心工作内容分析

信息化规划的核心工作内容分析目的是确定在规划周期内，需要先建哪些信息系统，哪些信息是全局使用的，哪些信息是部门使用的，哪些信息是岗位使用的，这些信息能解决企业的什么问题，企业的决策层、管理层、执行层都需要做什么工作，某项业务的流转是否是跨企业、跨部门，业务流程中企业与部门的输入输出是什么，企业内部、部门内部怎样处理，哪些是其他企业、部门需要传递进来的信息，到企业部门后该怎样加工处理，处理完成的结果要输出给谁，需要对哪些数据进行加工，生成统计分析报表，哪些给管理层用，哪些给决策层用，等等。

将上述这些工作分析梳理完成后，结合当前的信息化技术进行识别分析，确定哪些内容可以通过信息化的手段来实现，哪些内容暂时无手段实现或实现的性价较低，暂不进行。此分析完成后，就形成了信息化规划的基本框架。

企业信息化规划主要业务领域的信息分类架构，如表9-2所示。

5. 信息化规划中信息系统建设的优先顺序

信息化规划中的另一个重要内容，就是信息系统建设顺序。一般考虑以下几个因素：

1）考虑企业参与人数最多、应用最简单、与企业管理冲突最少、最容易普及的系统作为首选，如OA系统。同时，这也是培养企业信息化意识的主要方法。

2）考虑国家政策与企业战略的要求。如建筑企业在国家要求进行营改增改革时，可以考虑营改增系统建设；又如企业战略要求在三年内将质量管理水平大幅提高，在同等条件下则应优先考虑建设质量管理系统。

3）企业内部协调沟通广泛的系统。在信息化规划大的框架确定后，要先选择管理层特别关注的系统，在同等条件下优选信息化意识强、有迫切需求、部门内部职权利清晰、与其他部门接口较少、推广风险小、容易发挥样板效应的系统。

9.3.4 建筑企业信息管理系统建设

1. 建筑企业信息管理系统建设的原则

建筑企业信息管理系统建设过程中，必须把握和坚持以下几个原则：

（1）标准化原则

标准化是信息化的基础，因此要求在项目的实施过程中，对有关信息（包括流程）的分类进行统一、规范，产生的控制报表力求做到格式化和标准化，并通过建立健全的信息管理制度，提高信息管理的效率。

（2）有效性原则

为了保证信息管理系统对决策支持的有效性，应针对不同层次管理者的要求，对信息进行适当加工。例如，对高层管理者应力求精练直观，尽量采用形象的图表来表达，以满足其决策的需要。

（3）定量化原则

建筑企业在建设工程过程中产生的信息不只是项目实施过程中数据的简单记录，还必须经过信息处理，采用定量工具对有关数据进行分析和比较，以定量发现趋势，达到控制或预警的目的。

表 9-2 企业信息化规划主要业务领域的信息分类架构（模板）

管理层次	业务主题	基础类信息			事务运行信息		结果类信息		决策类信息	
战略管控	战略规划	规划信息	战略信息		指标分解	完成情况	规划完成情况汇总		指标确认	目标制定
	绩效管理	战略信息	指标库信息		绩效指标	绩效目标	绩效分析		KPI分析	指标调整
	预算管理	预算工具	预算指标	预算计划模板	项目预算 资金预算	投资预算 成本预算	预算管控情况分析	预算过程方法总结	预算有效方法确认	预控新法推广
	投资管理	投资规则	投资项目信息		投资计划	投资评估	投资实施情况分析		投资后评估	投资决策
经营管理	营销管理	客户信息	产品目录	产品信息	交易信息	合同管理	营销汇总	收入统计	市场分析	关键客户措施
	合同管理	合同信息	定价信息		发票管理	过程沟通	价格回归		战略决策	
	人力资源管理	组织机构 岗位标准	人员信息 管理规定	能力模型	员工管理 绩效管理	能力评估 招聘与培训	组织设计 薪酬福利	人力资源情况分析	关键人员管理	人力资源政策决策
	财务管理	科目 资金	总账	资产	成本费用 审计	资产变动 结算	应收应付 资金管理	财务分析 风险预警	主要财务指标确认	管理评估报告
	科研项目管理	项目信息	项目类别		进度管理	经费管理	水平管理	项目评估	成果评估	转换分析
	资产管理	资产清单	资产功能	使用位置	购置与处置	资产状态	使用分析	效用评估	购置决策	处置审批
	物资管理	供应商信息 市场价格信息	品类目录	合同信息	采购管理	需求管理	库存流台账	比价分析	采购成本评估	大宗物资采购信息
	客户关系管理	客户信息	客户分类	客户档案	关系维护	客户服务	信息发布	绩效评测	重点客户管理与维护	
业务执行	生产施工项目实施	工序分类	管控规定	操作指引	生产施工 计划执行	进度管理	规定报表	效率分析	成果评估	工法总结与推广
	生产施工执行	应用工具	管控模板	执行模板	月报告	中期报告	应用报告	改进与创新	绩效评估	推广考核
	资本运作	应用工具	管控规定	执行模板	计划执行	变动沟通	项目报表	贡献度测评	重点挖掘	生产施工管理规范
		应急预案	投资项目信息		成本控制	质量控制	质量报表 安全报表	效率分析 成本报表	生产施工亮点挖掘 项目评估	项目决策

(4) 时效性原则

考虑工程项目决策过程的时效性，生产施工过程中所产生的信息也应具有时效性，这对工程建设发现周期性规律，以便后续寻找规律、做到事前控制、指导日后作业和决策非常重要。如月报表、季报表、年报表等，都是为了保证信息产品能够及时服务于决策。

(5) 高效处理原则

建筑企业信息管理系统建设的目的是提高建筑企业管理效率，最终提高管理效益。因此，必须尽可能地缩短在信息处理过程中的延迟，将使用者的主要精力放在对结果的分析和控制措施的制定上。

(6) 可预见原则

工程建设过程中所产生的信息是项目实施的历史数据，这些数据信息的应用可以用于预测未来的情况，为决策者制定未来目标和执行规划提供必要的信息。将信息转换为知识，是当今企业的一项重要工作。

2. 建筑企业信息管理系统建设的过程

建筑企业信息管理系统建设应通盘考虑，把握和控制建设过程，使之有条不紊。先厘清管理逻辑，再从单项应用开始，逐步向企业信息管理系统应用过渡，形成一个从量变到质变的过程。一般可通过下面的过程来完成：

(1) 新旧管理的平稳过渡

先将旧的工作方式移植过渡到用计算机系统辅助工作的状态，完成第一步平稳渐进过渡的建设过程。若想一蹴而就，新旧方式一起上，会掩盖或混淆管理逻辑上的问题，以及系统建设中软件设计、开发的问题，妨碍系统建设正常进行。

(2) 化整为零的子系统建设

根据各类工作量、用户情况、工作的先后逻辑关系等因素，排列出开发顺序，分解落实到各子系统，随时调整和部署建设工作，使系统有一个由小到大积累发展的建设过程。

(3) 系统思考，整体控制

在信息管理系统建设过程中，鉴于许多出于局部利益而影响系统建设的情况，系统建设的组织者一定要有统一的、系统的、冷静的思考，善于了解和把握系统性、本质性的问题，始终保持一个明确的系统概念，并采取有效的、针对性的、适宜的技术措施，以确保在系统建设中处于主动地位。

(4) 业务驱动，用户参与

业务驱动和用户参与对整个系统建设成功至关重要。因为最终的系统是要给用户使用的，这些用户应包括企业的高层领导、资深的业务专家、实际日常工作的操作者。只有在他们的参与下，才能清楚地展示企业各层次的需求、各层次的关系，同一事项、同一信息各层次使用的要求、走向、关注的重点，以便准确挖掘和描述企业发展路径、趋势、目标、策略等全局性的脉络；挖掘、整合和改进企业各业务模型、运行流程、系统的信息体系、结构和数据基础，才有可能准确描绘出适应和反映本企业特点的信息系统设计蓝图；也便于在系统实施阶段，业务人员积极参与、配合，使规划快速、稳妥地落地。

9.3.5 建筑企业信息管理系统运行与维护

信息管理系统的运行与维护（简称运维）是信息管理系统全生命周期中的重要阶段，

是指为系统提供维护和技术支持等相关服务。运维阶段的主要工作内容包括对信息系统和服务的咨询评估、例行操作、响应支持和优化改善，以及性能监视、事件和问题的识别与分类、报告系统应用和服务的情况等。企业信息化建设目标是应用，而应用的前提是系统完好，因此必须做好系统的运维工作，确保信息管理系统的安全可靠，更好地服务于企业的生产、施工和管理。

建筑企业信息管理系统的应用范围广，一般有总部及部门、下属分子公司（多异地）、施工现场分散等特点，运行和维护人员的落实是关键。运维服务的类型一般包括以下三种：

1）基础性的保障和维护服务。确保计算机信息系统安全稳定运营。

2）系统性能优化服务。信息系统在运营过程中，各项应用（包括硬件基础平台、系统平台、存储平台、应用系统平台、安全平台等）、各项业务的性能、效能的优化、整合、评估等服务。

3）增值服务。保证计算机信息系统运营的高能效、高效益，最大限度地保护并延长已有投资，在原有基础上开展进一步的应用拓展业务。

运维服务的主要工作方式一般可分响应式服务和主动式服务两种。

1）响应式服务，是指使用者向服务提供者（可以是企业内部人员或服务外包商）请求，由服务提供者对用户的请求做出响应，解决用户在使用、管理过程中遇到的问题或者解决系统相关故障。

2）主动式服务，是指服务外包商定期对系统进行健康检查。其中，硬件设备主要以检查设备运行状况为主；软件主要以检查数据状况、检查应用配置，以及进行必要的补丁升级等，以便提前将故障消灭在萌芽状态。

运维服务的主要内容如表 9-3 所示。

表 9-3　运维服务的主要内容

序号	类　型	主　要　内　容
1	基础性的保障和维护服务	1.1　物理环境管理和维护 　　a）机房管理和维护（包括电源管理、等电位管理、设备管理、环境管理、灾害预防） 　　b）其他管理和维护（包括布线系统管理和维护、监控系统管理和维护） 1.2　网络基础设施管理和维护 1.3　数据存储设施 1.4　系统平台管理 1.5　应用系统管理和维护 1.6　数据管理和维护 　　a）数据安全性管理和维护（包括安全评估、数据访问控制、数据存储与冗灾、数据通信安全） 　　b）媒介安全性管理和维护 1.7　安全管理和维护（包括风险评估、安全策略、安全级别、安全机制、数据交换、病毒防护、个人信息保护等） 1.8　子网管理和维护 1.9　桌面管理 1.10　操作管理
2	系统性能优化服务	2.1　系统平台性能评估 2.2　应用系统性能评估 2.3　数据存储和通信安全评估 2.4　系统整体安全性能评估 2.5　系统安全平台性能评估 2.6　业务整合

(续)

序号	类型	主要内容
3	增值服务	3.1 规划管理 3.2 可用性管理 3.3 核心应用管理 3.4 安全管理 3.5 投资保护 3.6 系统运营策略和应用拓展

9.4 建筑企业管理常用的信息系统

9.4.1 建筑企业管理常用信息系统的主要功能

建筑企业管理常用信息系统一般有办公自动化系统（OAS）、人力资源管理系统（HRMS）、财务管理系统（FMS）、项目管理系统（PMS）、企业知识管理系统（KMS）和决策支持系统（DSS）等。其主要功能如表9-4所示。

表9-4 建筑企业管理常用信息系统的主要功能

序号	系统名称	主要功能
1	办公自动化系统（OAS）	包括门户管理、协同办公；承载企业各类数据的集成；分类分层、交换；信息搜索与发布管理；流程管理；公文管理；任务管理；档案管理；新闻管理；会议管理；支持个性化展现；数据安全保障等
2	人力资源管理系统（HRMS）	包括组织的人力资源规划、人员招聘与部署、人事管理、培训开发与实施、绩效考核与管理、薪酬福利、员工关系管理、人力发展等
3	财务管理系统（FMS）	主要包括物资资源管理（物流）、人力资源管理（人流）、财务资源管理（财流）、信息资源管理（信息流）等，集成一体化的企业资源管理功能。其中，财务资源管理是核心功能（包括财务核算、资金管理、票据管理、税务管理、报表管理、预算管理等）
4	项目管理系统（PMS）	主要包括项目合同管理、项目进度与调整管理、项目质量管理、项目采购管理、项目成本管理、费用估算、复杂的时间和资源调度、项目风险管理及风险分析和不可预见费用计划、项目计划图表绘制、挣得值计算和绘制；关键路径计算以及资源平衡计划制订与调整和动态控制等，全面覆盖项目管理的所有要素
5	企业知识管理系统（KMS）	主要包括知识地图、知识门户、知识评测、知识仓库、知识共享、知识关联、知识应用、知识查找等
6	决策支持系统（DSS）	主要在其他层面应用系统形成的数据的基础上，有效利用大数据技术进行深入的统计、挖掘、预测和分析，为决策的科学性、准确性和预见性提供技术支持

9.4.2 建筑企业管理常用信息系统的应用案例

1. 协同办公平台系统

协同办公平台系统是以信息资源为基础，利用计算机、网络和通信系统，设置一定的协同策略，实时沟通多个信息系统，满足用于多个信息系统之间协同工作的平台。协同办公平台系统通过一定的技术手段，建立一套标准的数据体系，构建出一个共享的数据平台，从而起到统筹异构信息系统、有效调配资源信息、串联各个信息孤岛的作用。一般协同办公平台都具有以下特性，如图9-10所示。

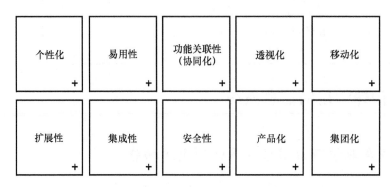

图9-10　一般协同办公平台具有的特性

协同办公平台要做到统一工作入口，展示多维门户，实现单点登录；建立一套标准化的数据库，实现信息的高度整合与统一；流程灵活配置；报表自定义查询等。

2. 人力资源管理系统

人力资源是企业最关键的资源。人力资源管理系统旨在实现企业全面人力资源信息化管理，提升人力资源管理的效率和水平，便于人力资源管理者快速、精准地处理人事数据，腾出更多时间、精力去优化、完善企业人事结构，完成人事决策，挖掘人力资源的深层价值。

一般的人力资源管理系统都具有常规人力资源规划、人员招聘与部署、人事管理、培训开发与实施、绩效考核与管理、薪酬福利、员工关系管理以及人力发展八大模块，并可通过人力资源系统的自定义设置，满足不同职位、层级的人员对人力资源信息的应用需求。目前大多数的系统化产品都具有稳定性、逻辑性和扩展性，操作简单直观、快捷清晰、用户体验好，如图9-11所示。关联应用及移动办公形式如图9-12所示。

人力资源管理系统（HR）									
组织管理	基础数据管理	人事管理	招聘管理	薪酬福利	考勤管理	培训管理	绩效管理	职业发展规划	
组织构架	人员	招聘选拔	招聘策略	工资级别	刷卡管理	培训课程	绩效指标	职业取向测试	
机构编制	部门	人员异动	招聘计划	税率设定	出勤作业	培训学习	奖惩类型	职业发展矩阵	
职能分配	岗位	合同管理	面试	工资录入	假期管理	培训跟踪	人员考核	人员梯队建设	
……	职位	离职退休	员工试用	工资发放	排班管理	培训评估	考核结果	职业生涯规划	
	基本信息	人员指标设定	……	福利设置	员工自助	培训档案	绩效预测	……	
	关键信息提醒	统计报表		薪资计算	共享文档	……	绩效调整		
	……	……		薪资调整					
				……					

图9-11　一般人力资源管理系统包括的内容

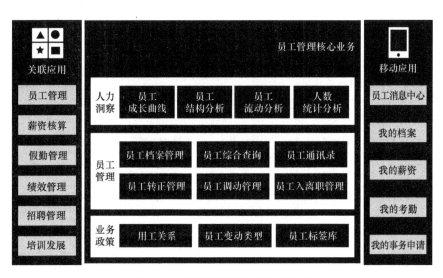

图 9-12 关联应用及移动办公形式

3. 财务管理系统

财务管理系统是指利用现代计算机、网络和通信技术,对财务管理中的预测、计划、控制、监督和分析进行全过程、全方位的管理。财务管理系统也包括对资金及其运动过程的管理,是一种面向价值信息、基于会计管理活动的系统。企业的财务管理系统主要分为总账管理、现金管理、报表管理、资金管理、预算管理等主要模块。财务管理系统的主要模块与功能如表 9-5 所示。

表 9-5 财务管理系统的主要模块与功能

模块	主要功能
总账管理	主要包括凭证处理、账簿报表查询、期末结转等企业日常全部财务核算的功能,并与应收管理、应付管理、固定资产管理、现金管理、人力资源管理、物流管理等同步、集成 有统一、完整的会计科目,并根据企业管理需求和层级的定位,可进一步细分,便于实现"有统有分,统分结合" 集团内部往来业务协同处理(包括内部对账,在存在差异状态下,可根据需要自行定义取大、取小、取平均值,管控风险与提高处理效率) 自定义丰富、灵活的辅助核算、专项核算方法,满足多条件查询、联查、控制、预警等功能 满足集团型企业、单个公司的需求
现金管理	主要包括现金的管理和支票的管理 现金的管理能与其他财务核算、财务管理功能充分集成。通过该模块可实现现金登账、盘点及对账等功能 支票的管理能提供包括支票、银行承兑汇票、商业承兑汇票等多种票据的管理,同时与资金管理、应收应付款管理集成,形成票据全周期管控
报表管理	主要包括合并报表,集团内部往来、交易、股权投资及收益,会计准则差异调整的财务处理。报表功能结构如图 9-13 所示 确定合并范围、股权投资比例、合并方法,定义报表项目、模板、指标、勾稽关系、抵消分录
资金管理	主要包括资金计划,结算业务、筹资、投资管理,票据管理、银企直联、资金授信,对账业务和资金分析等
预算管理	主要包括预算申报、预算编制、预算审批、预算分解下达、预算执行与控制、预算执行结果汇总分析等全面的预算解决方案,提供高度集成的财务预算及控制体系,如图 9-14 所示

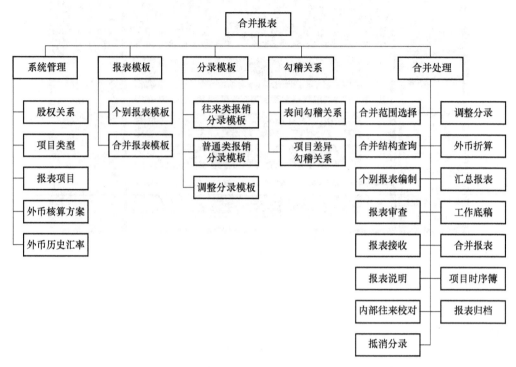

图 9-13 报表功能结构

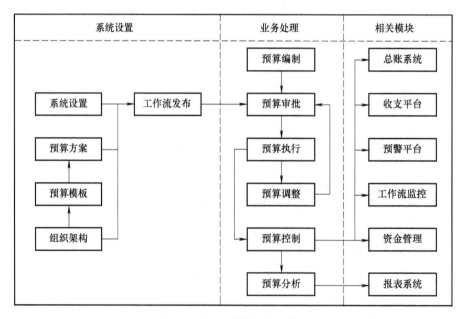

图 9-14 财务预算及控制体系

ERP 系统是以财务管理、物资管理为核心，把物流、资金流、信息流进行集成，使采购、生产、营销等业务环节以及人、财、物等职能管理环节有机地统一和集中在一起，有效地衔接各信息系统关系的系统，其他系统主要是补充 ERP 系统尚无法覆盖的专业环节或者 ERP 比较薄弱的一些领域。

ERP 系统为企业提供了包括集团公司、分（子）公司到具体项目在内的全面业务管理需求的解决方案。一般的 ERP 系统都具有有效控制项目成本，实现对企业所有项目的实时监管，提高企业的知识管理能力和日常事务处理效率，并辅助决策，使企业资源不断优化、工作业务流程不断改善、优秀管理模式或模型不断固化、企业信息高度共享不断实现的功能。一般 ERP 系统的子系统及其主要功能模块如表 9-6 所示。

表 9-6　一般 ERP 系统的子系统及其主要功能模块

ERP 系统								
子系统	主要功能模块							
会计核算	总账管理	应收账管理	应付账管理	现金管理	固定资产核算	工资核算	成本核算	应税管理
财务管理	财务计划	财务分析	财务决策					
施工管理	施工计划	物料计划	能力计划	施组标准	进度管理	安全管理	质量管理	成本管理
经营管理	客户关系管理	合同管理	业主诚信评估					
设备管理	设备购置	设备使用	设备检查	设备保养与维修	设备改造	设备报废	设备档案	
采购管理	请购管理	订货管理	到货验收	材料领用管理	库存分析与控制			
分包管理	分包计划	分包控制	分包监控	分包结算	分包评价与分析			
人力资源管理	招聘管理	工资核算	工效管理					

4. 项目管理系统

建筑企业项目管理是指管理者应用专业项目管理软件，在有限的资源条件下，应用科学的理论和方法，对项目全生命周期进行及时有效的管控，对项目投标、项目准备、合同管理、施工方案评选、资源计划、进度管理、项目验收和项目竣工等一系列阶段，进行组织、计划、协调、控制和监督，进而达成项目的目标。

建筑企业项目管理系统是以单个项目为管理维度进行的，整个项目管理的核心是项目施工实施阶段。建筑企业项目管理系统的基本思想可以归纳为以企业基础数据为基础，以合同管理和进度管理为重点，以成本管理为核心，充分、合理调配企业各类资源，获取项目的最终成功。

基础数据是项目管理系统的载体，是基础。基础数据包括主数据和辅助数据，其中主数据包括材料、客户和供应商等资料。

合同管理是项目管理系统的重点模块。项目首先就是从签订合同开始的。施工企业要定期向业主申请款项，就要掌握合同的实时收付款情况。施工企业需要找分包，需要采购材料和租赁设备，这些也需要签订合同，与供应商结算，向供应商付款。可以说，这些经济要素都可以通过合同管理进行把控。如能将合同管理模块运用好，施工企业就能带来管理方面的提升。合同管理模块按合同类别可分为业主合同、分包合同、协作合同、租赁合同、采购合同和其他合同。对于项目的不同类别合同，项目管理系统都可以从合同评审、合同签订、合同登记、合同变更、合同交底、合同结算、合同评价等方面来管理。

项目管理也非常需要关注项目的进度。通常而言，进度管理可分为时间进度、产值进度和形象进度三方面，而进度管理的重点是进度计划和进度执行情况分析。时间进度是以工作分解结构或工程分部分项工序为基础展开的。产值进度主要是描述施工方完成的工作量和业主计量的产值金额。产值进度是向业主收款的度量，也是企业衡量人、材、机等资源消耗的尺度。形象进度是从工程量的角度，或以形象化的描述语言来描述进度完成情况。通过进度计划可以推导出资源计划和产值计划，实现进度、产值、资源、成本的数据与业务集成，通过进度执行情况风险分析，可以有效降低项目风险。

任何项目管理的目的都是盈利。项目的开源节流是项目盈利的关键，成本管理是建筑企业管理系统的核心。一般项目管理系统的成本管理包括预算成本、计划成本与实际成本，所谓三算对比，构成成本的最主要的方面是人工成本、材料成本、设备成本和间接费。

建筑企业材料成本占据很大的比重，物资管理是项目管理的中心，资源的利用率直接影响项目的盈利水平。

项目管理系统运行流程如图 9-15 所示。

5. 企业知识管理系统

企业知识管理是为了保证知识能够被有效产生和利用，以提高企业的生存能力和竞争优势。

企业知识管理系统（Knowledge Management System，KMS）是指企业建立流程、技术和组织体系，对存在于企业内外部的个人、群体或团体内的有价值的知识，进行系统的定义、获取、存储、分析、转移、利用和评估，确保企业成员能够随时、随地获取正确的知识，以便采取行动的系统。

提高企业生存能力和竞争优势的基础是企业员工的高素质。企业知识管理系统支持组织及员工提升素质，取得满意的工作成果，做到领导办"对"事、岗位办"好"事、协同办"快"事、"有热情"办事的氛围，使企业的知识在各层面得到良好应用，如图 9-16 所示。

通过企业范围的知识分类，建立知识库和案例库，在管理平台上设置知识检索机制、知识评价机制、知识应用权限控制机制和审阅机制、激励机制、关联机制、统计机制等，坚持以业务为线索、以知识为中心、以用户为目标，让知识与知识、用户与用户、用户与知识关联；以用户为目标，做到知识与用户相关信息可订阅；让关联知识形成知识专题，做到找到一个知识点，就能找到相关的知识、相关的讨论、相关的专家……让用户能够一站式获取需要的知识信息；让新员工培训、文件模板、规章制度、年度会议等随手可得；让部门团队、项目团队、兴趣团队等创造各种专业团队空间，如图 9-17 所示。

第 9 章 建筑企业信息管理

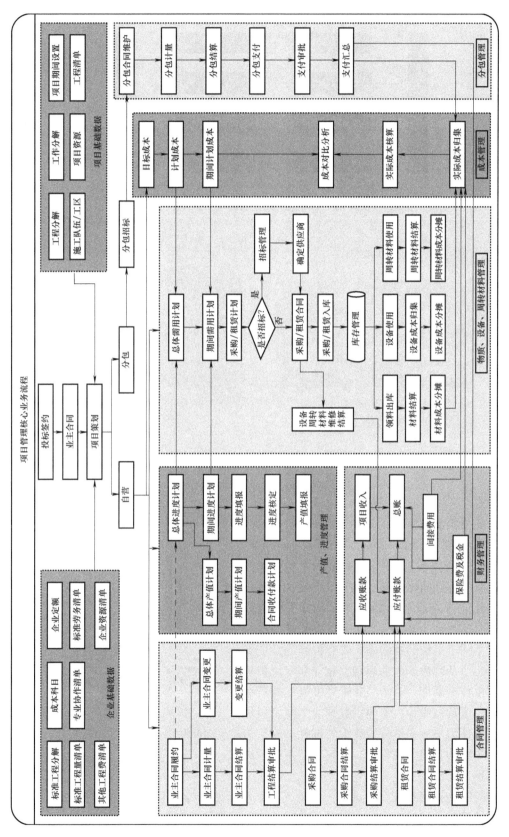

图 9-15 项目管理系统运行流程

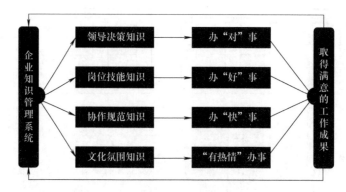

图 9-16 支持组织及员工提升素质水平

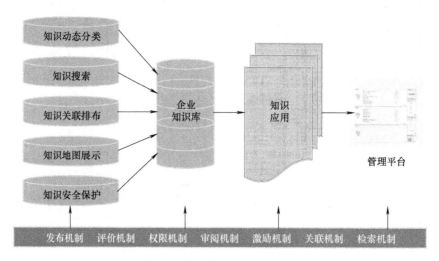

图 9-17 知识管理系统功能框架

6. 决策支持系统

决策支持系统（Decision-making Support System，DSS）是管理信息系统应用的深化。决策支持系统是解决非结构化问题，服务于高层决策的信息系统。其结构一般包括数据库（DB）、模型库（MBMS）、方法库、知识库。其中，决策支持系统的数据库不同于一般的数据库，其有很高的性能要求，需要在原基础数据库的基础上建立起专用数据库，通常由数据仓库（DW）来充当决策支持系统的数据库，该数据库为决策提供数据能力或资料能力；模型库是为决策提供分析能力的部件，模型能力是转化非结构化问题的程度。决策支持系统的结构如图 9-18 所示。

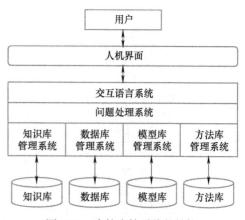

图 9-18 决策支持系统的结构

随着时间的推移和技术的进步，决策支持系统开始与专家系统（ES）相结合，形成智能决策支持系统（IDSS）。IDSS 既充分发挥了专家系统以知识推理形式解决定性分析问题的特点，又发挥了决策支持系统以模型计算为核心解决定量分析问题的特点，做到了定性和定量分析的有机结合，使解决问题的能力和范围得到了发展。数据仓库、联机分析处理（OLAP）和数据挖掘（DM）新技术的出现，更形成了新的决策支持系统——综合辅助决策支持系统（SDSS），实现了更有效的决策辅助，如图9-19所示。

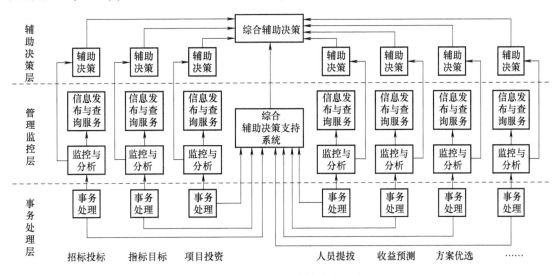

图9-19 综合辅助决策支持系统

9.5 新信息技术与建筑企业管理的融合

9.5.1 基于物联网和云计算的建筑企业信息管理系统

当前，物联网、云计算、大数据是支撑信息化的关键技术。

世界IT产业经过计算机（PC）、互联网（Internet），发展到现在的物联网（IOT），其中的规律是：计算模式约每隔15年发生一次变革。1965年前后是以系统性为特征的大型计算机时代；1980年前后是以独立性为特征的个人计算机时代；1995年前后是以共同性为特征的互联网时代；2010年前后是以拟人性为特征的物联网时代。以物的特征冠名时代的，这种"物"一定具有生产力功能，石器时代、铁器时代……信息时代都是如此。

物联网是指通过各种信息传感设备，实时采集任何需要监控、连接、互动的物体或过程等各种需要的信息，与互联网结合形成的一个巨大网络。其目的是实现物与物、物与人，所有物品与网络的连接，方便识别、管理和控制，提高运行效率。

所谓云计算，是指一种按使用量付费的模式，这种模式提供可用的、便捷的、按需的网络访问，进入可配置的计算资源共享池（这些资源包括网络、服务器、存储、应用软件、服务），这些资源能够被快速提供，只需投入很少的管理工作，或与服务供应商进行很少的交互。其特点是超大规模、虚拟化、高可靠性、通用性、高可扩展性、按需服务而且极其廉价。

物联网与云计算结合应用势在必行。因为物联网的大规模发展离不开云计算平台的支撑，而云计算平台的完善和大规模的应用，又需要物联网的发展为其提供最大的用户。鉴于建筑企业的人员流动性、项目分散性等特点，其信息管理系统的建设与应用更需要物联网和云计算的支持。

9.5.2 大数据在建筑企业管理中的应用

目前为止，大数据并没有严格的定义，可以理解为：对无法在一定时间范围内用常规软件工具进行捕捉、管理和处理的数据集合，需要新的处理模式才能具有更强的决策力、洞察力和流程优化的能力，来适应海量的、高增长率的和多样化的信息资产。对大数据的研究，目前主要集中在两方面：一是大数据的相关技术问题，包括离线批处理系统（MapReduce）、分布式计算（Hadoop）、数据仓库、数据存储等；二是大数据的整体解决方案，涵盖对大数据分析能力的探讨，包括商业智能、决策支持、数据中心等。而数据挖掘是大数据最为重要的研究内容。数据挖掘是一门与数据相关的科学，它的目的在于发现数据内部的规则，从而提取有用的信息。

9.5.3 物联网与建筑企业管理的创新应用

随着我国建筑业的高速发展，施工事故也频繁发生，不仅夺去了无数建设者的生命，也给国家和企业造成了重大的经济损失。施工的质量、进度、成本、安全控制问题贯穿工程建设始终，但是影响施工的因素错综复杂，管理的不规范和技术的不成熟都有可能导致施工问题发生。

物联网技术应用于建筑企业管理，能提升企业的管理效率和管理水平；能辅助控制施工质量和进度，以事实和数据为依据，进行量化管理；能保障施工安全，降低和杜绝生产安全事故，消除安全隐患；能实现施工现场自动化、标准化；能实现施工进程精准管理。常用的物联网与建筑企业管理创新应用方面一般包括人员车辆管理、施工监控、实时追踪、物资管理、施工进度管理等。具体可以有如下应用：

1）物联网技术用于施工安全管理。例如，将无线射频识别标签用于临边洞口、出入口防护棚、电梯井口防护等防护设施上，并在标签芯片中载入对应编号、防护等级、报警装置等与管理中心的系统相对应，达到实时监控的效果。同样也可以对高空作业人员的安全帽、安全带、身份识别牌进行相应的无线射频识别，在管理中心精确定位，如操作作业未符合相关规定，身份识别牌与管理中心相关定位同时报警，可使管理者精准定位隐患位置，迅速采取措施以避免发生生产安全事故。

2）物联网技术用于技术质量管理。例如，对隐蔽工程进行抽样检验以确保工程质量。特别是对原来需要采取破坏性检测才能获取数据的部分隐蔽工程，可利用物联网技术对隐蔽工程部位放置的反映质量参数的传感器进行信息采集，再结合BIM系统的三维信息，即可以精确定位到每个隐蔽工程的关键部位，从而检测质量状况是否达到相应要求。利用感应器采集系统加BIM系统的三维信息技术的报警系统，可减少工程质量损失。

3）物联网技术用于成本控制。运用射频识别电子标签及时反馈设备的购入、维护、折旧、报废信息，智能化提供合理分摊成本；根据施工时间、部位、工序等维度进行条件统计，制订详细的物料采购计划，并对物料批次标准，采用无线射频标签来控制物料进出场时间和质量状况，避免出现因管理不善造成物料损耗增加或因物料短缺造成的停工、误工，减少不必要的成本支出。

9.5.4 移动通信在建筑企业管理中的应用

移动通信是典型的无线通信技术的应用，就是使用无线网络通信技术，包括4G、5G、Wi-Fi、WiMAX等技术手段，方便地在工地现场使用笔记本电脑、平板电脑和手机，避免了有线通信连接的不方便，实现工地现场与企业之间快捷、方便、低成本的信息传递与沟通。移动通信在建筑企业管理中的应用非常广泛，一般的信息管理系统都能应用移动通信做到移动办公的查阅文件、查询数据、业务审批，解决包括资金预算、费用报销、合同、计划、报告、总结等大量需要领导审核批准的异地办公问题，或解决因领导出差导致流程停滞问题。有了移动通信技术，领导可以通过手机随时随地获取审批通知、查询单据信息、完成审批工作。此外，在现场人员管理、安全管理、质量、进度管理等方面，移动通信也是不可或缺的技术手段。

9.5.5 BIM技术与建筑企业管理的融合

BIM（Building Information Model）即建筑信息化模型，是以三维数字技术为基础，集成建筑工程结构物的各种相关数据或行为，在虚拟空间做数字表达的信息技术，是对该结构物对象化的相关信息详尽描述（模型）。它能对包括对应于实体设施的对象化几何组件，加上与时间轴对应的动态仿真施工过程，加入工程费用精确预算、准确的能量消耗估算，以及设施/设备的操作与维护等一系列过程带来价值。

目前BIM技术与建筑企业管理融合的特点和价值主要有：

（1）可视化

让人们将以往线条式的构件形成一种三维的立体实物图形展示，并且是一种能够在同构件之间形成互动性和反馈性的可视；不仅有效果展示，而且能生成报表，更重要的是让项目设计、建造、运营过程中的沟通、讨论、决策都能在可视化的状态下进行。

（2）协调性

协调是建筑业的重点内容。由BIM技术形成的建筑信息模型可在建筑物建造前期对各专业的碰撞问题进行协调，生成协调数据，并提供出来。BIM的协调作用不限于解决各专业间的碰撞问题，还可以解决例如电梯井布置与其他设计布置及净空要求的协调，防火分区与其他设计布置的协调，地下排水布置与其他设计布置的协调等。

（3）模拟性

BIM的模拟并不是只能模拟设计出的建筑物模型，还可以模拟不能够在真实世界中进行操作的事物，包括在设计阶段的节能模拟、紧急疏散模拟、日照模拟、热能传导模拟等；在招标投标和施工阶段的三维模型加项目的发展时间，能根据施工的组织设计模拟实际施工，从而确定合理的施工方案指导施工；同时，还可以进行造价控制，从而实现成本控制；在后期运营阶段可模拟日常紧急情况的处理方式，如地震人员逃生模拟、消防人员疏散模拟等。

（4）优化性

在BIM的基础上可以做更好地优化。BIM模型提供了建筑物实际存在的信息，包括几何信息、物理信息、规则信息，还提供了建筑物变化以后的实际存在。这将有利于项目方案优化、特殊项目的设计优化。

(5) 可出图性

BIM 除了能对建筑物进行可视化展示、协调、模拟、优化，还可以帮助各使用者作出综合管线图（经过碰撞检查和设计修改，消除了相应错误）、综合结构留洞图（预埋套管图），提供碰撞检查报告和建议改进方案等。

(6) 一体化性

基于 BIM 技术可进行从设计到施工再到运营的贯穿了工程项目全生命周期的一体化管理。BIM 的数据库，不仅包含建筑的设计信息，而且可以容纳从设计到建成使用，甚至使用周期终结的全过程信息。

BIM 技术应用于建筑企业管理不仅能通过三维渲染、宣传展示，而且具有快速算量、提升精度、精确计划、减少浪费、多算对比、有效管控、虚拟施工、有效协同、碰撞检查、减少返工、冲突调用、支持决策等价值。

9.5.6 人工智能在建筑企业管理中的应用

人工智能是通过研究，使计算机来模拟人的某些思维过程和智能行为（包括学习、推理、思考、规划等）。人工智能在建筑领域中的应用已越来越广泛。例如：

(1) 人工智能技术在建筑设计中的应用

从二维图形描述到三维空间表现，不仅提高了工作效率，也使建筑设计的特点得到更好的体现，设计师的创意和设想能得到更完美的发挥和实现。

(2) 人工智能技术在建筑施工中的应用

例如，在混凝土强度检测中，原定混凝土 28 天的抗压强度，将人工神经网络技术引入混凝土性能分析，可以预测精度，并具有较强的泛化能力，可作为商品混凝土性能分析的一种有效的新型方法。

(3) 人工智能技术在施工管理中的应用

人工智能综合采用数理逻辑学、运筹学的管理系统，包含员工管理、分包管理、设备管理、供应商管理、财务管理、进度管理、质量管理、安全管理，将施工记录、员工考勤与工效挂钩，实现工地物流、资金流和业务流"三流合一"。

(4) 人工智能技术在建筑结构中的应用

通过了一种基于新型的、具有学习及非线性映射能力的人工神经网络系统来辨识，获得实测结构动力响应数据，用于结构振动控制与健康诊断，对结构检测、抗震都有积极的意义。

(5) 人工智能技术在给水排水中的应用

例如，城市污水处理，城市、小区需水量模拟和给水管网的故障诊断。

(6) 人工智能技术在建筑电气中的应用

按照误差逆向传播算法训练的多层前馈神经网络广泛地应用于当前建筑电气节能的评估。

(7) 人工智能技术在暖通空调中的应用

对系统冷热负荷大小进行预测，对特征及变化规律进行描述，对暖通空调系统的运行进行管理，对提高运行效率、节省能源起到积极作用。

如今，人工智能理论与技术在建筑行业已经得到普遍应用。鉴于建筑领域包含广泛、内容丰富、工作量大等特点，有效利用人工智能技术对于建筑领域整体效率的提高具有远大前景。

9.5.7 未来建筑企业信息管理的畅想

将前述各种新型信息技术应用于建筑企业的生产活动中，在标准化的基础上，实现信息资源共享，并将信息技术与工业化科技充分融合，可实现数字经济时代的先进、高效的现代建筑企业管理。现场施工信息化应用具体可包括合同履约、成本控制、工作审批、进度展现、风险报警等；应用 BIM 及 VR 技术，使施工图审核、施工场地布置、虚拟安全、质量教育、现场技术交底等更具体验感、直观性；应用二维码技术，使施工方案、技术交底、施工流程视图化、形象化，准确、高效、针对性强；并能做到工地安全文明标准化，工地材料分类条码化，施工质量样板引路，质量控制实测实读，新材料、新工艺应用演示，无人机现场航拍巡查，环境监测实时显数、处理等。现场施工信息化应用示例如图 9-20 所示。

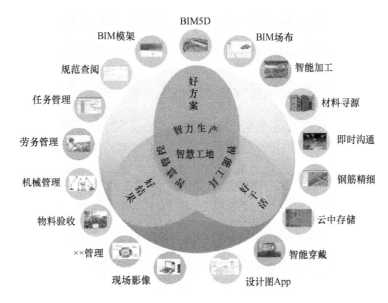

图 9-20　现场施工信息化应用示例

今后，在信息化的作用下，工作中"数据、信息不断产生"；过程中 1 到 $N+1$，聪明人的"经验、知识不断积累"，从规范化、程序化输入到"人工智能"系统；现在的系统又具有再学习能力，在运行中不断完善、提高，趋于"智能"；在施工管理中，通过互联网，输入关键词，系统经高速分析、处理，输出结果，指导作业。这样"不断循环，就会全方位提升企业的竞争能力"，如图 9-21 所示。

当企业标准化建设得好，并与信息化结合后，就可以做到办公场景化、轻量化和精细化，如图 9-22 所示。这是一个"项目管理"的办公页面，所有要做的工作在这个页面里都有清楚的指引。一般情况下，小于三步就能找到用户需要的工作目标页面。页面左边是利用移动网络做到智能办公系统与移动办公设备同步，即所谓的"轻量化"；而要到达这些效果，后台必须是精细化的。因此，企业的标准化建设就是精细化工作，是助力信息化应用的基础。

图 9-21　信息化的作用下建筑企业的工作场景

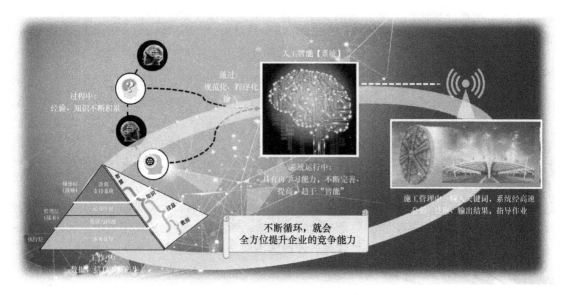

图 9-22　场景化、轻量化和精细化的项目管理

现场施工信息化管控平台的实现形式，可以用大数据进行多维分析处理、数据挖掘，提供不同使用者需要的工作驾驶舱；所有管理信息、管理模型都放在虚拟的"云"里，它能集合软件搜索、下载、使用、管理、备份等多种功能，改善和提供使用方便、简单、流畅、快捷的操作；工作端充分利用物联网技术和移动应用，通过射频识别技术（RFID）、传感器、摄像头、手机等终端设备，实现项目建设过程的实时监控、智能感知、数据采集和高效

协同，提高现场作业管控能力，如图9-23所示。

图 9-23　现场施工信息化管控平台的实现形式

建筑企业信息管理是一项系统工程，需要政府、企业、信息服务商的共同努力。应总结工程建设行业全生命周期过程中各阶段的规律、细分需求，提高针对性、实用性，实实在在地在方便用户工作，提高企业工作效率，求真务实方面不做表面文章。讲究方法，做到知识的融合、能力的融合、管理逻辑与技术平台实现的融合，相互促进，打通企业各信息系统的孤岛，实现共享与智能化。同时，企业要有心理准备，打好信息化建设的攻坚战、持久战，不断地攻坚、不断地创新、不断地突破前进。

复习思考题

1. 了解并掌握数据、信息、知识、智慧的产生和应用的关系。
2. 建筑企业信息的基本概念与特征是什么？企业信息化建设的难点与原因是什么？
3. 建筑企业的信息管理应做好哪些工作？
4. 建筑企业信息管理体系如何建设？
5. 简述建筑企业信息管理系统建设的基本方法及应坚持的几项基本原则。
6. 什么是信息化建设"想大做小"？如何落实？其中哪几项工作内容不能少？
7. 建筑企业信息管理系统建设一般包括哪些系统？各系统主要有哪些功能？相互之间通过什么途径实现共享？
8. 当今支撑信息化的关键技术有哪些？应用的前景如何？
9. 如何理解标准化与信息化的关系，以及对建筑企业信息化建设的促进与创新的实现？

参考文献

[1] 田金信. 建筑企业管理学 [M]. 4版. 北京：中国建筑工业出版社，2015.
[2] 刘颖. 建筑企业管理教程与案例 [M]. 北京：清华大学出版社，2015.
[3] 阮连法. 建筑企业管理学 [M]. 3版. 杭州：浙江大学出版社，2016.
[4] 刘伊生. 建筑企业管理 [M]. 北京：北京交通大学出版社，2014.
[5] 刘心萍. 建筑企业管理 [M]. 2版. 北京：清华大学出版社，2016.
[6] 刘颖. 建筑企业管理 [M]. 2版. 大连：大连理工大学出版社，2014.
[7] 张绪柱. 基于流程优化的企业组织设计研究 [D]. 济南：山东大学，2011.
[8] 钱勇，曹志来. 从脱嵌入到再嵌入：企业组织转型的过程 [C] // 东北财经大学产业组织与企业组织研究中心. 2010年中国产业组织前沿论坛会议论文集. 大连：东北财经大学出版社，2010.
[9] 范永芳. 大型建筑企业组织结构设计研究 [J]. 建筑经济，2010（6）：81-83.
[10] 薛晓芳，赵毅，王月，等. 建筑业企业组织沟通有效性对联盟绩效的影响研究 [J]. 工程管理学报，2012（5）：114-118.
[11] 高鹏华. 建筑企业多项目组织管理及策略研究 [J]. 知识经济，2018（5）：89-90.
[12] 徐震宇. 基于核心竞争力的建筑设计企业组织结构优化研究 [J]. 建筑经济，2011（3）：58-61.
[13] 谢丽丽. 中国建筑企业组织结构的演变 [J]. 建筑经济，2010（11）：79-83.
[14] 王彬武，李德全. 中外建筑业企业组织结构对比研究 [J]. 建筑经济，2017，38（4）：13-18.
[15] 王孟钧，陈辉华，刘少兵. 建筑企业战略管理 [M]. 北京：中国建筑工业出版社，2009.
[16] 中国建筑业协会. 中国建筑业发展战略与产业政策研究报告 [M]. 北京：中国建筑工业出版社，2011.
[17] 财政部注册会计师考试委员会办公室. 财务成本管理 [M]. 北京：经济科学出版社，2019.
[18] 财政部注册会计师考试委员会办公室. 会计 [M]. 北京：经济科学出版社，2019.
[19] 荆新，王化成. 财务管理学 [M]. 北京：中国人民大学出版社，2019.
[20] 叶方涛. 重视企业信息管理规章制度建设 [J]. 中国勘察设计，2005（9）：23-25.
[21] 李欣苗. 人机智能系统 [M]. 北京：电子工业出版社，2009.